Prüfe dein Wissen
Rechtsfälle in Frage und Antwort

Dr. Helmut Köhler
BGB · Allgemeiner Teil

BGB
Allgemeiner Teil

von

Dr. Helmut Köhler

em. o. Professor an der Universität München
Richter am OLG München a. D.

28., neu bearbeitete Auflage, 2018

www.beck.de

ISBN 978 3 406 72551 7

© 2018 Verlag C.H. Beck oHG
Wilhelmstraße 9, 80801 München
Druck und Bindung: Nomos Verlagsgesellschaft mbH & Co. KG/Druckhaus Nomos
In den Lissen 12, 76547 Sinzheim

Satz: Druckerei C.H. Beck Nördlingen
Umschlaggestaltung: Martina Busch, Grafikdesign, Homburg Saar

Gedruckt auf säurefreiem, alterungsbeständigem Papier
(hergestellt aus chlorfrei gebleichtem Zellstoff)

Vorwort

Die Fallsammlungen der Reihe „Prüfe dein Wissen" bilden die Ergänzung zu Vorlesung und Lehrbuch. Der vorliegende Band hat den **Allgemeinen Teil des BGB** und seine Bezüge vor allem zum Schuldrecht und Sachenrecht zum Gegenstand. Die Fälle sind so gewählt, dass sowohl Anfänger als auch Fortgeschrittene ihre Rechtskenntnisse auf diesem Gebiet überprüfen, ergänzen und vertiefen können. Weitgehend nach der „Anspruchsmethode" aufgebaut, dienen die Falllösungen vor allem auch der praktischen Vorbereitung auf die BGB-Übungen und auf das Examen.

Für die 28. Auflage wurde der Band wiederum gründlich überarbeitet, insbesondere wurden zwischenzeitliche Änderungen des BGB sowie die einschlägige Rechtsprechung und Literatur bis Mai 2018 berücksichtigt. Herrn *Mathias Menzel* danke ich herzlich für seine Unterstützung. Hinweise und Anregungen sind stets willkommen *(H.Koehler@jura.uni-muenchen.de)*.

München, im Juli 2018   *Helmut Köhler*

Inhaltsverzeichnis*

Abkürzungsverzeichnis IX
Literaturverzeichnis XI

Kapitel 1. Entstehungsgeschichte und Entwicklung des Bürgerlichen Gesetzbuchs 1

Kapitel 2. Natürliche Personen, Verbraucher und Unternehmer 3

Kapitel 3. Verein und Stiftung 13

Kapitel 4. Rechtsgeschäftslehre 19
   A. Geschäftsunfähigkeit und beschränkte Geschäftsfähigkeit 19
   B. Willenserklärung 34
   C. Willensmängel 42
   D. Typen des Rechtsgeschäfts 63
   E. Form und Inhalt des Rechtsgeschäfts 65
   F. Auslegung des Rechtsgeschäfts 82
   G. Vertrag und Vertragsschluss 93
   H. Allgemeine Geschäftsbedingungen 106
   J. Bedingung 117
   K. Vertretung und Vollmacht 118
   L. Einwilligung und Genehmigung 139

Kapitel 5. Fristen und Termine 145

Kapitel 6. Verjährung 147

Kapitel 7. Ausübung der Rechte, Selbstverteidigung, Selbsthilfe ... 155

Kapitel 8. Sicherheitsleistung 161

Stichwortverzeichnis 163

* Paragrafen ohne Gesetzesangabe in diesem Buch sind solche des BGB.

Abkürzungsverzeichnis

a. A.	andere(r) Ansicht
Abs.	Absatz
AcP	Archiv für die civilistische Praxis (Zeitschrift)
a. F.	alte Fassung
AGB	Allgemeine Geschäftsbedingungen
AktG	Aktiengesetz
allg. M.	allgemeine Meinung
Alt.	Alternative
arg.	argumentum (= Argument aus)
Art.	Artikel
BAG	Bundesarbeitsgericht
BayObLG	Bayerisches Oberstes Landesgericht
BB	Betriebs-Berater (Zeitschrift)
Bd./Bde.	Band/Bände
Bearb.	Bearbeitung
BGB	Bürgerliches Gesetzbuch
BGH	Bundesgerichtshof
BGHZ	Entscheidungen des Bundesgerichtshofes in Zivilsachen
Buchst.	Buchstabe
BVerfG	Bundesverfassungsgericht
BVerwG	Bundesverwaltungsgericht
bzw.	beziehungsweise
DB	Der Betrieb (Zeitschrift)
d. h.	das heißt
Einf. v.	Einführung vor
em.	emeritiert
EuGH	Europäischer Gerichtshof
EUR	Euro
e. V.	eingetragener Verein
EVO	Eisenbahn-Verkehrsordnung
f.	folgende
ff.	fortfolgende
GG	Grundgesetz für die Bundesrepublik Deutschland
GmbH	Gesellschaft mit beschränkter Haftung
GoA	Geschäftsführung ohne Auftrag
HeimG	Heimgesetz
HGB	Handelsgesetzbuch
h. L.	herrschende Lehre

h. M.	herrschende Meinung
Hs.	Halbsatz
i. S. d.	im Sinne der/des
i. S. v.	im Sinne von
i. V.	in Vertretung
i. V. m.	in Verbindung mit
JR	Juristische Rundschau
JuS	Juristische Schulung (Zeitschrift)
JZ	Juristen-Zeitung
Kfz	Kraftfahrzeug
krit.	kritisch
LG	Landgericht
m. w. N.	mit weiteren Nachweisen
NJW	Neue Juristische Wochenschrift
NJW-RR	NJW-Rechtsprechungs-Report Zivilrecht
Nr(n).	Nummer(n)
o.	ordentlich
OLG	Oberlandesgericht
RDG	Rechtsdienstleistungsgesetz
RG	Reichsgericht
RGZ	Entscheidungen des Reichsgerichts in Zivilsachen
Rn.	Randnummer
Rspr.	Rechtsprechung
sog.	sogenannt
str.	strittig
st. Rspr.	ständige Rechtsprechung
TPG	Transplantationsgesetz
u. a.	unter anderem
UKlaG	Unterlassungsklagengesetz
usw.	und so weiter
u. U.	unter Umständen
VerschG	Verschollenheitsgesetz
vgl.	vergleiche
WM	Wertpapiermitteilungen (Zeitschrift)
z. B.	zum Beispiel
ZGS	Zeitschrift für das gesamte Schuldrecht
ZPO	Zivilprozessordnung

Literaturverzeichnis

I. Kommentare

Bamberger/Roth	*Bamberger/Roth,* Kommentar zum Bürgerlichen Gesetzbuch, 4 Bde., 4. Aufl. 2018
Erman/*Bearbeiter*	*Erman,* BGB, 2 Bde., 15. Aufl. 2017
Jauernig/*Bearbeiter*	*Jauernig,* Bürgerliches Gesetzbuch, 17. Aufl. 2018
MünchKommBGB/*Bearbeiter*	*Rixecker/Säcker/Oetker,* Münchener Kommentar zum BGB, 12 Bde., 7. Aufl. 2015 f.
Palandt/*Bearbeiter*	*Palandt,* Bürgerliches Gesetzbuch, 77. Aufl. 2018
Staudinger/*Bearbeiter*	*Staudinger,* Kommentar zum Bürgerlichen Gesetzbuch, 13. Bearb. 1993 ff.
Thomas/Putzo/*Bearbeiter*	*Thomas/Putzo,* Kommentar zur Zivilprozessordnung, 39. Aufl. 2018

II. Lehrbücher

Bitter/Röder	*Bitter/Röder,* BGB Allgemeiner Teil, 3. Aufl. 2016
Bork	*Bork,* Allgemeiner Teil des Bürgerlichen Gesetzbuchs, 4. Aufl. 2016
Brehm	*Brehm,* Allgemeiner Teil des BGB, 6. Aufl. 2008
Brox/Walker	*Brox/Walker,* Allgemeiner Teil des BGB, 41. Aufl. 2017
Eisenhardt	*Eisenhardt,* Allgemeiner Teil des BGB, 6. Aufl. 2010
Faust	*Faust,* BGB Allgemeiner Teil, 6. Aufl. 2018
Flume	*Flume,* Allgemeiner Teil des Bürgerlichen Rechts, Bd. II: Das Rechtsgeschäft, 4. Aufl. 1992
Grigoleit/Herresthal	*Grigoleit/Herresthal,* BGB. Allgemeiner Teil, 3. Aufl. 2015
Grunewald	*Grunewald,* Bürgerliches Recht, 9. Aufl. 2014
Hirsch	*Hirsch,* Der Allgemeine Teil des BGB, 9. Aufl. 2016
Köhler	*Köhler,* BGB – Allgemeiner Teil, 42. Aufl. 2018
Larenz/Canaris	*Larenz/Canaris,* Lehrbuch des Schuldrechts, Bd. 2 Halbbd. 2, 13. Aufl. 1994
Leenen	*Leenen,* BGB Allgemeiner Teil: Rechtsgeschäftslehre, 2. Aufl. 2015
Leipold	*Leipold,* BGB I, Einführung und Allgemeiner Teil, 9. Aufl. 2017
Medicus/Petersen AT	*Medicus/Petersen,* Allgemeiner Teil des BGB, 11. Aufl. 2016
Medicus/Petersen BR	*Medicus/Petersen,* Bürgerliches Recht, 26. Aufl. 2017
Musielak/Hau	*Musielak/Hau,* Grundkurs BGB, 15. Aufl. 2017
Schack	*Schack,* BGB – Allgemeiner Teil, 15. Aufl. 2016
Schwab/Löhnig	*Schwab/Löhnig,* Einführung in das Zivilrecht, 19. Aufl. 2012

Stadler .... *Stadler,* Allgemeiner Teil des BGB, 19. Aufl. 2017
Wertenbruch .... *Wertenbruch,* BGB Allgemeiner Teil, 4. Aufl. 2017
Westermann .... *H. Westermann,* Grundbegriffe des BGB, 17. Aufl. 2013
Wolf/Neuner .... *Wolf/Neuner,* Allgemeiner Teil des Bürgerlichen Rechts, 11. Aufl. 2016

III. Fallsammlungen

Fezer/Obergfell .... *Fezer/Obergfell,* Klausurenkurs zum BGB Allgemeiner Teil, 10. Aufl. 2018
Fritzsche .... *Fritzsche,* Fälle zum BGB Allgemeiner Teil, 6. Aufl. 2016
Gottwald/Würdinger *Gottwald/Würdinger,* Examens-Repetitorium, BGB – Allgemeiner Teil, 4. Aufl. 2016
Köhler/Lorenz
SchuldR I .... *Köhler/Lorenz,* Schuldrecht I – Allgemeiner Teil, 22. Aufl. 2014
Köhler/Lorenz
SchuldR II .... *Köhler/Lorenz,* Schuldrecht II – Besonderer Teil, 19. Aufl. 2011
Lindacher/Hau .... *Lindacher/Hau,* Fälle zum Allgemeinen Teil des BGB, 5. Aufl. 2010

Kapitel 1. Entstehungsgeschichte und Entwicklung des Bürgerlichen Gesetzbuchs

1. Rechtszustand vor dem BGB

Das BGB ist am 1.1.1900 in Kraft getreten. Durch diese Kodifikation wurde ein einheitliches Privatrecht in Deutschland geschaffen. Welche Privatrechte galten in Deutschland vor diesem Zeitpunkt?

1. Im Wesentlichen handelte es sich um Kodifikationen der Einzelstaaten des Deutschen Reichs:

a) in Preußen das **Allgemeine Landrecht für die preußischen Staaten** (1794),

b) in Bayern der **Codex Maximilianeus Bavaricus civilis** (1756),

c) in Österreich das **Allgemeine Bürgerliche Gesetzbuch** (1811),

d) in Sachsen das **Bürgerliche Gesetzbuch für das Königreich Sachsen** (1863),

e) in Baden das **Badische Landrecht** (1809),

f) im linksrheinischen Gebiet der französische **Code Civil** (1804).

2. Daneben bestand eine Vielzahl von älteren deutschrechtlichen **Partikularrechten**, z. B. das Hamburger Stadtrecht (1603) und das Mainzer Landrecht (1755).

3. Weitgehend **subsidiäre** Geltung besaß das **Gemeine Recht**, das fortentwickelte römische Recht.

2. Politische und wirtschaftliche Ziele der Kodifikation des Bürgerlichen Rechts

Welches waren die politischen und wirtschaftlichen Ziele der Kodifikation des Bürgerlichen Rechts?

Das primäre Ziel war die Rechtsvereinheitlichung, da die starke Rechtszersplitterung für den Rechtsverkehr störend war. Im Bereich des **Vermögensrechts** sollten die Privatautonomie und das Privateigentum verwirklicht und gesichert werden. Im Bereich des **Familienrechts** stand die Emanzipation vom kirchlichen Recht (Zivilehe) im Vordergrund. Im **Erbrecht** wurden die Testierfreiheit als Ausdruck der Privatautonomie und die Chancengleichheit der Erbanwärter betont. Ungenügend berücksichtigt blieben **soziale Belange** (Schutz des wirtschaftlich Schwächeren im Vertragsrecht; Schutz des abhängigen Arbeitnehmers).

3. Die Weiterentwicklung des Bürgerlichen Rechts im 20. Jahrhundert

Wie hat sich das BGB im Verlauf des 20. Jahrhunderts weiterentwickelt?

Im **Kaiserreich** (bis 1918) und in der **Weimarer Republik** (1918–1933) blieb das BGB, das auf den Prinzipien der Freiheit und Gleichheit beruhte, unangetastet und wurde lediglich von der Rspr. inhaltlich konkretisiert (z. B. Recht am eingerichteten und ausgeübten Gewerbebetrieb; Wegfall der Geschäftsgrundlage). Im **Dritten Reich** (1933–1945) erfolgte dagegen die Auslegung des BGB teilweise im Geiste des Nationalsozialismus. In der **Bundesrepublik** (ab 1949) erfolgte die Auslegung des BGB zunehmend am Maßstab der Grundrechte (z. B. Allgemeines Persönlichkeitsrecht; Gleichberechtigung von Mann und Frau) und des Sozialstaatsprinzips. In der **Deutschen Demokratischen Republik** (1949–1990) wurde das BGB durch ein Familiengesetzbuch, ein Zivilgesetzbuch und ein Vertragsgesetz abgelöst. Seit der Wiedervereinigung gilt das BGB wieder in ganz Deutschland. Das ursprünglich für jedermann geltende BGB enthält aufgrund des Einflusses des Unionsrechts zunehmend Vorschriften, die nur das Verhältnis von **Unternehmern** (§ 14) zu **Verbrauchern** (§ 13) im Sinne eines stärkeren Rechtsschutzes der Verbraucher regeln.

4. Der europäische Einfluss auf das BGB

Welche Einflüsse prägen das derzeitige Bürgerliche Recht?

Im Wesentlichen wird die Weiterentwicklung des Bürgerlichen Rechts – wie schon im ausgehenden 20. Jahrhundert, so auch im 21. Jahrhundert – durch das vorrangige **europäische Recht (= Unionsrecht)** in Gestalt von Richtlinien geprägt. Sie haben vornehmlich die Verbesserung des **Verbraucherschutzes,** den **Schutz vor Ungleichbehandlung** und die **Rechtsangleichung** innerhalb der Europäischen Union zum Ziel. Im Hinblick auf die fortschreitende technische Entwicklung und die zunehmende Komplexität der wirtschaftlichen Verhältnisse werden die Neuregelungen im BGB allerdings immer detaillierter und damit nur noch für den Fachmann verständlich. Fernziel bleibt ein einheitliches Bürgerliches Recht in Europa.

Kapitel 2. Natürliche Personen, Verbraucher und Unternehmer

5. Begriff und Arten der Person

Was versteht man unter einer Person im Rechtssinne (Rechtsperson), und welche Arten der Person gibt es?

1. Eine **Person** im Rechtssinne ist, wer Träger von Rechten und Pflichten sein kann und somit **rechtsfähig** ist.

2. Man unterscheidet **natürliche Personen** und **juristische Personen.** Natürliche Personen sind alle Menschen (vgl. § 1). Juristische Personen sind Organisationen von Menschen oder Zweckvermögen, denen der Gesetzgeber Rechtsfähigkeit verliehen hat. Die juristischen Personen sind wiederum, entsprechend dem Organisationsrecht, dem sie unterliegen, entweder juristische Personen des **Privatrechts** (z. B. Verein, Aktiengesellschaft, GmbH) oder juristische Personen des **öffentlichen Rechts** (z. B. Bund, Länder, Gemeinden, Anstalten).

6. Funktion des Begriffs der Person

Welche Funktion kommt dem Begriff der Person im Rechtssinne zu?

1. Für den Bereich der **natürlichen** Personen hat der Personbegriff vor allem **rechtsethische** Bedeutung: Dass alle Menschen Personen im Rechtssinne und damit rechtsfähig sind, ist vor dem Hintergrund der geschichtlichen Erfahrungen (Sklaverei, Leibeigenschaft) keine Selbstverständlichkeit, sondern das Ergebnis einer langen Rechtsentwicklung, die in der christlichen Religion und der Aufklärungsphilosophie wurzelt (Postulat der **Freiheit** und **Gleichheit** aller Menschen).

2. Für den Bereich der **juristischen** Personen hat der Personbegriff vor allem **rechtstechnische** Bedeutung: Die Zuerkennung der Rechtspersönlichkeit soll das organisierte und zweckgerichtete Handeln im Rechtsverkehr erleichtern.

7. Rechtsfähigkeit, Handlungsfähigkeit, Geschäftsfähigkeit, Deliktsfähigkeit

Wie unterscheiden sich Rechtsfähigkeit, Handlungsfähigkeit, Geschäftsfähigkeit und Deliktsfähigkeit?

1. Unter **Rechtsfähigkeit** versteht man die grundsätzliche Fähigkeit, Träger von Rechten und Pflichten sein zu können, die allen Personen zukommt **(allgemeine Rechtsfähigkeit)**. Dies bedeutet nicht, dass jede Person in jede mögliche Rechtsbeziehung eintreten oder jede Rechtsstellung einnehmen könnte. Vielmehr hängt dies wiederum von der jeweiligen rechtlichen Regelung und ihren Anforderungen ab **(besondere Rechtsfähigkeit)**. So kann z. B. eine juristische Person zwar Erbe, aber nicht Erblasser sein (vgl. §§ 1922 Abs. 1, 1923, 2101 Abs. 2).

2. Unter **Handlungsfähigkeit** versteht man die Fähigkeit, durch eigene Handlungen Rechtswirkungen auszulösen. Das BGB kennt den Begriff an sich nicht. Er stellt lediglich den Oberbegriff u. a. für Geschäftsfähigkeit und Deliktsfähigkeit dar.

3. Unter **Geschäftsfähigkeit** versteht man die Fähigkeit, rechtsgeschäftliche Erklärungen abzugeben und entgegenzunehmen. Die Geschäftsfähigkeit des Menschen regelt sich nach Alter und Geisteszustand (vgl. §§ 104, 106). Die juristischen Personen sind nicht geschäftsfähig, für sie handeln die sog. Organe.

4. Unter **Deliktsfähigkeit** (Verantwortlichkeit, Verschuldensfähigkeit) versteht man die Fähigkeit, für eigene schuldhafte Handlungen verantwortlich zu sein. Sie regelt sich ebenfalls nach Alter und Geisteszustand (vgl. §§ 827, 828, 276 Abs. 1 Satz 3). Die juristischen Personen sind nicht selbst deliktsfähig, müssen sich aber schuldhafte Handlungen ihrer Organe zurechnen lassen (§ 31).

8. Beginn und Ende der Rechtsfähigkeit
Wann beginnt und wann endet die Rechtsfähigkeit des Menschen?

1. Die Rechtsfähigkeit des Menschen beginnt mit **Vollendung der Geburt** (§ 1). Dazu ist vollständiger Austritt des Kindes aus dem Mutterleib erforderlich. Das Kind muss in diesem Zeitpunkt gelebt haben; dass es überlebensfähig war, ist dagegen nicht notwendig.

2. Die Rechtsfähigkeit des Menschen endet mit seinem **Tode.** In welchem Zeitpunkt der Tod anzunehmen ist, ist nicht eindeutig geklärt, da die einzelnen Lebensfunktionen (Atmung, Herzschlag usw.) zu unterschiedlichen Zeitpunkten aussetzen können. Überwiegend stellt man heute auf das Aussetzen der Hirnströme ab (vgl. BayObLG NJW-RR 1999, 1309; ebenso § 3 Abs. 2 Nr. 2 TPG).

3. Der genaue Zeitpunkt von Geburt und Tod kann von entscheidender Bedeutung sein, insbesondere bei erbrechtlichen Fragen (vgl. § 1923 Abs. 1).

9. Verbraucher und Unternehmer
Biolandwirt L ist zur Selbstvermarktung seiner Produkte übergegangen. Er sucht seinen Steuerberater S in dessen Kanzlei auf und bietet ihm eine zerlegte Schweinehälfte zum Preis von 100 EUR, Lieferung frei Haus, an. S ist einverstanden, und die Schweinehälfte wird am nächsten Tag an ihn geliefert und von ihm bezahlt. Nach Vorwürfen seiner Frau, die überzeugte Vegetarierin ist, möchte S sich gerne vom Vertrag wieder lösen. Kann er das?

Zwischen L und S ist ein wirksamer Kaufvertrag zustande gekommen. Da sie kein Rücktrittsrecht vereinbart haben, kann sich S von diesem Vertrag nur lösen, wenn ihm ein Widerrufsrecht i. S. d. § 355 zusteht. Ein solches Widerrufsrecht ist vom Gesetzgeber bei bestimmten Verbraucherverträgen (= Verträgen zwischen einem Unternehmer und einem Verbraucher; § 310 Abs. 3) vorgesehen, u. a. auch bei den außerhalb von Geschäftsräumen geschlossenen Verträgen i.S.d. § 312b. Hier könnte ein solches Geschäft vorgelegen haben.

1. Erste Voraussetzung für ein Widerrufsrecht gemäß § 312g Abs. 1 ist, dass ein **Vertrag zwischen einem Unternehmer und einem Verbraucher, der eine entgeltliche Leistung zum Gegenstand hat** (vgl. § 312 Abs. 1), abgeschlossen wurde. Der Kaufvertrag über die Schweinehälfte ist ein Vertrag über eine entgeltliche Leistung. Ferner müssten bei diesem Vertragsschluss L „Unternehmer" und S „Verbraucher" gewesen sein.

a) Unternehmereigenschaft des L

Der Begriff des **Unternehmers** ist in § 14 Abs. 1 definiert als **„eine natürliche oder juristische Person, die bei Abschluss eines Rechtsgeschäfts in Ausübung ihrer gewerblichen oder selbständigen beruflichen Tätigkeit handelt"**. Eine gewerbliche oder selbständige berufliche Tätigkeit liegt vor, wenn planmäßig und dauerhaft am Markt Leistungen gegen Entgelt angeboten werden (BGH NJW 2006, 2250). (Daher ist der Begriff des Unternehmers weiter als der des Kaufmanns i.S.d. § 1 HGB.) Da L zur Selbstvermarktung seiner Produkte übergegangen ist, ist er Unternehmer. L handelte bei Abschluss des Vertrages mit S auch in Ausübung seiner gewerblichen Tätigkeit und somit als Unternehmer (dazu BGH NJW 2008, 435 Rn. 6).

b) Verbrauchereigenschaft des S

S als Steuerberater ist zwar als selbständig beruflich Tätiger an sich ebenfalls Unternehmer. Jedoch kommt es nur darauf an, ob er bei Abschluss des konkreten Vertrages in Ausübung seiner selbständigen beruflichen Tätigkeit handelte. Dies ist hier nicht der Fall, da der Kauf der Schweinehälfte nicht in seine berufliche, sondern seine private Sphäre fällt. S hat daher bei Abschluss des Vertrages nicht als Unternehmer gehandelt. (Anders könnte es sein, wenn S die Schweinehälfte z.B. zur Vorbereitung eines Betriebsfestes gekauft hätte, da es sich dann um ein sog. Hilfsgeschäft gehandelt hätte.) Vielmehr hat er als **„Verbraucher"** i.S.d. § 13 gehandelt, da er eine natürliche Person ist und das Geschäft zu einem Zweck abschließt, der überwiegend nicht seiner selbständigen beruflichen Tätigkeit zugeordnet werden kann.

2. Zweite Voraussetzung für das Vorliegen eines Widerrufsrechts ist, dass der Verbraucher den Vertrag **„außerhalb von Geschäftsräumen"** abgeschlossen hat. Wann dies der Fall ist, ist in § 312b Abs. 1 Satz 1 Nrn. 1–4 geregelt. Hier ist der Vertrag **„bei gleichzeitiger körperlicher Anwesenheit des Verbrauchers und des Unternehmers an einem Ort geschlossen** [worden]**, der kein Geschäftsraum des Unternehmers** [hier: L] **ist"** (§ 312b Abs. 1 Nr. 1).

3. Das Widerrufsrecht ist nicht nach § 312 Abs. 2 Nr. 12 ausgeschlossen, da L seine Leistung nicht sofort erbracht und das Entgelt auch 40 EUR überschritten hat.

4. Wohl aber ist das Widerrufsrecht des S nach § 312g Abs. 2 Nr. 2 ausgeschlossen, da es sich bei der Schweinehälfte um eine Ware handelt, die **„schnell verderben"** kann.

10. Rechtsstellung des Verstorbenen

Der Schriftsteller S hatte in einer Reportage über den Politiker P nach dessen Tod zahlreiche ehrenrührige unwahre Behauptungen aufgestellt. Die Frau F des P verlangt von S Widerruf. Zu Recht?

Anspruch der F gegen S aus §§ 823 Abs. 1, 1004

Durch seine ehrenrührigen unwahren Behauptungen hatte S das **allgemeine Persönlichkeitsrecht** des P und somit ein „sonstiges Recht" i. S. d. § 823 Abs. 1 verletzt. Auch wenn dies nicht schuldhaft geschehen ist, besteht nach § 1004 i. V. m. § 823 Abs. 1 ein Anspruch auf Beseitigung dieser Persönlichkeitsbeeinträchtigung durch Widerruf.

Allerdings war P im Zeitpunkt der Veröffentlichung bereits verstorben. Mit dem Rechtsträger erlischt grundsätzlich auch sein allgemeines Persönlichkeitsrecht, da es weder übertragbar noch vererblich ist (vgl. BVerfG NJW 2001, 2957, 2959). Dies schließt aber nicht aus, dass die schutzwürdigen Werte der Persönlichkeit die Rechtsfähigkeit ihres Subjekts überdauern (vgl. BGH NJW 2014, 3786 Rn. 31), dass mit anderen Worten auch das Andenken des Verstorbenen Rechtsschutz genießt (sog. **postmortales Persönlichkeitsrecht**). Einen solchen Schutz gebietet das Grundrecht der Menschenwürde (Art. 1 Abs. 1 GG). Schutzwürdig ist insbesondere die Ehre des Verstorbenen (BVerfG NJW 2001, 2957, 2959). Da der Tote den Schutz seiner Persönlichkeit selbst nicht wahrnehmen kann, müssen es Dritte für ihn tun können. Es sind dies die vom Verstorbenen zu seinen Lebzeiten ermächtigten Personen, im Übrigen die nahen Angehörigen (BGH NJW 2009, 751 Rn. 16; Palandt/*Sprau* § 823 BGB Rn. 89). Die Frau des P war demnach befugt, den Widerruf zu verlangen.

11. Eintritt der Volljährigkeit

Die 17-jährige Schülerin S möchte ihren 20-jährigen Freund F heiraten, da bald Nachwuchs zu erwarten ist. Sie möchte wissen, ob sie jetzt schon heiraten kann.

Bis zum 21.7.2017 galt nach § 1303 Abs. 1, dass eine Ehe nicht vor Eintritt der Volljährigkeit (Vollendung des 18. Lebensjahres; § 2) geschlossen werden soll. Jedoch konnte das Familiengericht nach § 1303 Abs. 2 a. F. von dieser Vorschrift Befreiung erteilen, wenn der Antragsteller das 16. Lebensjahr vollendet hatte und sein künftiger Ehegatte volljährig war. **Seit dem 22.7.2017** gilt nach § 1303 Abs. 1 Satz 1, dass eine Ehe nicht vor Eintritt der Volljährigkeit eingegangen werden darf. Ehemündigkeit und Volljährigkeit entsprechen einander. S kann daher erst dann die Ehe mit F eingehen, wenn sie 18 Jahre alt geworden ist.

12. Betreuung und Einwilligungsvorbehalt

Der 17-jährige Auszubildende A war durch häufiges Haschischrauchen süchtig geworden. Das Geld für die Beschaffung der Joints besorgte er sich, indem er Wertsachen, die ihm gehörten, versetzte. Die Eltern wollen verhindern, dass A nach Eintritt der Volljährigkeit wirksam Verkäufe tätigen kann. Was können sie tun?

Sie können sich an das Betreuungsgericht wenden, um die Anordnung einer **Betreuung** (§§ 1896 ff.) von Amts wegen zu erreichen. Wenn ein Volljähriger aufgrund einer psychischen Krankheit oder einer körperlichen, geistigen oder seelischen Behinderung seine Angelegenheiten ganz oder teilweise nicht besorgen kann, wird für ihn vom **Betreuungsgericht** aus seinen Antrag oder von Amts wegen ein Betreuer bestellt (§ 1896 Abs. 1 Satz 1), jedoch nicht gegen seinen freien Willen (§ 1896 Abs. 1a) und auch nur für Aufgabenkreise, in denen die Betreuung erforderlich ist (§ 1896 Abs. 2 Satz 1). Der **Betreuer** hat in seinem Aufgabenkreis die **Stellung eines gesetzlichen Vertreters** des Betreuten (§ 1902). Soweit der Betreute geschäftsfähig ist, ändert daran auch die Anordnung der Betreuung nichts. Zum Schutze des Betreuten vor den Gefahren des Rechtsverkehrs kann jedoch das Betreuungsgericht einen **Einwilligungsvorbehalt** anordnen (§ 1903 Abs. 1). Dann bedarf der Betreute zu einer Willenserklärung, die den Aufgabenkreis des Betreuers betrifft, dessen Einwilligung. Ausnahmen gelten für Willenserklärungen, die dem Betreuten lediglich einen rechtlichen Vorteil bringen oder nur geringfügige Angelegenheiten des täglichen Lebens betreffen (§ 1903 Abs. 3). Durch den Einwilligungsvorbehalt wird also der Betreute in seiner Rechtsstellung partiell einem beschränkt geschäftsfähigen Minderjährigen gleichgestellt.

Betreuung und Einwilligungsvorbehalt können auch für einen Minderjährigen, der – wie hier A – das 17. Lebensjahr vollendet hat, angeordnet werden, wenn – wie hier – anzunehmen ist, dass sie bei Eintritt der Volljährigkeit erforderlich werden. Allerdings werden diese Maßnahmen erst mit dem Eintritt der Volljährigkeit wirksam (§ 1908a). Die Eltern können sich also an das Betreuungsgericht wenden, um die Anordnung von Betreuung und Einwilligungsvorbehalt für die Verkäufe von Wertsachen zu erreichen.

13. Geschäftsfähigkeit und Testierfähigkeit

Beim Adeligen A war eine erbliche Geisteskrankheit ausgebrochen. Einer seiner Spaziergänge führte ihn zu einem Notar. Dort errichtete er ein notariell beurkundetes Testament, in dem er seinen alten Freund R zum Alleinerben einsetzte. Kurz darauf verunglückte er bei einem Verkehrsunfall tödlich. Sein Sohn S machte Unwirksamkeit des Testaments geltend. Der Notar N bekundete, ihm sei bei A kein ungewöhnliches Verhalten aufgefallen, er habe sich vielmehr geistig sehr aufgeschlossen gezeigt. Der behandelnde Arzt M bestätigte, dass A zwischendurch häufig lichte Augenblicke gehabt habe, in denen er die Folgen seines Tuns vollkommen überblickt habe. Ist das Testament gültig?

Die Wirksamkeit des formgerecht (§ 2231 Nr. 1) errichteten Testaments hängt davon ab, ob A testierfähig war. Die **Testierfähigkeit** ist ein **Unterfall der Geschäftsfähigkeit** (§§ 104 ff.), jedoch in § 2229 speziell geregelt: Abs. 1 und 2 regeln die Testierfähigkeit von Minderjährigen, Abs. 4 regelt die Testierfähigkeit von geistig Behinderten. Demnach kommt es darauf an, ob A im Zeitpunkt der Testamentserrichtung wegen krankhafter Störung der Geistestätigkeit nicht in der Lage war, die Bedeutung der von ihm abgegebenen Willenserklärung einzusehen und nach dieser Einsicht zu handeln. Da A in diesem Zeitpunkt offensichtlich einen sog. **lichten Augenblick** (lucidum intervallum) hatte, war er testierfähig. Das Testament ist also wirksam.

14. Begriff und Funktion des Wohnsitzes

Was versteht man unter dem Wohnsitz, und welche rechtliche Funktion hat er?

1. Der Begriff des **Wohnsitzes** ist im BGB nicht definiert. Man versteht darunter den „räumlichen Schwerpunkt der Lebensverhältnisse" eines Menschen (vgl. MünchKommBGB/*Schmitt* § 7 BGB Rn. 9). Der Wohnsitz ist zu unterscheiden vom **Aufenthalt** (vgl. z. B. § 132 Abs. 2 Satz 2; §§ 16, 20 ZPO) als dem Ort der tatsächlichen Anwesenheit, von der **gewerblichen Niederlassung** (§§ 269 Abs. 2, 270 Abs. 2) und vom **Amts- bzw. Dienstsitz** bei Soldaten, Beamten und Notaren. Dem Wohnsitz der natürlichen Person entspricht der **Sitz** der juristischen Person.

2. An den Wohnsitz knüpfen zahlreiche Normen des Bürgerlichen Rechts (z. B. §§ 132 Abs. 2, 269, 270, 773 Abs. 1 Nr. 2, 1944 Abs. 3, 1954 Abs. 3) und des Verfahrensrechts (z. B. §§ 13, 15 ZPO; § 6 UKlaG) an.

15. Natürlicher und gesetzlicher Wohnsitz

A lebte seit Geburt bei seinen Eltern in München. Als er 16 Jahre alt war, zog er mit seiner Mutter, die sich von ihrem Mann getrennt hatte, nach Nürnberg. Mit 17 Jahren ging er auf ein Internat in Passau. Nach seinem Abitur ging er, inzwischen volljährig geworden, zur Bundeswehr mit Standort Deggendorf. Noch während der Dienstzeit heiratete er eine Geschäftstochter aus Regensburg und bezog in deren Elternhaus eine Wohnung. Nach Ablauf der Dienstzeit verließ er auch die eheliche Wohnung und trieb sich, zum Trinker geworden, als Landstreicher herum. – Welchen Wohnsitz hatte A in seinen Lebensabschnitten?

1. Zunächst hatte A seinen Wohnsitz in München, da ein minderjähriges Kind gemäß § 11 Satz 1 den Wohnsitz seiner Eltern teilt (sog. **gesetzlicher Wohnsitz**).

2. Die Trennung der Eltern bewirkte, dass A nach § 11 Satz 1 i. V. m. § 7 Abs. 2 einen **doppelten Wohnsitz** in München und in Nürnberg hatte (vgl. BGH NJW-RR 1990, 1282; 1993, 130). Dass A nur in Nürnberg wohnte, spielt keine Rolle, da es sich um einen gesetzlichen Wohnsitz handelt.

3. Der Internatsbesuch in Passau bewirkte keine Wohnsitzänderung, da die Aufenthaltsnahme an diesem Ort nicht ständig, sondern vorübergehend gewollt war. Abgesehen davon kann ein Minderjähriger ohne den Willen seines gesetzlichen Vertreters einen Wohnsitz nicht begründen (§ 8).

4. Mit Eintritt der Volljährigkeit konnte A selbst seinen Wohnsitz bestimmen. Bis zur Begründung eines anderen Wohnsitzes bleibt allerdings der bisherige Wohnsitz bestehen. Der bisherige Wohnsitz entfällt erst durch rechtsgültige Aufhebung (§ 11 Satz 3 i. V. m. § 7 Abs. 3). An sich blieben daher Nürnberg und München Wohnsitze des A. Da jedoch A in Nürnberg weiter wohnte, ist anzunehmen, dass er diesen seinen Aufenthaltsort zur ständigen Niederlassung und damit zum gewählten Wohnsitz machen wollte. In diesem Falle entfiel München als zweiter Wohnsitz, ohne dass es einer Wohnsitzaufgabe gemäß § 7 Abs. 3 bedurfte.

5. Deggendorf wurde zum gesetzlichen Wohnsitz, als A sich als Zeitsoldat verpflichtete (§ 9 Abs. 1). Da neben diesem gesetzlichen Wohnsitz ein gewählter Wohnsitz möglich ist, konnte A auch seinen bisherigen Wohnsitz beibehalten.

6. Mit Eheschließung und Bezug einer gemeinsamen Wohnung in Regensburg war eine Wohnsitzbegründung i. S. d. § 7 Abs. 1 in Regensburg verbunden. Zugleich ist anzunehmen, dass der bisherige gewählte Wohnsitz gemäß § 7 Abs. 3 aufgegeben wurde.

7. Das Verlassen der Wohnung mit dem Ziel, als Landstreicher zu leben, stellt eine **Wohnsitzaufgabe** i. S. d. § 7 Abs. 3 dar. A ist nunmehr wohnsitzlos.

16. Der Name

Was versteht man unter dem Namen einer Person, wie kommt er zustande und welchen Schutz genießt er?

1. Unter dem „**Namen**" versteht man die sprachliche Kennzeichnung einer Person zur Unterscheidung von anderen (BGH NJW 1959, 525). Der Name hat demnach Ordnungs- und Unterscheidungsfunktion. Zugleich ist er Ausdruck der Persönlichkeit.

2. Der Name kann entweder einer Person auferlegt oder von ihr frei gewählt sein. Im Einzelnen ist zu unterscheiden: (1.) Der **bürgerliche Name** einer Person besteht aus Familien- und Vornamen. Der **Familienname** wird grundsätzlich durch Abstammung (§§ 1616–1618) erworben (sog. Geburtsname), spätere Änderungen sind möglich (z. B. durch Eheschließung, § 1355, oder Annahme als Kind, § 1757). Der **Vorname** wird einem Menschen durch den Personensorgeberechtigten beigelegt. (2.) Darüber hinaus kann sich jeder einen **Wahlnamen (Pseudonym)** beilegen, sofern dies nicht gegenüber einem älteren Namensrecht einen unbefugten Gebrauch darstellt. Dies ist häufig bei Künstlern und Schriftstellern der Fall. Auch dieser Wahlname hat, sofern in das Melderegister eingetragen, volle Namensfunktion (so ist z. B. zur Wahrung der Schriftform die Unterzeichnung mit dem Pseudonym ausreichend). (3.) Der **Handelsname (Firma)** ist der Name, unter dem ein

Kaufmann seine Geschäfte betreibt und seine Unterschrift abgibt (§ 17 Abs. 1 HGB). Für die Bildung und Führung der Firma gibt es detaillierte Vorschriften (§§ 17 ff. HGB).

3. Der Name wird nach § 12 vor zwei Beeinträchtigungen geschützt: Bestreiten des Rechts zum Namensgebrauch **(Namensbestreitung)** und unbefugter Gebrauch des gleichen Namens **(Namensanmaßung).** Der Namensträger kann in diesen Fällen Beseitigung der Beeinträchtigung (§ 12 Satz 1), bei Gefahr weiterer Beeinträchtigungen Unterlassung (§ 12 Satz 2) verlangen. Da der Name ein „sonstiges Recht" i. S. d. § 823 Abs. 1 ist, kann bei schuldhaften Beeinträchtigungen auch Schadensersatz verlangt werden.

---

17. Schutz vor Namensanmaßung

Der Hemdenfabrikant T hatte den Einfall, T-Shirts herzustellen und zu vertreiben, auf denen der Name und das Wappen der Universität M aufgedruckt waren. Der Universität M ist diese Vermarktung ihres Namens und Wappens ein Dorn im Auge. Sie verlangt daher von T Unterlassung des Vertriebs derartiger T-Shirts. T wendet ein, die Interessen der Universität würden durch seine Aktion in keiner Weise beeinträchtigt, vielmehr würde nur ihr Bekanntheitsgrad gesteigert. Wer hat Recht?

Anspruch der Universität M gegen T auf Unterlassung gemäß § 12 Satz 2

Der Unterlassungsanspruch aus § 12 Satz 2 setzt voraus, dass eine Namensrechtsverletzung i. S. v. § 12 Satz 1 vorliegt und „weitere Beeinträchtigungen" (d. h. weitere Verletzungen) zu besorgen sind. Hier kommt nur eine Namensrechtsverletzung in Gestalt der Namensanmaßung (vgl. → Fall 16) in Betracht. Sie liegt vor, wenn die Bezeichnung „Universität M" und ihr Wappen einen „Namen" i. S. d. § 12 Satz 1 darstellen, T diesen Namen unbefugt gebraucht und dadurch das Interesse der Universität M verletzt wird.

1. Vorliegen eines „Namens"

Nach Wortlaut, Entstehungsgeschichte und Systematik schützt § 12 an sich nur den Namen der **natürlichen Person.** Die Rspr. (vgl. etwa BGHZ 43, 245, 252) hat jedoch seit Langem den Anwendungsbereich dieser Norm erweitert: Der Namensschutz wurde ausgedehnt auf den Namen **juristischer Personen** des öffentlichen Rechts (z. B. Gemeinden) oder des bürgerlichen Rechts (Firma; Vereinsname) sowie sonstiger Personenvereinigungen, insbesondere Gewerkschaften und politische Parteien, ferner auf **Domains.** Darüber hinaus wurden als Name nicht nur der vollständige Name, sondern auch schlagwortartige Bestandteile oder Abkürzungen, sofern sie Verkehrsgeltung erlangt haben, anerkannt. Schließlich genießen auch Wappen und Siegel Namensschutz, sofern sie – wie in der Regel der Fall – individualisierende Kennzeichnungskraft besitzen und damit zur namensmäßigen Kennzeichnung geeignet sind (BGH NJW 1993, 918, 920). – Demnach fallen sowohl die Bezeichnung „Universität M" als auch das Wappen dieser Universität unter den Namensbegriff des § 12 Satz 1.

2. „Gebrauch" des fremden Namens

Als **Gebrauch** eines fremden Namens ist nicht jede Verwendung eines fremden Namens (z. B. in einem Zeitungsartikel) anzusehen. Erforderlich ist vielmehr eine Verwendung, die eine **namensmäßige Zuordnungsverwirrung** hervorrufen kann (BGHZ 155, 273, 276). Denn § 12 will den Namen nur in seiner Funktion als Identitätsbezeichnung des Namensträgers schützen (BGH NJW 1993, 918, 920). Zu einer Zuordnungsverwirrung kann es vor allem beim namensmäßigen Gebrauch des fremden Namens kommen, also bei der Verwendung des Namens zur Kennzeichnung der eigenen oder einer fremden Person (etwa wenn sich der Hochstapler *Felix Krull* als „*Marquis de Venosta*" ausgibt). Darüber hinaus lässt die Rspr. solche Verwendungen genügen, durch die der wahre Namensträger zu Einrichtungen, Gütern oder Erzeugnissen in Beziehung gesetzt wird, mit denen er nichts zu tun hat (BGH NJW 2005, 978, 979). Hierfür soll es ausreichen, wenn im Verkehr der Eindruck entsteht, der Namensträger habe dem Benutzer die Erlaubnis zur Verwendung des Namens erteilt (BGH NJW 2005, 978, 979). Das ist stets dann anzunehmen, wenn der Name einer Person auf irgendwelchen Waren, wie hier auf den T-Shirts, aufgedruckt ist. – Es liegt daher ein „Gebrauch" eines fremden Namens vor.

3. „Unbefugter" Namensgebrauch

Unbefugt bedeutet so viel wie **„widerrechtlich"** i. S. v. § 823 Abs. 1 BGB (Palandt/*Ellenberger* § 12 BGB Rn. 28). Der Gebrauch eines fremden Namens ist daher grundsätzlich unbefugt, wenn die sonstigen Tatbestandsvoraussetzungen des § 12 Satz 1 vorliegen und dem Handelnden kein Rechtfertigungsgrund (z. B. Einwilligung, Lizenzvertrag) zur Seite steht. Da die Universität M keine Zustimmung erteilt hatte, ist das Handeln des T sonach unbefugt.

4. „Interessenverletzung"

Die Namensanmaßung muss „das Interesse des Berechtigten" verletzen. Der Begriff des **Interesses** ist dabei weit auszulegen und erfasst jedes berechtigte Interesse. Für eine Interessenverletzung genügt es, wenn eine sog. **Verwechslungsgefahr** besteht, nämlich die Gefahr einer Identitätstäuschung begründet oder der Namensträger in irgendwelche persönliche, wirtschaftliche oder politische Beziehungen zu Dritten gebracht wird (vgl. BGHZ 124, 181). Letzteres ist hier der Fall. Denn der Verkehr gewinnt den Eindruck, die Universität M sei irgendwie geschäftlich mit dem T verbunden. Es ist deshalb unbeachtlich, dass durch die Aktion der Bekanntheitsgrad der Universität M gesteigert wird.

5. Gefahr „weiterer Beeinträchtigungen"

Der Unterlassungsanspruch setzt nach § 12 Satz 2 zusätzlich voraus, dass **„weitere Beeinträchtigungen zu besorgen"** sind. Es muss also eine sog. **Wiederholungsgefahr** bestehen. Sie ist aber bei einem Handeln zu geschäftlichen Zwecken, wie hier, zu vermuten. Wiederholungsgefahr ist darüber hinaus stets dann anzunehmen, wenn der Verletzer erklärt, sein Verhalten sei berechtigt. Der Verletzer kann diese Gefahr in der Regel nur durch Abgabe einer Unterlassungsverpflichtungserklärung, die durch ein Vertragsstrafeversprechen gesichert ist, ausräumen. Das ist hier (noch) nicht geschehen.

6. Ergebnis

Die Universität M kann von T Unterlassung des Vertriebs der T-Shirts verlangen.

---

18. Todeserklärung

Der Geschäftsmann G flog am 3.10.2014 mit einer Chartermaschine von Rio de Janeiro nach Santiago de Chile. Das Flugzeug kam nicht an. Nachforschungen blieben vergeblich. Seine Frau F möchte sich nach einiger Zeit wieder verheiraten.
1. Kann sie das?
2. Ist die zweite Eheschließung gültig, wenn sich später herausstellt, dass G noch am Leben ist?

Zu 1:

Da F verheiratet ist, kann sie eine neue Ehe nur eingehen, wenn die frühere Ehe aufgelöst worden ist (§ 1306; **Verbot der Doppelehe**). Auflösungsgrund ist u. a. der Tod des anderen Ehegatten. Da hier der Tod des G nicht zweifelsfrei feststeht, könnte F an sich keine neue Ehe eingehen. Die Ungewissheit über den Tod eines Menschen muss aber im Interesse der Überlebenden beseitigt werden können. Dies geschieht durch die **Todeserklärung.** Sie ist im Verschollenheitsgesetz (VerschG) vom 15.1.1951, das an die Stelle der §§ 13–20 trat, näher geregelt. F muss also die Todeserklärung beantragen.

Da G bei einem Flug verschollen ist, kann dies frühestens drei Monate nach dem mutmaßlichen Absturz des Flugzeugs geschehen (§ 6 VerschG). Ist die Todeserklärung (durch Beschluss des Amtsgerichts) erfolgt, so wird vermutet, dass der Verschollene in dem in der Todeserklärung genannten Zeitpunkt verstorben ist (§ 9 Abs. 1 Satz 1 VerschG). Damit ist der Weg für eine neue Eheschließung frei.

Zu 2:

Die zweite Eheschließung ist gemäß § 1319 Abs. 1 gültig. Die an sich fortbestehende erste Ehe wird mit Schließung der neuen Ehe aufgelöst (§ 1319 Abs. 2). Jedoch kann die F nach § 1320 Abs. 1 die Aufhebung der neuen Ehe begehren.

Kapitel 3. Verein und Stiftung

19. Begriff und Arten des Vereins

Was versteht man unter einem Verein, und welche Arten von Vereinen kennt das BGB?

1. Unter einem **Verein** versteht man einen auf Dauer angelegten **Zusammenschluss von Personen zur Verwirklichung eines gemeinsamen Zwecks mit körperschaftlicher Verfassung** (Vorstand und Mitgliederversammlung als Organe), der einen **Gesamtnamen** führt, nach **außen als Einheit** auftritt und in seinem **Bestand vom Mitgliederwechsel unabhängig** ist (vgl. Jauernig/*Mansel* § 21 BGB Rn. 1).

2. Das BGB unterscheidet zwischen **nichtwirtschaftlichen Vereinen (Idealvereinen)** und **wirtschaftlichen Vereinen.** Diese Vereine erlangen unter unterschiedlichen Voraussetzungen die Rechtsfähigkeit.

a) Für den **nichtwirtschaftlichen Verein** (§ 21) gilt das **System der Normativbestimmungen:** Er erlangt Rechtsfähigkeit durch Eintragung in das Vereinsregister, wenn die Erfüllung bestimmter Voraussetzungen nachgewiesen ist (§§ 55 ff.).

b) Für den **wirtschaftlichen Verein** (§ 22) gilt das Konzessionssystem: Diese Vereine erlangen Rechtsfähigkeit durch **staatliche Verleihung,** also durch einen Verwaltungsakt (vgl. dazu BVerwG NJW 1998, 1166).

3. Für Vereine, welche (noch) keine Rechtsfähigkeit erlangt haben **(nichtrechtsfähige Vereine),** gelten Sonderregelungen (§ 54). § 54 Satz 1 unterstellt den nichtrechtsfähigen Verein sachwidrig dem Recht der Personengesellschaft. Die Rspr. ist daher dazu übergegangen, die Vorschriften des Vereinsrechts entsprechend anzuwenden, soweit diese nicht die Eintragung ins Vereinsregister voraussetzen (vgl. etwa BGH NJW 1979, 2304).

20. Vereinsbeitritt und Beschlussfassung

Der Vorstand Moser (M) des „Schwimmvereins Neustadt e. V." fürchtet um seine Wiederwahl. Kurz vor der Jahresversammlung des Vereins bringt er daher sechs Minderjährige durch Freibier dazu, dem Verein beizutreten und seine Wiederwahl zu unterstützen. Bei der Wahl des Vorstands in offener Abstimmung entfallen auf den bisherigen Vorstand M 51 Stimmen, auf seinen Konkurrenten Kaser (K) 48 Stimmen. Die sechs Jugendlichen hatten ihre Stimme dem M gegeben.
1. Ist der Vereinsbeitritt der Jugendlichen wirksam, wenn er ohne die Einwilligung ihrer Eltern erfolgte?
2. Angenommen, drei Jugendliche besaßen die Einwilligung ihrer Eltern zum Vereinsbeitritt: Ist die Wahl des M zum Vorstand gültig?

Zu 1:

Der **Beitritt** zu einem Verein erfolgt durch einen **Vertrag** zwischen dem Mitgliedschaftsbewerber und dem Verein, wobei die **Beitrittserklärung** in der Regel das Angebot, die **Aufnahme** die Annahme dieses Angebots darstellt (BGHZ 101, 196). Da der Vereinsbeitritt für das Mitglied nicht nur Rechte, sondern auch Pflichten (insbesondere die Pflicht zur Zahlung des Mitgliederbeitrages) mit sich bringt, somit nicht lediglich rechtlich vorteilhaft i. S. d. § 107 ist, bedurften die Jugendlichen der Einwilligung ihrer Eltern als gesetzliche Vertreter. Der Vereinsbeitritt ohne diese Einwilligung war daher gemäß § 108 Abs. 1 schwebend unwirksam.

Zu 2:

Die Wahl des Vorstandes (§ 26) erfolgt durch **Beschlussfassung** in der Mitgliederversammlung (§ 32 Abs. 1 Satz 1). Zur Gültigkeit des Beschlusses bedarf es gemäß § 32 Abs. 1 Satz 3 der **Mehrheit der abgegebenen Stimmen,** sofern Gesetz (§§ 33, 41) oder Satzung (§ 40) nichts anderes vorsehen. Andernfalls würden Enthaltungen entgegen dem Willen dessen, der sich seiner Stimme enthält und damit seine Unentschiedenheit bekundet, faktisch als Neinstimmen gezählt. Bei der Berechnung der Mehrheit ist aber stets zu prüfen, ob die einzelne Stimmabgabe gültig war. Da Nichtmitglieder nicht stimmberechtigt sind, war die Stimmabgabe der drei Minderjährigen, die ohne Einwilligung ihrer Eltern dem Verein beigetreten waren, unwirksam. Dagegen konnten die anderen drei Minderjährigen wirksam abstimmen. Denn die Einwilligung zum Vereinsbeitritt umfasst in der Regel auch die Einwilligung zur Stimmabgabe (= Willenserklärung), sofern diese überhaupt gemäß § 107 einwilligungsbedürftig ist. Im Ergebnis entfallen daher auf M nur 48 Stimmen, also genauso viel wie auf seinen Mitbewerber K. Da M damit ebenso wenig wie K die Mehrheit erreicht hat, ist weder er noch K wirksam gewählt worden. Es ist somit eine Wiederholung der Wahl erforderlich.

21. Überprüfung der Rechtmäßigkeit einer Vereinsstrafe

Auf der ordnungsgemäß einberufenen Jahreshauptversammlung des Sportvereins „TSV Endorf e. V." wurde anlässlich der Überprüfung der Vorstandstätigkeit aufgedeckt, dass der Kassenwart Kogler (K) Gelder zweckwidrig verwendet hatte. Darauf wurde spontan der Antrag gestellt, den K mit sofortiger Wirkung wegen „vereinsschädigenden Verhaltens" aus dem Verein auszuschließen. Von den anwesenden 50 Mitgliedern stimmten 30 für den Ausschluss, zehn waren dagegen und zehn enthielten sich der Stimme. Der Vorstand Veigl eröffnete dem K diesen Mitgliederbeschluss, ohne dass ihm vorher Gelegenheit zur Rechtfertigung gegeben worden war. K erhob daraufhin Klage auf Feststellung der Unwirksamkeit seines Ausschlusses. Wird die Klage Erfolg haben, wenn die Satzung keine Bestimmung über den Ausschluss eines Mitglieds enthält?

Der **Ausschluss** aus einem Verein stellt eine **Vereinsstrafe** dar. Die grundsätzliche Zulässigkeit von Vereinsstrafen ergibt sich aus der Vereinsautonomie, der sich das Mitglied durch seinen Beitritt unterwirft (BGHZ 87, 337). Jedoch muss das betreffende Mitglied die Möglichkeit haben, die Rechtmäßigkeit der Maßnahme gerichtlich überprüfen zu lassen. Im Einzelnen ist bei der Überprüfung zu unterscheiden:

1. Formelle Voraussetzungen

a) Vorliegen einer Rechtsgrundlage für die Vereinsstrafe

Die konkrete Vereinsstrafe muss grundsätzlich in der Satzung nach Tatbestand und Rechtsfolge rechtsgültig (§§ 134, 138 als Grenzen) festgelegt sein (BGHZ 47, 177; BGH NJW 1994, 43). Für den **Ausschluss** ist jedoch anerkannt, dass er auch ohne satzungsmäßige Grundlage bei Vorliegen eines wichtigen Grundes zulässig ist (BGHZ 9, 162). – Die fehlende Satzungsbestimmung ist also unschädlich.

b) Einhaltung des vorgesehenen Verfahrens

aa) Zuständig für die Verhängung der Vereinsstrafe ist, sofern die Satzung nichts anderes vorsieht (vgl. BGHZ 90, 92), die **Mitgliederversammlung** gemäß § 32 Abs. 1 Satz 1, die durch **Beschluss** entscheidet. Zur Wirksamkeit des Beschlusses ist aber gemäß § 32 Abs. 1 Satz 2 erforderlich, dass „der Gegenstand bei der Berufung bezeichnet", d. h. bei der Einberufung der Mitgliederversammlung auf der Tagesordnung hinreichend genau angegeben wird (damit sich die Mitglieder vorbereiten können). Dies war hier nicht geschehen. – Außerdem ist mangels satzungsmäßiger Regelung für den Ausschluss eine **Dreiviertelmehrheit der abgegebenen Stimmen** erforderlich (arg. §§ 33 Abs. 1 Satz 1, 737 analog). Diese Mehrheit ist allerdings hier erreicht, da Stimmenthaltungen bei der Berechnung der Mehrheit nicht mitzuzählen, also nur die Ja- und Neinstimmen zu zählen sind.

bb) Bei der Beschlussfassung müssen die **allgemein gültigen Verfahrensgrundsätze** eingehalten werden (vgl. BGH NJW 1981, 744), wozu insbesondere die Gewährung **rechtlichen Gehörs** zählt (BGHZ 29, 355). Letzteres war hier nicht geschehen.

cc) Der Beschluss muss **begründet** werden, d. h. die Strafgründe müssen konkret angegeben werden (um die gerichtliche Überprüfung zu ermöglichen; BGH NJW 1990, 41). Dies war hier ebenfalls nicht geschehen.

2. Materielle Voraussetzungen

a) Vorliegen der vorgeworfenen Handlung

Das betroffene Mitglied muss die ihm vorgeworfene Handlung tatsächlich begangen haben. Das Gericht überprüft also die Tatsachenfeststellung (BGHZ 87, 344; a. A. noch BGHZ 75, 129).

b) Zutreffende rechtliche Einordnung des Verhaltens

Das Verhalten muss den Tatbestand der Vereinsstrafe, hier einen „wichtigen Grund" erfüllen. (Dies dürfte bei zweckwidriger Verwendung von Vereinsgeldern nicht stets der Fall sein, da es auf die Umstände ankommt.) Das Gericht ist bei der Überprüfung der Subsumtion des Verhaltens unter den Straftatbestand und der Strafbemessung auf die Frage beschränkt, ob die Bestrafung **offenbar oder grob unbillig** ist (vgl. BGHZ 47, 385; 75, 159). Nur bei Vereinen, die einem Aufnahmezwang unterliegen, findet eine strengere Prüfung statt (BGHZ 102, 265, 276 f.).

Ein solcher Verein liegt hier aber nicht vor. – Hier käme offenbare Unbilligkeit deshalb in Betracht, weil der Entzug des Amts als Kassenwart als **milderes Mittel** (Grundsatz der **Verhältnismäßigkeit**) möglicherweise ausgereicht hätte.

Indessen kommt es hier nicht darauf an, da der Ausschluss bereits aus formellen Gründen (vgl. → oben 1.) unwirksam ist.

22. Haftungsfragen beim nichtrechtsfähigen Verein

Der Trachtenverein „D'Loisachtaler", ein nichtrechtsfähiger Verein, feierte sein 80-jähriges Bestehen mit einem großen Fest. Der Vorstand Permaneder (P) hatte für die abendliche Tanzveranstaltung im Festzelt die Blaskapelle „Die lustigen Oberkrainer" für 2.000 EUR verpflichtet. Die Kosten für die Kapelle hoffte man durch den Verkauf von Speisen und Getränken leicht abdecken zu können. Wegen eines verheerenden Unwetters kamen jedoch nur wenige Gäste, sodass kaum Einnahmen erzielt wurden. Da das Vereinsvermögen für die Bezahlung der Kapelle nicht ausreiche, wandte sich deren Geschäftsführer an den Vorstand P und an das als vermögend geltende Vereinsmitglied Hierneis (H). Haften diese beiden für die Restschuld?

1. Anspruch gegen den Vorstand P aus § 54 Satz 2

Da P im Namen eines **nichtrechtsfähigen** Vereins ein Rechtsgeschäft (hier: den Vertrag mit der Blaskapelle) getätigt hatte, haftet er als Handelnder persönlich (also mit seinem Privatvermögen) gemäß § 54 Satz 2. Seine Haftung ist auch nicht vertraglich ausgeschlossen, da eine ausdrückliche Vereinbarung hierüber nicht getroffen wurde und ein stillschweigender Haftungsausschluss mangels besonderer Anhaltspunkte nicht anzunehmen ist.

2. Anspruch gegen das Mitglied H aus §§ 54 Satz 1, 714, 427, 421

Auf den nichtrechtsfähigen Verein finden gemäß § 54 Satz 1 die Vorschriften über die Gesellschaft (§§ 705 ff.) Anwendung (zur Einschränkung dieses Grundsatzes vgl. → Fall 19 sowie BGHZ 50, 328; BGH NJW 1979, 2305). Dies bedeutet, dass der Vorstand als Vertreter des Vereins mit Wirkung für und gegen die Vereinsmitglieder handeln kann (§ 714). Schließt er im Namen des Vereins (und im Rahmen seiner Vertretungsmacht) einen Vertrag mit einem Dritten, so werden daraus die Mitglieder als Gesamtschuldner verpflichtet (§§ 427, 421). Grundsätzlich würde daher H für die Verbindlichkeit haften, und zwar nicht nur mit seinem Anteil am Vereinsvermögen, sondern auch mit seinem Privatvermögen. Dies entspricht aber in der Regel beim Idealverein nicht dem Willen der Vereinsmitglieder, was auch für den Dritten erkennbar ist. Die h. M. (vgl. BGH NJW-RR 2003, 1265; *Köhler* § 21 Rn. 42) nimmt daher an, dass die Haftung der Mitglieder auf ihren Anteil am Vereinsvermögen beschränkt sei. Sie begründet dies mit einer für den Rechtsverkehr erkennbaren Beschränkung der Vertretungsmacht des Vorstands auf eine Verpflichtung nur des Vereinsvermögens. Dahinter steht die Erwägung, dass Mitglieder eines nichtrechtsfähigen Vereins nicht schlechter stehen sollen als solche eines rechtsfähigen Vereins. Dies bedeutet, dass H nicht mit seinem Privatvermögen haftet.

23. Stiftung

Der Fabrikant F möchte eine Stiftung ins Leben rufen, um begabte Studierende seines Heimatortes mit Stipendien zu unterstützen. Was muss er dazu tun?

F muss ein **Stiftungsgeschäft** in schriftlicher Form (§ 81) vornehmen. Es muss den Willen zur Errichtung einer selbständigen Stiftung, sowie Bestimmungen über Zweck und Organe der Stiftung sowie die Vermögenswidmung enthalten. Sodann muss F die **staatliche Genehmigung** (§ 80) einholen, die von der zuständigen Landesbehörde nach Maßgabe des in diesem Bundesland geltenden Stiftungsgesetzes erteilt wird. Mit Erteilung der Genehmigung erlangt die Stiftung die **Rechtsfähigkeit** (§ 80 Satz 1). Im Anschluss daran muss er das im Stiftungsgeschäft zugesicherte Vermögen auf die Stiftung übertragen (§ 82 Satz 1).

Kapitel 4. Rechtsgeschäftslehre

A. Geschäftsunfähigkeit und beschränkte Geschäftsfähigkeit

24. Rechtsgeschäfte eines unerkennbar Geisteskranken

Der geisteskranke A war aus der Nervenheilanstalt entwichen und hatte das Taxi des B bestiegen, mit dem er sich zum Bahnhof fahren ließ. Da er nicht bezahlen konnte, ließ B seine Personalien feststellen. Dabei kam heraus, dass A wegen Geisteskrankheit unter Betreuung stand. Da A sich völlig normal verhalten hatte, war dem B nichts aufgefallen. Der Betreuer des A weigert sich, die Taxigebühr zu zahlen. Zu Recht?

1. Anspruch des B gegen A aus § 631 Abs. 1 Hs. 2

B könnte von A Zahlung der Taxigebühr verlangen, wenn ein wirksamer Beförderungsvertrag (Werkvertrag im Rechtssinne) zustande gekommen ist. Der Vertrag setzt zwei übereinstimmende wirksame Willenserklärungen voraus. Da A sich in einem die freie Willensbestimmung ausschließenden Zustand krankhafter Störung der Geistestätigkeit befand, war er nach § 104 Nr. 2 **geschäftsunfähig.** Seine Willenserklärung war daher gemäß § 105 Abs. 1 unwirksam. Zwar enthält § 105a Satz 1 eine Ausnahmeregelung für den Fall, dass ein volljähriger Geschäftsunfähiger ein Geschäft des täglichen Lebens vornimmt, das mit geringwertigen Mitteln bewirkt werden kann. Das wäre an sich bei einer Taxifahrt innerhalb der Ortschaft zu bejahen. Jedoch gilt der betreffende Vertrag in Ansehung von Leistung und Gegenleistung erst dann als wirksam, wenn Leistung und Gegenleistung bewirkt sind. Da hier A noch nicht bezahlt hatte, konnte der Beförderungsvertrag auch nicht nach § 105a wirksam werden. – Darauf, dass für B die Geschäftsunfähigkeit des A möglicherweise unerkennbar war, kommt es nicht an. **Das BGB schützt nicht den guten Glauben an die Geschäftsfähigkeit des Geschäftsgegners** (vgl. BGH NJW 1977, 623). Der Schutz des Geschäftsunfähigen (und des beschränkt Geschäftsfähigen) hat grundsätzlich Vorrang vor den Interessen des Verkehrs.

Ein vertraglicher Zahlungsanspruch scheidet somit aus.

2. Anspruch aus § 812 Abs. 1 Satz 1 Alt. 1

Mangels wirksamen Vertrages hat B seine Beförderungsleistung ohne rechtlichen Grund erbracht. Gemäß § 812 Abs. 1 Satz 1 Alt. 1 i. V. m. § 818 Abs. 2 könnte B daher an sich Wertersatz für diese Leistung verlangen. Der objektive Wert von Beförderungsleistungen mit öffentlichen Verkehrsmitteln bemisst sich nach dem üblichen Beförderungsentgelt.

Somit könnte B seinen Zahlungsanspruch auf Bereicherungsrecht stützen. Jedoch greift zugunsten des A § 818 Abs. 3 ein, wonach die Herausgabe- bzw. Wertersatzpflicht entfällt, wenn keine Bereicherung mehr vorhanden ist. Da A durch die Beförderung keinen Vermögensvorteil, und sei es auch nur in Form von ersparten notwendigen Aufwendungen, erlangt hat, braucht er (bzw. sein Betreuer) nichts zu bezahlen. B kann dem auch nicht die sog. **Saldotheorie** entgegenhalten, da diese nicht zu Lasten Geschäftsunfähiger anwendbar ist (BGH NJW 1994, 2021). Auch die **verschärfte Bereicherungshaftung** nach §§ 818 Abs. 4, 819 Abs. 1 greift nicht ein, da es bei Geschäftsunfähigen auf die Kenntnis des gesetzlichen Vertreters (hier: des Betreuers, § 1902) ankommt, welche vorliegend nicht gegeben war.

> **25. Willenserklärungen eines Betrunkenen**
>
> A hatte sein Examen bestanden und beschloss, sich einmal richtig „volllaufen" zu lassen. Nachdem er bereits sechs Glas Bier und sechs Schnäpse zu sich genommen hatte, animierten ihn Zechbrüder dazu, einige Runden auszugeben. Als es an das Zahlen ging, stellte der Wirt W fest, dass A nicht genügend Geld bei sich hatte. Er forderte daher A am nächsten Tag auf, die ausgegebenen Runden zu bezahlen. A berief sich darauf, dass er bereits völlig betrunken gewesen sei und verweigerte die Zahlung. Zu Recht?

1. Anspruch des W gegen A aus § 433 Abs. 2

Das Bestellen einer „Runde" ist als Angebot zum Abschluss eines Kaufvertrages zu werten, das durch Servieren der Getränke angenommen wird. W kann Zahlung beanspruchen, wenn der Kaufvertrag wirksam zustande gekommen ist. Die Willenserklärung des A wäre nichtig, wenn er sie „im Zustande der Bewusstlosigkeit oder vorübergehender Störung der Geistestätigkeit" abgegeben hätte (§ 105 Abs. 2). **Bewusstlosigkeit** bedeutet dabei nicht völliges Fehlen des Bewusstseins, da dann mangels Handlung bereits tatbestandlich keine Willenserklärung gegeben ist (vgl. Palandt/*Ellenberger* § 105 BGB Rn. 2). Vielmehr reicht eine Bewusstseinstrübung aus, die die Erkenntnis des Inhalts und Wesens der vorgenommenen Handlung ausschließt (BGH WM 1972, 972). Bewusstlosigkeit i. S. d. § 105 Abs. 2 **kann** daher auch bei hochgradiger Trunkenheit vorliegen (BGH NJW 1991, 852: in der Regel erst ab 3‰). Die Trunkenheit kann aber auch eine **vorübergehende Störung der Geistestätigkeit** zur Folge haben. Erforderlich hierfür ist – wie bei § 104 Nr. 2 – dass die freie Willensbestimmung ausgeschlossen ist (BGH NJW 1991, 852).

Die Feststellung, ob die Trunkenheit ein solches Ausmaß erreicht hat, ist im Einzelfall schwierig. Es kommt dann auf die Beweislast an. Hierfür gilt: Wer sich auf die Nichtigkeit wegen Bewusstlosigkeit oder krankhafter Störung der Geistestätigkeit beruft, trägt dafür die Beweislast. Verbleiben ernsthafte Zweifel, ist der Beweis nicht geführt (BGH NJW 1991, 852). Gelingt also dem A der Beweis nicht, ist von der Wirksamkeit des Vertrages auszugehen, und er muss bezahlen.

2. Anspruch aus § 812 Abs. 1 Satz 1 Alt. 1

Könnte A dagegen die Nichtigkeit beweisen, so wäre Unwirksamkeit des Kaufvertrages zu bejahen. Dann käme zwar immer noch ein Zahlungsanspruch aus §§ 812 Abs. 1 Satz 1 Alt. 1, 818 Abs. 2 wegen rechtsgrundloser Leistung der Getränke in Betracht. Jedoch könnte sich A insoweit erfolgreich auf Wegfall der Bereicherung (§ 818 Abs. 3) berufen.

26. Partielle und relative Geschäftsunfähigkeit

Der 80-jährige M litt unter beginnender Demenz. Er konnte zwar noch seine täglichen Angelegenheiten ohne fremde Hilfe besorgen, war aber geistig nicht mehr sehr rege. Sein Vermieter V legte ihm eines Tages zwei Schriftstücke zur Unterzeichnung vor, die die Zustimmung zur Erhöhung der Miete und eine entsprechende Einzugsermächtigung enthielten. M unterzeichnete ohne Weiteres. Die Angehörigen des M, die später davon erfahren, möchten wissen, ob die Unterschriften für M bindend sind.

Die von M abgegebenen Willenserklärungen sind gemäß § 105 Abs. 1 unwirksam, wenn M geschäftsunfähig war. Nach § 104 Nr. 2 ist geschäftsunfähig, „wer sich in einem die freie Willensbestimmung ausschließenden Zustande krankhafter Störung der Geistestätigkeit befindet, sofern nicht der Zustand seiner Natur nach ein vorübergehender ist". Die betreffende Person muss also aufgrund ihres Geisteszustandes außerstande sein, ihre Entscheidungen von vernünftigen Erwägungen abhängig zu machen (vgl. BGH NJW 1996, 918).

Es ist anerkannt, dass die krankhafte Störung der Geistestätigkeit auf einen **bestimmten Lebensbereich** begrenzt sein kann (vgl. BGH NJW-RR 2002, 1424; NJW 2008, 842 Rn. 18). So kann z. B. krankhafte Eifersucht die Geschäftsfähigkeit für Fragen der Ehe oder Spielsucht die Geschäftsfähigkeit für Spielverträge ausschließen. Man spricht insoweit von einer **partiellen Geschäftsunfähigkeit.** Für Rechtsgeschäfte außerhalb dieses Lebensbereichs ist Geschäftsfähigkeit gegeben.

Eine andere Frage ist, ob es auch eine auf **schwierige Rechtsgeschäfte** begrenzte **relative Geschäftsunfähigkeit** gibt. Dies ist von Bedeutung für jene Personen, die aufgrund ihres Geisteszustandes (z. B. geistig Zurückgebliebene, Altersschwachsinnige) zwar die einfachen Geschäfte des täglichen Lebens zu besorgen vermögen, nicht dagegen schwierige Geschäfte. Würde man eine auf schwierige Geschäfte begrenzte Geschäftsunfähigkeit anerkennen, hätte dies schwerwiegende Beeinträchtigungen der Rechtssicherheit zur Folge, da dann eine klare Grenzziehung zwischen Geschäftsfähigkeit und Geschäftsunfähigkeit nicht möglich ist. Ein angemessener Schutz für solche geistig behinderten Personen ist durch Bestellung eines Betreuers (§§ 1896 ff.) möglich. Mit der Rspr. (BGH NJW 1996, 918) ist daher die Möglichkeit einer auf schwierige Rechtsgeschäfte beschränkten Geschäftsunfähigkeit zu verneinen.

Unabhängig davon, ob die Zustimmung zu einer Erhöhung der Miete und einer Einzugsermächtigung sich als rechtlich schwieriges Geschäft darstellt oder nicht, ist daher Geschäftsfähigkeit des M zu bejahen. Die Erklärungen des M sind daher wirksam. Hätte allerdings V die Geistesschwäche des M dazu ausgenutzt, um außergewöhnliche Vorteile zu erlangen, wäre das Rechtsgeschäft nach § 138 nichtig (vgl. RGZ 72, 68). Ob M u. U. zur Anfechtung (§§ 119, 123) berechtigt ist, hängt von den Umständen des Einzelfalls ab.

27. Abschluss eines Kaufvertrages durch einen Minderjährigen

A hatte in die Online-Plattform eBay-Kleinanzeigen folgende Anzeige eingestellt: „Achtung, einmalige Gelegenheit! Fabrikneues Snowboard XYZ, Neupreis 328 EUR, für nur 200 EUR abzugeben. Angebote unter […]". Der minderjährige B, der sich schon lange ein Snowboard wünschte, gab ein entsprechendes Angebot per E-Mail ab. Er hoffte, das Geld für das Snowboard von seinen Eltern zu bekommen. A nahm das Angebot per E-Mail an. Als die Eltern des B davon erfuhren, teilten sie dem A mit, sie würden den Kauf nicht gelten lassen. Kann A trotzdem von B den Kaufpreis verlangen?

Anspruch des A gegen B aus § 433 Abs. 2

A könnte Zahlung nur verlangen, wenn der Kaufvertrag wirksam zustande gekommen wäre. Der Kaufvertrag setzt zwei aufeinander bezogene wirksame Willenserklärungen, Angebot und Annahme genannt, voraus. An der Wirksamkeit der Willenserklärung des B (Angebot) könnte es fehlen, da B als Minderjähriger (§ 2) in seiner Geschäftsfähigkeit beschränkt war (§ 106). Nach § 107 bedarf der Minderjährige „zu einer Willenserklärung, durch die er nicht lediglich einen rechtlichen Vorteil erlangt, der Einwilligung seines gesetzlichen Vertreters". Umgekehrt kann er also Willenserklärungen, die für ihn lediglich rechtlich vorteilhaft sind, wirksam abgeben.

Daher kommt es darauf an, ob B durch das Vertragsangebot lediglich einen rechtlichen Vorteil erlangt. Das Angebot eröffnet dem B die Chance, aber auch das Risiko des Zustandekommens eines Vertrages mit A, da A das Angebot annehmen kann. Entscheidend ist also, ob der beabsichtigte Kaufvertrag für B lediglich einen rechtlichen Vorteil bedeutet.

Rein **wirtschaftlich** betrachtet wäre der Kaufvertrag für B möglicherweise vorteilhaft, da er ein Wirtschaftsgut weit unter Marktpreis erwerben könnte. Eine wirtschaftliche Betrachtungsweise bei der Nachteilsfeststellung wollte der Gesetzgeber jedoch durch die Formulierung „rechtlicher Nachteil" gerade ausschließen, und dies im Interesse der **Rechtssicherheit:** Ob ein Geschäft wirtschaftlich vorteilhaft oder nachteilig ist, kann im Einzelfall höchst zweifelhaft sein. Der Rechtsverkehr soll aber möglichst Klarheit haben, ob die Willenserklärungen eines Minderjährigen wirksam sind oder nicht.

Maßgebend sind sonach die **rechtlichen** Folgen des Rechtsgeschäfts. Rechtliche Nachteile sind stets anzunehmen, wenn das Rechtsgeschäft für den Minderjährigen vertragliche **Pflichten** begründet. Dass er gleichzeitig aus dem Rechtsgeschäft auch Ansprüche erwirbt, ist unerheblich: § 107 verlangt, dass der Minderjährige **lediglich** einen rechtlichen Vorteil erlangt. Eine Saldierung von rechtlichen Vorteilen und Nachteilen kommt grundsätzlich nicht in Betracht.

Da der Kaufvertrag für B die Pflicht zur Kaufpreiszahlung (§ 433 Abs. 2) begründete, bedurfte B der Einwilligung seiner Eltern als seiner **gesetzlichen Vertreter** (§ 1629). Diese lag nicht vor. Nach § 108 Abs. 1 hing sonach die Wirksamkeit des Kaufvertrages von der **Genehmigung** (§ 184 Abs. 1) der Eltern ab (sog. **schwebende Unwirksamkeit**). Da die Eltern den Kaufvertrag nicht gelten lassen wollen, ist darin die Verweigerung der Genehmigung zu erblicken. Der Kaufvertrag ist somit endgültig unwirksam. A kann daraus keine Zahlungsansprüche ableiten.

28. Neutrale Geschäfte eines Minderjährigen

Die 17-jährige Schülerin M hilft in ihrer Freizeit in der Boutique ihrer Tante V ohne Wissen ihrer Eltern als Verkäuferin aus. Sie verkauft in Abwesenheit von V an die Kundin K ein Modellkleid für 750 EUR. V hatte dieses Kleid einer Stammkundin bereits fest versprochen. Sie möchte daher von K das Kleid gegen Erstattung des Kaufpreises zurückhaben. Zur Begründung trägt sie vor, der Kaufvertrag sei wegen der Minderjährigkeit der M unwirksam. Würde sie damit durchdringen?

M handelte beim Kaufvertragsschluss als Vertreterin (§ 164) der V. Sie besaß offensichtlich auch Vertretungsmacht (vgl. auch § 56 HGB). Der Kaufvertrag wäre daher wirksam, sofern M selbst die Willenserklärung wirksam abgeben konnte (beachte: der Vertreter gibt im Unterschied zum Boten eine **eigene** Willenserklärung, wenngleich im Namen eines anderen, ab). Da die Eltern von der Tätigkeit ihrer Tochter nichts wussten, käme es an sich nach § 107 darauf an, ob die Willenserklärung für M lediglich rechtlich vorteilhaft war.

Erklärungen, die ein Minderjähriger in fremdem Namen abgibt, bringen ihm, wenn er Vertretungsmacht besitzt, keinen rechtlichen **Nachteil**, da gemäß § 164 Abs. 1 Satz 1 die Willenserklärung für und gegen den Vertretenen gilt. § 107 stellt seinem Wortlaut zufolge aber nicht auf das Fehlen von rechtlichen Nachteilen, sondern auf das Vorhandensein von rechtlichen Vorteilen ab. Rechtliche Vorteile erwirbt jedoch der Minderjährige durch solche Willenserklärungen nicht. An sich wäre daher die Willenserklärung der M nach § 107 schwebend unwirksam. § 107 ist jedoch entsprechend seinem Zweck, den Minderjährigen vor Gefahren und Nachteilen zu schützen **(Minderjährigenschutz)**, auszulegen. Bei einem sog. rechtlich **neutralen** Geschäft, wie es auch hier vorliegt, ist eine Gefährdung des Vermögens des Minderjährigen ausgeschlossen. Daher sind solche Geschäfte als zustimmungsfrei anzusehen (vgl. nur *Wolf/Neuner* § 34 Rn. 33). Im Falle des Handelns als Vertreter ist dies sogar in § 165 ausdrücklich angeordnet. Der Kaufvertrag ist somit wirksam, V wird nicht durchdringen.

29. Grundstücksschenkung an einen Minderjährigen

Der verwitwete Bauunternehmer B will seiner Nichte T zum vierzehnten Geburtstag ein unbelastetes Hausgrundstück schenken. Gegen den Willen der mit B verfeindeten Eltern der T gehen beide zum Notar und lassen dort das Schenkungsversprechen und die Auflassung beurkunden. Bald darauf wird T im Grundbuch als Eigentümerin eingetragen. Nach zwei Jahren gerät B in Zahlungsschwierigkeiten. Seine Gläubiger bekommen heraus, dass er seinerzeit ein Grundstück seiner Nichte geschenkt hat. Sie möchten wissen, ob die Schenkung und die Auflassung möglicherweise unwirksam waren, weil sie dann noch auf das Grundstück zugreifen könnten.

Bei der rechtlichen Beurteilung sind das schuldrechtliche Geschäft (Schenkungsversprechen) und das dingliche Geschäft (Übereignung) grundsätzlich getrennt zu behandeln (sog. Trennungsprinzip; vgl. BGHZ 161, 170 ff.). Das dingliche Geschäft ist in seiner Wirksamkeit unabhängig von der Wirksamkeit des schuldrechtlichen Geschäfts (sog. Abstraktionsprinzip).

1. Wirksamkeit des Schenkungsversprechens?

T konnte trotz ihrer Minderjährigkeit das Schenkungsversprechen, das nach § 518 Abs. 1 und auch § 311b Abs. 1 Satz 1 der notariellen Beurkundung bedarf, wirksam annehmen. Die Annahme brachte für sie „lediglich einen rechtlichen Vorteil" (§ 107), weil sie dadurch den Anspruch auf Übereignung des Grundstücks erwarb, ohne selbst irgendwelche rechtlichen Pflichten oder Lasten auf sich zu nehmen.

2. Wirksamkeit der Übereignung?

Die Grundstücksübereignung erfolgt durch Auflassung und Eintragung (§§ 873, 925). Die **Auflassung** (= Einigung über den Eigentumsübergang bei Grundstücken) ist nach § 925 Abs. 1 bei gleichzeitiger Anwesenheit beider Teile vor einem Notar zu erklären, der diese Erklärungen beurkundet. T konnte das Auflassungsangebot dann nach § 107 wirksam annehmen, wenn der Eigentumserwerb für sie lediglich von rechtlichem Vorteil war.

An sich ist jeder Eigentumserwerb an einem Grundstück, den die Auflassung herbeiführen soll, mit rechtlichen Pflichten und Lasten verbunden. Zu nennen sind etwa die vom jeweiligen Eigentümer zu tragenden öffentlichen Lasten wie Grundsteuer, Erschließungsbeiträge oder Polizeipflichten. Hinzukommen können privatrechtliche Pflichten und Lasten wie Belastung mit Grundschulden oder Hypotheken, Dienstbarkeiten und Mietverhältnisse (§ 566!).

Bei wörtlicher Anwendung des § 107 würde daher ein Grundstückserwerb durch Minderjährige stets der Einwilligung bedürfen. Die h. M. (vgl. BGHZ 161, 170, 175 ff.; BGH NJW 2010, 3643 Rn. 6; Jauernig/*Mansel* § 107 BGB Rn. 5; *Wolff/Neuner* § 34 Rn. 31) schränkt jedoch den Anwendungsbereich des § 107 unter Berufung auf seinen Schutzzweck (Schutz des Minderjährigen vor einer Gefährdung seines Vermögens) ein (Fall der teleologischen Reduktion). Ein Grundstückserwerb ist danach nur dann „nicht lediglich rechtlich vorteilhaft", wenn der Minderjährige für die mit dem Erwerb verbundenen Verpflichtungen nicht nur dinglich, sondern auch persönlich mit seinem sonstigen Vermögen haftet. Selbst wenn er aber persönlich mit seinem sonstigen Vermögen haftet, stellen derartige Belastungen dann keinen rechtlichen Nachteil dar, wenn sie ihrer abstrakten Natur nach typischerweise keine Gefährdung des Vermögens des Minderjährigen mit sich bringen. Das ist beispielsweise anzunehmen, wenn die Belastungen in der Regel aus den laufenden Erträgen des Grundstücks gedeckt werden können (BGHZ 161, 170, 179), wie z. B. Grundsteuern. Da hier keine außergewöhnlichen Belastungen vorliegen, ist die Auflassung zustimmungsfrei. Die T hat daher wirksam Eigentum erworben.

---

30. Grundstücksschenkung und Verbot des Selbstkontrahierens

Wie zuvor (vgl. → Fall 29). Wäre anders zu entscheiden, wenn T die Tochter des B und das Grundstück vermietet ist?

1. Wirksamkeit des Schenkungsversprechens?

Das Schenkungsversprechen ist für T lediglich rechtlich vorteilhaft und damit wirksam (vgl. → Fall 29). Daran ändert es nichts, dass das Grundstück **vermietet** war. Denn die Haftung aus § 566 für die mietvertraglichen Verbindlichkeiten trifft nur den **Erwerber** des Grundstücks, also denjenigen, der rechtsgeschäftlich das **Eigentum** erwirbt (§§ 873, 925), nicht schon denjenigen, der lediglich einen **schuldrechtlichen** Anspruch auf Übereignung erlangt.

2. Wirksamkeit der Übereignung?

Die Übereignung eines vermieteten Grundstücks (durch Auflassung und Eintragung, §§ 873, 925) bringt nach der h. M. für den minderjährigen Erwerber einen rechtlichen Nachteil mit sich, da sie die Haftung des Erwerbers mit seinem sonstigen Vermögen für Verbindlichkeiten aus dem Mietverhältnis nach § 566 i. V. m. § 578 auslöst (vgl. BGHZ 162, 137, 140; Palandt/*Ellenberger* § 107 BGB Rn. 4). Die Annahme des Auflassungsangebots durch T wäre daher gemäß § 107 nur wirksam, wenn die Einwilligung ihres gesetzlichen Vertreters vorgelegen hätte.

B als gesetzlicher Vertreter der T (§§ 1629 Abs. 1, 1681) hatte nun zwar (zumindest konkludent) seine Einwilligung erteilt. Jedoch könnte diese Einwilligung wegen Verstoßes gegen das **Verbot des Selbstkontrahierens** (§ 181) unwirksam sein, da B nicht nur als Vertreter auf Seiten der T seine Einwilligung abgibt, sondern gleichzeitig ihr Vertragspartner ist. Allerdings ist gemäß § 181 das Selbstkontrahieren gestattet, wenn es „ausschließlich in der Erfüllung einer Verbindlichkeit besteht". An sich ist dies hier der Fall. Wollte man indessen, gestützt auf den Wortlaut des § 181, in diesem Falle das Selbstkontrahieren zulassen (so BGHZ 15, 168, 170), würde dies zu einer Aushöhlung des Minderjährigenschutzes bei rechtlich nachteiligen Erfüllungsgeschäften führen (vgl. BGHZ 78, 28, 34). § 181 bedarf daher einer Einschränkung aufgrund des Schutzzwecks des § 107 (sog. teleologische Reduktion): Das Selbstkontrahieren ist auch bei Erfüllung eines Schenkungsversprechens unzulässig, wenn und soweit das Erfüllungsgeschäft dem Minderjährigen „nicht lediglich einen rechtlichen Vorteil" bringt (vgl. *Jauernig* JuS 1982, 576). Davon geht nunmehr auch die Rspr. aus (vgl. BGH NJW 2010, 3643 Rn. 6 unter Aufgabe der früheren „Gesamtbetrachtung von Schenkungs- und Erfüllungsgeschäft").

Da hier das Erfüllungsgeschäft, wie dargelegt, für T rechtlich nachteilig war, war auch die Einwilligung des B unwirksam. Es wäre die Bestellung eines **Ergänzungspflegers** gemäß § 1909 Abs. 1 durch das Familiengericht erforderlich gewesen, da B an der Erteilung der Einwilligung rechtlich „verhindert" war.

31. Leistung an einen Minderjährigen

Der verstorbene E hatte in seinem Testament seinen Sohn S zum Erben eingesetzt und seinem minderjährigen Neffen N ein Vermächtnis in Höhe von 3.000 EUR ausgesetzt. S zahlte diesen Betrag bar an N, ohne dass die Eltern des N davon erfuhren. N verpasste die Summe mit Freunden innerhalb weniger Tage. Als die Eltern namens des N Zahlung der 3.000 EUR

> fordern, beruft sich S darauf, er habe bereits an N bezahlt. Sollte diese Zahlung nicht wirksam gewesen sein, stehe ihm gegen N ein Rückzahlungsanspruch zu, mit dem er gegen die Forderung aufrechne. Wird er mit diesen Einwänden durchdringen?

1. Einwand der Erfüllung

N hatte aufgrund des Vermächtnisses einen Anspruch auf Zahlung von 3.000 EUR gegen S erworben (§§ 2147, 2174). Diese Forderung wäre durch Erfüllung erloschen (§ 362), wenn die Zahlung an N wirksam war. Dabei sind entsprechend dem Abstraktionsprinzip zwei Problemkreise zu unterscheiden: (1.) Hatte der Minderjährige das Eigentum an den Geldstücken erworben? (2.) Führte dieser Eigentumserwerb zum Erlöschen der Forderung?

a) Die Übereignung von Geldstücken (Münzen, Scheinen) erfolgt wie bei sonstigen beweglichen Sachen durch Einigung und Übergabe (§ 929). Die Einigungserklärung des N war gemäß § 107 zustimmungsfrei, da für ihn lediglich rechtlich vorteilhaft. N konnte daher wirksam das Eigentum am Geld erwerben (krit. *Wacke* JuS 1978, 80, 84).

b) Erfüllung tritt gemäß § 362 Abs. 1 ein, wenn die geschuldete Leistung an den Gläubiger bewirkt wird. Die geschuldete Leistung bestand in der Verschaffung eines Geldbetrages. Gläubiger war N. Da eine zusätzliche Willenserklärung des Gläubigers für den Eintritt der Erfüllung nicht erforderlich ist (Theorie der realen Leistungsbewirkung; str., vgl. → unten), wäre daher an sich Erfüllung zu bejahen. Aber dies hätte zur Folge, dass der Minderjährige die Forderung verlieren würde. Dies ist ein rechtlicher Nachteil, der im Hinblick auf den Zweck des Minderjährigenschutzes durch den Empfang der Leistung nicht kompensiert wird. Das Vermögen, und damit auch eine Forderung des Minderjährigen, obliegt der Verwaltung seiner Eltern aufgrund ihres Personen- und Vermögenssorgerechts. Sie sollen darüber entscheiden, ob und wie es zum Besten des Minderjährigen eingesetzt wird. Dieses Verwaltungsrecht würde beeinträchtigt, wenn durch Leistung an den Minderjährigen wirksam erfüllt werden könnte. Es besteht – wie der Fall zeigt – die Gefahr der Verschwendung und des Verlustes. In Analogie zu § 107 ist daher dem Minderjährigen die **„Empfangszuständigkeit"** abzusprechen (vgl. Palandt/*Grüneberg* § 362 BGB Rn. 4; Jauernig/*Stürner* § 362 BGB Rn. 2). Dies bedeutet, dass Erfüllung nur bei Leistung an den gesetzlichen Vertreter des Minderjährigen bzw. an den Minderjährigen mit Einwilligung des gesetzlichen Vertreters eintritt. Die Zahlung an N brachte sonach die Vermächtnisforderung nicht zum Erlöschen.

2. Einwand der Aufrechnung

Da die Zahlung den bezweckten Erfolg, die Erfüllung, nicht herbeiführen konnte, war S berechtigt, den geleisteten Betrag nach § 812 Abs. 1 Satz 2 Alt. 2 zurückzufordern. Mit diesem Rückzahlungsanspruch könnte er an sich gegen die Vermächtnisforderung **aufrechnen** (§ 387). Der Rückzahlungsanspruch ist indessen nach § 818 Abs. 3 weggefallen, da N diesen Betrag nicht mehr in seinem Vermögen hat (Einwand des Bereicherungswegfalls). Dieser Einwand ist auch nicht durch

§§ 818 Abs. 4, 819 Abs. 1 ausgeschlossen, da die Eltern von der Zahlung nichts wussten (näher *Köhler/Lorenz* SchuldR II, Fall 215).

Im Ergebnis muss also S die 3.000 EUR nochmals bezahlen.

32. Generaleinwilligung

Der 15-jährige Schüler A war mit einer Pfadfinder-Gruppe auf großer Fahrt. Auf einem Rastplatz bot ein fliegender Händler „Original Schweizer Uhren" zum Preis von 80 EUR an. Da alle Uhren kaufen wollten, wollte auch A nicht zurückstehen, obwohl sein Reisegeld knapp bemessen war. Er lieh sich daher von dem 20-jährigen Gruppenleiter B 80 EUR aus und bezahlte damit die Uhr. Nach der Rückkehr stellte sich heraus, dass es sich um ganz billige Fabrikate handelte, die höchstens einen Wert von 10 EUR hatten. Die Eltern des A weigern sich daher, dem B den geliehenen Betrag zurückzuzahlen. Zu Recht?

1. Anspruch des B gegen A aus § 488 Abs. 1 Satz 2

A kann den „geliehenen" Betrag nach § 488 Abs. 1 Satz 2 zurückerstattet verlangen, wenn ein wirksamer Darlehensvertrag zustande gekommen ist. Da der Darlehensvertrag die Verpflichtung zur Rückzahlung des Kapitals begründet, ist dieser Vertrag nicht lediglich rechtlich vorteilhaft für den Minderjährigen. Seine Willenserklärung bedurfte daher gemäß § 107 der Einwilligung des gesetzlichen Vertreters. Eine Einwilligung in das konkrete Rechtsgeschäft ist deshalb fraglich, weil die Eltern davon gewiss keine Kenntnis hatten.

Jedoch ist anerkannt, dass der gesetzliche Vertreter seine Einwilligung zu einer ganzen Reihe von zunächst nicht individualisierten Geschäften erteilen kann (vgl. BGH NJW 1977, 622; *Köhler* § 10 Rn. 23). Man spricht hier von einer sog. **Generaleinwilligung.** Der Umfang der Einwilligung ist durch Auslegung zu ermitteln, wobei im Interesse des Minderjährigenschutzes im Zweifel eine enge Auslegung geboten ist (vgl. BGHZ 47, 352, 359).

Wenn die Eltern einer Ferienreise ihres Sohnes zustimmen, dann bedeutet dies im Zweifel das Einverständnis mit allen Rechtsgeschäften, die für diesen Zweck erforderlich sind (vgl. *Köhler* § 10 Rn. 23). Unter Umständen ist auch eine Kreditaufnahme gedeckt, z. B. wenn dem Minderjährigen auf der Fahrt das Geld gestohlen wird.

Hier diente jedoch die Kreditaufnahme einem Zweck, der mit der ordnungsmäßigen Durchführung der Reise im Grunde nichts zu tun hatte. Sie war von der Generaleinwilligung daher nicht mehr gedeckt. Folglich war der Darlehensvertrag zunächst schwebend und durch die Verweigerung der Genehmigung endgültig unwirksam.

2. Anspruch des B gegen A aus § 812 Abs. 1 Satz 1 Alt. 1

Da der Darlehensvertrag unwirksam war, hatte B den Betrag an A ohne rechtlichen Grund i. S. d. § 812 Abs. 1 Satz 1 geleistet. A ist nach § 812 Abs. 1 Satz 1 Alt. 1

zur Rückzahlung verpflichtet. Da er diesen Betrag nicht mehr in Händen hat, müsste er an sich Wertersatz nach § 818 Abs. 2 leisten. Jedoch ist seine Haftung nach § 818 Abs. 3 ausgeschlossen, soweit er nicht mehr bereichert ist. Da A das Geld für die Uhr ausgegeben und diese nur einen Wert von 10 EUR hat, ist er nur in Höhe von 10 EUR bereichert. An sich müsste A daher 10 EUR zahlen. Der Gedanke des Minderjährigenschutzes fordert aber, dass A den Bereicherungsanspruch durch Hingabe des erworbenen Gegenstandes abwenden kann.

Im Ergebnis dürfen daher die Eltern (als Sorgeberechtigte für A handelnd) die Zahlung verweigern, müssen aber die Uhr an B herausgeben.

33. Genehmigung von Rechtsgeschäften eines Minderjährigen

A hatte sich ohne Wissen seiner Eltern drei Wochen vor seinem 18. Geburtstag zu einem Kurs bei der Fahrschule F angemeldet, um den Führerschein zu erwerben. Als er seinen Eltern dies mitteilte, hießen sie die Anmeldung gut. Bei Durchsicht der Unterlagen stellte F wenig später fest, dass A noch nicht volljährig war. Er schrieb daher den Eltern des A, ob sie mit dem Kursbesuch ihres Sohnes einverstanden seien. Dieses Schreiben ging den Eltern eine Woche vor dem Geburtstag des A zu. Sie erlangten davon zwar erst am Tage nach dem Geburtstag Kenntnis, weil sie in Urlaub gewesen waren, teilten aber darauf sofort telefonisch dem F ihr Einverständnis mit. Mittlerweile hatte sich jedoch A die Sache anders überlegt. Gegen den Widerstand seiner Eltern sagte er den Kurs bei F ab, weil er hoffte, den Führerschein später bei der Bundeswehr kostenlos erwerben zu können. Ist der Vertrag mit der Fahrschule wirksam?

Die Willenserklärung des A war mangels Einwilligung der Eltern gemäß §§ 107, 108 Abs. 1 schwebend unwirksam, da der beabsichtigte Vertrag (Dienstvertrag gemäß § 611) für ihn nicht lediglich rechtlich vorteilhaft war. Die Wirksamkeit hing von der Genehmigung der Eltern als gesetzlicher Vertreter ab. An sich hatten die Eltern ihre Genehmigung gegenüber A erteilt (zulässig gemäß § 182 Abs. 1). Diese Genehmigung wurde jedoch unwirksam, da F die Eltern zur Erklärung über die Genehmigung aufforderte (§ 108 Abs. 2 Satz 1). Die Eltern hatten ihre Genehmigung gegenüber F innerhalb der Zweiwochenfrist des § 108 Abs. 2 Satz 2 erklärt. An sich wäre daher der Vertrag rückwirkend (§ 184 Abs. 1) wirksam geworden.

Jedoch war zuvor A volljährig und damit unbeschränkt geschäftsfähig geworden. Gemäß § 108 Abs. 3 trat **„seine Genehmigung an die Stelle der Genehmigung des Vertreters"**. Dies bedeutet, dass nunmehr der Minderjährige allein darüber entscheiden darf, ob der Vertrag wirksam werden soll oder nicht. Da A die Genehmigung verweigerte, bleibt der Vertrag unwirksam.

34. Bargeschäft eines Minderjährigen

Der minderjährige M erhielt von seinen Eltern 200 EUR für den Kauf eines Smartphones. Da im Geschäft A das gewünschte Gerät nicht vorrätig ist, unterschreibt M dort ein Bestellformular. Wenig später entdeckt er im Geschäft B das gesuchte Gerät zu einem niedrigeren Preis und erwirbt es gegen Barzahlung. Er geht zu A zurück und möchte die Bestellung stornieren. A lehnt ab. Muss M das bestellte Smartphone abnehmen und bezahlen?

Anspruch des A gegen M aus § 433 Abs. 2

M muss das bestellte Smartphone gemäß § 433 Abs. 2 abnehmen und bezahlen, wenn ein wirksamer Kaufvertrag zustande gekommen ist. Da der Vertragsschluss für M nicht lediglich rechtlich vorteilhaft ist, wurde M nur bei Einwilligung seiner Eltern verpflichtet (§ 107).

Eine solche **Einwilligung** könnte in der Überlassung des Geldbetrages zum Kauf eines Smartphones liegen. Bejaht man dies, würde der M verpflichtet, ohne dass es darauf ankäme, ob er die vorgesehenen Mittel zur Erfüllung dieses Vertrages verwendet oder nicht. Dies dürfte aber, mangels besonderer Anhaltspunkte, nicht dem Willen der Eltern entsprechen. Ihr Einverständnis bezieht sich vielmehr nur auf den Kaufvertrag, den der Minderjährige mit den ihm dazu überlassenen Mitteln erfüllt. Dies ist gerade der Fall, den § 110 meint (vgl. Palandt/*Ellenberger* § 110 BGB Rn. 1). Wenn es in § 110 heißt: „ohne die Zustimmung des gesetzlichen Vertreters", dann meint dies nur das Fehlen einer ausdrücklichen Einwilligung in Verpflichtungsgeschäfte, die der Minderjährige möglicherweise selbst gar nicht erfüllen kann. Schließt der Minderjährige mehrere Kaufverträge ab, deckt die Einwilligung gemäß § 110 nur den Vertrag, den der Minderjährige erfüllt. Dies war hier der Vertrag mit B.

Mangels wirksamer Einwilligung ist der Kaufvertrag mit A also schwebend unwirksam. Sofern die Eltern nicht genehmigen, braucht M das Smartphone nicht abzunehmen und zu bezahlen.

35. Teilzahlungskauf durch einen Minderjährigen

Der 17-jährige M erhält von seinen Eltern monatlich 100 EUR Taschengeld. Da alle seine Kameraden ein iPad besitzen, will auch er eines haben. Er kauft bei dem 18-jährigen Mitschüler F ein wenig gebrauchtes iPad zum Preis von 200 EUR. Der Kaufpreis soll in vier Monatsraten bezahlt werden. Nachdem M die erste Rate bezahlt hat, wird ihm das iPad gestohlen. Er zahlt daraufhin mit Billigung seiner Eltern, die erst jetzt von dem Kauf erfahren, die restlichen Raten nicht mehr. F besteht auf Zahlung, hilfsweise Ersatz des iPads gegen Rückzahlung der ersten Rate. Zu Recht?

1. Anspruch des F gegen M aus § 433 Abs. 2

Der Anspruch setzt voraus, dass der Kaufvertrag wirksam ist. Der Vertrag fällt zwar nicht unter die Vorschriften über **Teilzahlungsgeschäfte** (§ 507). Denn diese gelten nur für Verträge zwischen einem Unternehmer und einem Verbraucher; F ist aber kein Unternehmer i. S. d. § 14. Da M jedoch minderjährig und der Vertrag für ihn nicht lediglich rechtlich vorteilhaft war, hätte er nach § 107 die Einwilligung seiner Eltern benötigt. Eine **ausdrückliche** Einwilligung zum Abschluss eines Kaufs auf Raten lag nicht vor. Allerdings enthält die Überlassung von Mitteln zu freier Verfügung, wie es bei einem **Taschengeld** der Fall ist, die Zustimmung zu solchen Geschäften, die der Minderjährige damit voll erfüllt. Die Zustimmung deckt also Verpflichtungsgeschäfte, aber nur unter der Voraussetzung, dass der Minderjährige sie gleichzeitig oder nachträglich erfüllt. Die Erfüllung ist Bedingung für das Wirksamwerden des Verpflichtungsgeschäfts. Dies meint die Regelung des § 110. Danach gilt ein von dem Minderjährigen ohne Zustimmung geschlossener Vertrag als von Anfang an wirksam, wenn der Minderjährige die vertragsmäßige Leistung mit Mitteln bewirkt, die ihm z. B. zu freier Verfügung von dem gesetzlichen Vertreter überlassen werden. Der „Taschengeldparagraf" stellt daher der Sache nach keinen zusätzlichen Tatbestand des Wirksamwerdens von Willenserklärungen neben den §§ 107, 108 dar, sondern enthält eine Konkretisierung dieser Vorschriften (h. M., vgl. Palandt/*Ellenberger* § 110 BGB Rn. 1 m. w. N.). Da M den Vertrag nicht voll erfüllt hat, ist auch die Bedingung für das Wirksamwerden nicht eingetreten. Eine Genehmigung durch die Eltern (§ 108 Abs. 1) ist nicht erfolgt. Es besteht somit kein Kaufpreisanspruch.

2. Anspruch des F gegen M aus § 812 Abs. 1 Satz 1 Alt. 1

Wegen der Unwirksamkeit des Kaufvertrages war M (gemäß § 812 Abs. 1 Satz 1 Alt. 1) verpflichtet, das iPad zurückzugeben. Da es ihm gestohlen worden war, müsste er an sich nach § 818 Abs. 2 Wertersatz abzüglich der bereits gezahlten Rate leisten **(Saldotheorie)**. Jedoch besteht ein solcher Anspruch nicht, da M nicht mehr bereichert ist (§ 818 Abs. 3) und die Saldotheorie nicht zu seinen Lasten anwendbar ist (Jauernig/*Stadler* § 818 BGB Rn. 43).

---

36. Grenzen der Einwilligung bei Taschengeldgewährung

Der 17-jährige Schüler M erhält von seinem Vater ein wöchentliches Taschengeld von 30 EUR. Da er Pferdeliebhaber ist, besucht er öfters Trabrennen und tätigt Einsätze bei Rennwetten. Eines Tages gewinnt er dabei 7.000 EUR. Er kauft sich mit diesem Geld von D ein Pferd. Seine Eltern sind davon nicht erbaut und verlangen, dass M den Kauf „rückgängig" macht. Muss D den Kaufpreis zurückerstatten?

Anspruch des M gegen D aus § 812 Abs. 1 Satz 1 Alt. 1

M hatte an D 7.000 EUR als Kaufpreis bezahlt. Diese Leistung kann er zurückfordern, wenn dafür kein rechtlicher Grund vorlag. Ein rechtlicher Grund fehlt, wenn der Kaufvertrag unwirksam ist.

Da M minderjährig und das Geschäft für ihn nicht lediglich rechtlich vorteilhaft (§ 107) war, bedurfte er zum Vertragsschluss der Einwilligung seiner Eltern. Mangels uneingeschränkter Einwilligung i. S. d. § 107 kommt lediglich die durch die Erfüllung bedingte Einwilligung nach § 110 in Betracht.

Dies würde voraussetzen, dass M die **„vertragsmäßige Leistung"** (Bezahlung des Kaufpreises) mit Mitteln bewirkt hätte, die ihm zu diesem Zweck oder zu freier

Verfügung von den Eltern überlassen waren. Das Taschengeld konnte M sicher nach seiner Wahl verbrauchen. Eine andere Frage ist, ob die Einwilligung sich auch auf die Verwendung solcher Gegenstände bzw. Mittel erstreckt, die Surrogate der ursprünglich zur Verfügung gestellten Mittel sind (z. B. mit dem Taschengeld erworbene Gegenstände oder – wie hier – der Gewinn aus der Wette).

Der gesetzliche Vertreter hat es in der Hand, die Reichweite der Einwilligung zu bestimmen (wie er auch die Einwilligung jederzeit widerrufen kann, § 183). Selbst wenn Mittel „zu freier Verfügung" überlassen sind, sind damit nicht alle erdenklichen Verträge abgedeckt, die der Minderjährige mit diesen Mitteln oder Surrogaten erfüllt. Der Umfang der Einwilligung ist vielmehr durch Auslegung zu ermitteln (RGZ 74, 234, 235). Dabei ist der mit der Einwilligung verfolgte pädagogische und wirtschaftliche Zweck zu berücksichtigen.

Die Gewährung von Taschengeld soll den Minderjährigen an den eigenverantwortlichen Umgang mit Geld gewöhnen und ihm die Möglichkeit geben, sich kleinere Wünsche zu erfüllen. Dass die Eltern auch den Willen hatten, der Minderjährige solle über einen beträchtlichen Renngewinn frei verfügen können, ist nicht anzunehmen (vgl. RGZ 74, 234, 236 – Kraftfahrzeugkauf mit Losgewinn). Hinzu kommt, dass mit einem Pferdekauf erhebliche weitere Lasten verbunden sind.

Mangels Zustimmung der Eltern ist daher der Vertrag unwirksam. D muss den Kaufpreis Zug um Zug gegen Rückgabe des Pferdes zurückerstatten.

37. Widerrufsrecht des Geschäftsgegners des beschränkt Geschäftsfähigen

Der 17-jährige E interessiert sich für einen jungen Schäferhund aus der Zucht des H. Er wird mit H handelseinig. Da der Welpe noch sehr jung ist, soll E ihn erst nach einigen Wochen abholen und bezahlen. Kurz darauf erfährt H, dass E minderjährig ist und einen Vormund (V) hat. Er fragt daher schriftlich bei V an, ob er den Kauf genehmige. Später meldet sich ein anderer Interessent für den Welpen, der einen höheren Preis bietet. Da bereits zehn Tage verstrichen sind, ohne dass von V eine Nachricht vorliegt, ruft H den E an und teilt ihm mit, er mache den Kauf rückgängig. E protestiert, legt am nächsten Tag die Einverständniserklärung des V vor und möchte den Hund abholen. Muss ihm H den Hund geben?

Anspruch des E gegen H aus § 433 Abs. 1

E kann von H Übereignung des Hundes verlangen, wenn der Kaufvertrag wirksam ist. Auf das Handeln des minderjährigen E finden die §§ 106 ff. Anwendung. Da ihm die Willenserklärung nicht lediglich einen rechtlichen Vorteil brachte und auch die Einwilligung seines Vormundes (gesetzlichen Vertreters gemäß §§ 1773, 1793) fehlte, war die Willenserklärung nach §§ 107, 108 Abs. 1 schwebend unwirksam. H hatte den V zur Genehmigung aufgefordert. Die Genehmigung war auch innerhalb der Zweiwochenfrist (§ 108 Abs. 2 Satz 2) gegenüber H (durch E übermittelt) erklärt worden. An sich wäre daher der Vertrag wirksam geworden.

Jedoch hatte H noch **vorher** erklärt, er mache den Kauf rückgängig. Dazu war er nach § 109 Abs. 1, der dem Gegner ein **Widerrufsrecht** einräumt, berechtigt. Das Widerrufsrecht war auch nicht nach § 109 Abs. 2 ausgeschlossen, da H die Minderjährigkeit bei Vertragsschluss nicht kannte. Grund dieser Regelung ist folgende Überlegung: Solange der beschränkt Geschäftsfähige nicht an den Vertrag gebunden ist, soll es auch sein Geschäftsgegner nicht sein, sofern dieser nicht die mangelnde rechtliche Bindung des beschränkt Geschäftsfähigen bewusst in Kauf genommen hat.

Infolge des Widerrufs wurde der Kaufvertrag endgültig unwirksam. H braucht den Hund nicht herzugeben.

38. Einseitige Rechtsgeschäfte eines Minderjährigen

Die 17-jährige Schülerin A hatte mit Einwilligung ihrer Eltern in der Stadt ein möbliertes Zimmer bei V gemietet, da ihr die tägliche Rückkehr zu ihren Eltern zu beschwerlich war. Die Miete war monatlich zu entrichten. Da ihre Freundin sie bei sich aufnehmen wollte, kündigte sie nach telefonischer Rücksprache mit ihren Eltern, die damit einverstanden waren, am 14.1. den Mietvertrag zum 31.1. V wies die Kündigung zurück, weil M keine schriftliche Einverständniserklärung ihrer Eltern vorgelegt habe. M reichte das Einverständnis ihrer Eltern am 16.1. nach und zog am Monatsende aus. V verlangt von M Zahlung der Februarmiete, weil nicht fristgerecht gekündigt worden sei. Zu Recht?

Anspruch des V gegen M aus § 535 Satz 2

M muss die Februarmiete bezahlen, sofern nicht das Mietverhältnis am 31.1. beendet worden war. Bei der Miete eines möblierten Zimmers mit monatlicher Zahlung ist gemäß § 573c Abs. 3 i.V.m. § 549 Abs. 2 Nr. 2 die Kündigung spätestens am 15. eines Monats für den Ablauf dieses Monats zu erklären. Es kommt also darauf an, ob die Kündigungserklärung der M am 14.1. wirksam war. Da M minderjährig und die Kündigung wegen des damit verbundenen Verlustes des Benutzungsrechts nicht lediglich rechtlich vorteilhaft war, bedurfte M gemäß § 107 der Einwilligung ihrer Eltern. Diese Einwilligung war mündlich gegenüber M erteilt worden. An sich wäre daher die Kündigung wirksam gewesen.

Bei einseitigen zugangsbedürftigen Rechtsgeschäften, zu denen die Kündigung gehört, ist allerdings der Grundsatz, dass die Einwilligung formlos erklärt werden kann, durchbrochen. Da solche Rechtsgeschäfte regelmäßig rechtsgestaltend wirken, hat der Gegner ein Interesse daran, Klarheit über die Wirksamkeit der Erklärung zu haben: Ein Schwebezustand, wie er bei Verträgen ohne die erforderliche Einwilligung eintritt, wäre höchst unerwünscht, da der Gegner sich auf die geänderte Rechtslage soll einstellen können.

Dem trägt § 111 Rechnung. Danach sind **einseitige** Rechtsgeschäfte ohne die erforderliche Einwilligung unwirksam (§ 111 Satz 1), eine Genehmigung ist ausgeschlossen. Selbst wenn aber die Einwilligung – wie hier – erteilt ist, kann gemäß § 111 Satz 2 der Gegner das Rechtsgeschäft unverzüglich zurückweisen, sofern ihm nicht die Einwilligung in schriftlicher Form vorgelegt wird oder der gesetzliche Vertreter ihn selbst von der Einwilligung in Kenntnis setzt (§ 111 Satz 3).

V hatte daher die Kündigung wirksam zurückgewiesen. Sie war damit unwirksam. Eine Heilung durch nachträgliche Vorlage der Einwilligungserklärung ist nicht möglich (vgl. MünchKommBGB/*Schmitt* § 111 BGB Rn. 14). Die Vorlage der Einverständniserklärung kann lediglich als neuerliche Kündigung gewertet werden (§ 140). Diese konnte aber das Mietverhältnis erst Ende Februar beenden. Der Zahlungsanspruch des M besteht daher zu Recht.

39. Gewerkschaftsbeitritt eines minderjährigen Arbeitnehmers

Die 16-jährige T nimmt nach ihrem Mittelschulabschluss mit Einverständnis ihrer Eltern eine Stelle als Verkäuferin in einem Supermarkt an. Ihre Kolleginnen bewegen sie bald darauf dazu, der Gewerkschaft beizutreten. Später bereut sie diesen Beschluss, weil ihr die Mitgliedsbeiträge zu hoch sind. Sie beruft sich auf die Unwirksamkeit ihres Beitritts, weil ihre Eltern davon nichts gewusst hätten. Zu Recht?

Der Eintritt in eine Gewerkschaft (typische Rechtsform: nichtrechtsfähiger Verein) erfolgt durch einen Vertrag, bestehend aus Beitrittserklärung und Aufnahmeerklärung (vgl. BGHZ 28, 131, 134). Dieser Vertrag ist für den Beitretenden nicht lediglich rechtlich vorteilhaft, da er u. a. zur Zahlung der Beiträge verpflichtet wird. T benötigte daher gemäß § 107 die Einwilligung ihrer Eltern.

Eine **ausdrückliche** Einwilligung lag nicht vor. Jedoch hatten die Eltern die T ermächtigt, in Arbeit zu treten. Gemäß § 113 Abs. 1 Satz 1 erlangte daher T unbeschränkte Geschäftsfähigkeit für solche Geschäfte, „welche die **Eingehung** oder **Aufhebung** eines Dienst- oder Arbeitsverhältnisses der gestatteten Art oder die **Erfüllung** der sich aus einem solchen Verhältnis ergebenden Verpflichtungen betreffen". Wie im Falle des § 112 (Ermächtigung zum Betrieb eines Erwerbsgeschäfts) spricht man hier von einer **partiellen Geschäftsfähigkeit.**

Zum Kreis der Rechtsgeschäfte, welche die Eingehung eines Arbeitsverhältnisses betreffen, zählen auch die Rechtsgeschäfte mit Dritten, die ihm die Möglichkeit geben, auf den Inhalt des Arbeitsverhältnisses einzuwirken (vgl. MünchKommBGB/*Schmitt* § 113 BGB Rn. 23). Der Beitritt zu einer Gewerkschaft hat aber gerade diese Folge, da der Inhalt eines Arbeitsvertrages mit einem organisierten Mitglied weitgehend durch Tarifvertrag bestimmt wird. Der Beitretende erlangt einen Anspruch auf tarifliche Leistungen.

Der Gewerkschaftsbeitritt der T war daher nach § 113 wirksam (h. M., vgl. MünchKommBGB/*Schmitt* § 113 BGB Rn. 24 m. w. N.). T hat lediglich die Möglichkeit des Austritts.

Kapitel 4. Rechtsgeschäftslehre

> **40. Geltendmachung des Lohnanspruchs des Minderjährigen**
>
> Wie zuvor (vgl. → Fall 39). Die Eltern der T verlangen, der Arbeitgeber G möge den Lohn nicht an T, sondern an sie zahlen. G ist im Zweifel, ob er den Lohn nicht doch der T aushändigen muss. Was soll er tun?

Gläubiger des Lohnanspruchs aus § 611 Abs. 1 ist T. Eine andere Frage ist, ob T auch für den Empfang des geschuldeten Lohns zuständig ist. Die **Empfangszuständigkeit** beurteilt sich nach einer entsprechenden Anwendung der §§ 104 ff., 107 ff. Ein Minderjähriger ist demnach nur dann empfangszuständig, wenn er insoweit unbeschränkt geschäftsfähig ist (§ 113) oder die Einwilligung des gesetzlichen Vertreters vorliegt (§ 107). Die Empfangnahme des Arbeitslohns zählt zu den Geschäften des Minderjährigen i. S. d. § 113, die der Eingehung oder Aufhebung des Arbeitsverhältnisses oder der Erfüllung von Pflichten aus dem Arbeitsverhältnis dienen (vgl. MünchKommBGB/*Schmitt* § 113 BGB Rn. 20; str.). Allerdings kann die Ermächtigung nach § 113 Abs. 2 vom Vertreter eingeschränkt werden. Eine solche Einschränkung nehmen die Eltern aber gerade vor, wenn sie Auszahlung des Lohns an sich verlangen. Demnach kann der Arbeitgeber den Lohn mit befreiender Wirkung nur an die Eltern zahlen.

B. Willenserklärung

> **41. Grundbegriffe und Grundprinzip der Rechtsgeschäftslehre**
>
> Auf welchen Grundbegriffen baut die Rechtsgeschäftslehre auf, und welches Grundprinzip liegt ihr zugrunde?

1. Die Rechtsgeschäftslehre baut auf drei Grundbegriffen auf: **Willenserklärung, Rechtsgeschäft** und **Vertrag.** Unter einer **Willenserklärung** versteht man die Äußerung eines Rechtsfolgewillens. Der Erklärende bringt zum Ausdruck, dass nach seinem Willen eine bestimmte Rechtsfolge (Begründung, Änderung oder Beendigung eines privatrechtlichen Rechtsverhältnisses) eintreten bzw. gelten soll. Unter einem **Rechtsgeschäft** versteht man den Gesamttatbestand, der vorliegen muss, damit die beabsichtigte Rechtsfolge eintreten kann. Zu diesem Gesamttatbestand gehört zwar notwendig eine Willenserklärung, jedoch kommen häufig noch andere Tatbestandsmerkmale hinzu (z. B. eine weitere Willenserklärung wie beim Vertrag, Tathandlungen wie bei der Übereignung nach § 929 oder ein behördlicher Akt wie die Grundbucheintragung bei der Grundstücksübereignung nach §§ 873, 925). Unter einem **Vertrag** versteht man ein Rechtsgeschäft, das sich aus den **übereinstimmenden** Willenserklärungen zweier oder mehrerer Personen zusammensetzt.

2. Der Rechtsgeschäftslehre liegt als Grundprinzip der Gedanke der (durch Art. 2 Abs. 1 GG geschützten) **Privatautonomie** zugrunde: Der Einzelne soll seine Rechtsverhältnisse grundsätzlich nach seinem Willen gestalten können. Die Privatautonomie kann allerdings nicht schrankenlos gewährleistet sein, sondern nur soweit dies mit dem Schutze der Privatautonomie des Vertragspartners und dem Schutze anderer Interessen und Rechtsgüter vereinbar ist (vgl. insbesondere §§ 134, 138). Die Aufgabe von Gesetzgeber und Richter ist es daher, in gewissen Grenzen gemäß § 138 und § 242 eine **Inhaltskontrolle** von Verträgen vorzunehmen. Sie ist jedenfalls dann angezeigt, wenn ein Vertrag einen der Vertragspartner ungewöhnlich stark belastet und dies auf eine strukturell ungleiche Verhandlungsstärke zurückzuführen ist (vgl. BVerfG NJW 1994, 36, 38: „gestörte Vertragsparität"). Hinzu kommt die Kontrolle von **Allgemeinen Geschäftsbedingungen** nach den §§ 305–310. Auch die Vorschriften über Verträge zwischen Unternehmern und Verbrauchern (**Verbraucherverträge**) i. S. d. §§ 312 ff. dienen letztlich diesem Zweck.

42. Der Tatbestand der Willenserklärung

Aus welchen Tatbestandsmerkmalen setzt sich eine fehlerfreie Willenserklärung zusammen?

Der **objektive Tatbestand** einer Willenserklärung setzt ein Verhalten voraus, das als Kundgabe eines Rechtsfolgewillens zu verstehen ist (sog. **Erklärungsakt**). Der **subjektive Tatbestand** baut sich auf dem **Handlungswillen,** dem **Erklärungsbewusstsein** und dem **Geschäftswillen** auf. Handlungswille bedeutet, dass das Verhalten vom Willen gesteuert ist, Erklärungsbewusstsein, dass der Handelnde sich des rechtsgeschäftlichen Charakters seiner Äußerung bewusst ist, Geschäftswille, dass der Handelnde innerlich das will, was er äußerlich erklärt.

43. Willenserklärung und unverbindliche Gefälligkeit

A hatte vergessen, seinen Lottoschein abzugeben. Da die Zeit drängte und noch wichtige Arbeiten zu erledigen waren, bat er seinen Freund B, den Lottoschein zur Annahmestelle zu bringen, und gab ihm das nötige Geld mit. Bei Bekanntgabe der Lottozahlen am Samstagabend jubelte A, da er fünf Richtige hatte. – Zu früh, denn B hatte vergessen, den Lottoschein abzugeben. Kann A von B Schadensersatz verlangen?

Anspruch aus §§ 662, 280 Abs. 1

Ein Schadensersatzanspruch wegen verschuldeter Pflichtverletzung (§ 280 Abs. 1) setzt das Zustandekommen eines Auftrages i. S. d. § 662 voraus. Der Auftrag ist ein Vertrag. B war zur Besorgung des Geschäfts (Einreichen des Lottoscheins) rechtlich nur dann verpflichtet, wenn er eine entsprechende Willenserklärung abgegeben hatte. Ansonsten lag eine unverbindliche **Gefälligkeitszusage** vor, deren Nichteinhaltung keine vertraglichen Ansprüche auslöst.

Die Willenserklärung setzt die Kundgabe eines **Rechtsfolge-** bzw. **Rechtsbindungswillens** voraus. Ob eine Handlung als Willenserklärung zu werten ist, muss durch Auslegung anhand objektiver Kriterien auf Grund der Erklärungen und des Verhaltens der Parteien unter Berücksichtigung der wirtschaftlichen und rechtlichen Bedeutung der Angelegenheit, insbesondere für den Begünstigten, und der Interessenlage festgestellt werden (vgl. BGH NJW 2015, 2880 Rn. 8). Für einen Rechtsfolgewillen spricht es, wenn der „Beauftragte" eine Zusage macht und dabei erkennt, dass für den „Auftraggeber" wesentliche Interessen, vor allem wirtschaftlicher Art, auf dem Spiel stehen. Andererseits ist zu berücksichtigen, dass der „Beauftragte" mit einer rechtlich bindenden Zusage ein Schadensersatzrisiko eingeht. Bei der Nichtüberbringung eines Lottoscheins verwirklicht sich das Schadensrisiko angesichts der niedrigen Chancen jedenfalls bei Gewinnen der I. und II. Gewinnklasse zwar nur selten, aber wenn es sich verwirklicht, kann der Schaden sehr hoch sein. Die Schadensersatzleistung könnte für den „Beauftragten" verheerende finanzielle Folgen haben. Daher ist im Zweifel ein Rechtsbindungswille zu verneinen (BGH NJW 1974, 1705, 1706), zumindest aber ein stillschweigender Haftungsausschluss anzunehmen. Es besteht somit kein Schadensersatzanspruch.

44. Abgabe der Willenserklärung

Der Grundschulrektor L hatte eine ihm zugesandte Bestellkarte des Weinguts W über zwanzig Flaschen Wein ausgefüllt, sich dann aber die Sache anders überlegt und die Karte in den Papierkorb geworfen. Als seine Frau den Papierkorb leerte, glaubte sie, die Karte sei versehentlich dahin gelangt und brachte sie zur Post. Wenig später wird der Wein angeliefert. Kann L Abnahme und Zahlung verweigern? Muss er wenigstens für die Transportkosten aufkommen?

1. Anspruch des W gegen L aus § 433 Abs. 2

Der Anspruch setzt einen wirksamen Kaufvertrag und somit ein wirksames Kaufangebot des L voraus. Als L die Karte ausgefüllt hatte, waren an sich die objektiven und subjektiven Tatbestandsmerkmale einer fehlerfreien Willenserklärung erfüllt. Die Willenserklärung ist jedoch erst zustande gekommen, wenn sie **abgegeben** ist. Dazu genügt zwar bei **nichtempfangsbedürftigen** Willenserklärungen (z. B. Testament) die Vollendung der Erklärungshandlung, etwa die Unterzeichnung eines Schriftstücks. Bei **empfangsbedürftigen** (gegenüber einem anderen abzugebenden, § 130 Abs. 1 Satz 1) Willenserklärungen ist aber die Entäußerung in Richtung auf den Empfänger erforderlich. Die Unterzeichnung des Schriftstücks ist in diesem Falle erst eine Vorbereitungshandlung. Abgegeben (und damit rechtlich existent) wird die schriftliche Willenserklärung erst durch die Überreichung an den anwesenden oder die Absendung an den abwesenden Empfänger (BGHZ 65, 13, 14; BGH NJW 1979, 2032, 2033). Da das Vertragsangebot eine empfangsbedürftige Willenserklärung ist und die Bestellkarte ohne den Willen des L an W abgesandt wurde, liegt keine Willenserklärung vor. L muss sich auch nicht das Verhalten seiner Frau zurechnen lassen. Denn weder hatte er sie mit der Absendung beauftragt, noch durfte seine Frau aus den äußeren Umstände entnehmen, dass sie dazu berechtigt wäre. Es liegt weder ein dem Übermittlungsirrtum (§ 120) noch dem Fehlen des Erklärungsbewusstseins vergleichbarer Fall vor. Vielmehr liegt ein Fall des **fehlenden Handlungswillens** vor (*Wolf/Neuner* § 32 Rn. 17). In diesem Zusammenhang ist für Zurechnungserwägungen kein Raum. L braucht also den Wein nicht abzunehmen und zu bezahlen. (Er muss aber im Streitfall beweisen, dass die Absendung ohne seinen Willen erfolgt ist.)

2. Anspruch des W auf Schadensersatz

a) Wegen schuldhafter Pflichtverletzung (§ 280 Abs. 1)

Da W mit L in geschäftlichen Kontakt getreten war, bestand zwischen beiden ein rechtsgeschäftsähnliches Schuldverhältnis (§ 311 Abs. 2 Nr. 1 bzw. Nr. 3). Daraus ergaben sich für L Sorgfalts- und Aufklärungspflichten (vgl. § 241 Abs. 2). Insbesondere hätte L dafür Sorge tragen müssen, dass die von ihm ausgefüllte Bestellkarte nicht ohne seinen Willen abgesandt wurde. Daher haftet er wegen schuldhafter Pflichtverletzung dem W auf Ersatz des aus der Pflichtverletzung entstehenden Schadens nach § 280 Abs. 1 (BGH NJW-RR 2006, 847, 849). W kann also die im Vertrauen auf die Gültigkeit der Bestellung gemachten Aufwendungen, hier die Transportkosten, ersetzt verlangen.

b) Aus § 122 Abs. 1

Wollte man eine wirksame Bestellung annehmen, müsste man jedenfalls die Anfechtung nach §§ 119, 120 analog zulassen (vgl. *Medicus/Petersen* AT Rn. 266, 267). Dann würde L dem W nach § 122 Abs. 1 auf den Vertrauensschaden haften. Folgt man dieser Ansicht nicht, wäre anstelle einer Haftung aus § 280 Abs. 1 an eine analoge Anwendung des § 122 Abs. 1 zu denken (*Wolf/Neuner* § 32 Rn. 18).

45. Zugang verkörperter Willenserklärungen

1. Student A wohnt beim Pensionisten M zur Miete. Die Kündigung ist zum Monatsende möglich, muss aber bis zum Dritten des jeweiligen Monats erklärt werden. Nach bestandenem Examen will A kündigen und teilt diese Absicht dem M auch telefonisch mit. Er wirft am Abend des 2.3. sein Kündigungsschreiben in den Briefkasten des im selben Haus wohnenden M ein. Ist wirksam zum 31.3. gekündigt, wenn M wegen Abwesenheit den Briefkasten erst am 6.3. leert?
2. A will sichergehen und schickt dem M seine Kündigung per Einschreiben mit Rückschein. Der Postbote will dem M am 2.3. das Schreiben zustellen, dieser verweigert jedoch die Annahme. Ist trotzdem wirksam gekündigt?
3. Der Postbote trifft den M nicht an und wirft daher ein Benachrichtigungsschreiben in den Postkasten des M, aus dem hervorgeht, dass ein Einschreiben vorliege, das ab dem 3.3., 9 Uhr, im Postamt abgeholt werden könne. M holt das Einschreiben erst am 4.3. ab. Ist trotzdem wirksam gekündigt?
4. M holt das Einschreiben überhaupt nicht ab, sodass es nach Ablauf der Aufbewahrungsfrist am 14.3. an A zurückgeschickt wird. Ist trotzdem wirksam gekündigt? Muss A gegebenenfalls einen zweiten Zustellungsversuch unternehmen?

Zu 1:

Die Kündigung ist wirksam, wenn dem M die Kündigungserklärung rechtzeitig, d. h. am 3.3., zugegangen ist. Denn nach § 130 Abs. 1 Satz 1 wird eine Willenserklärung, die einem anderen gegenüber abzugeben ist, nicht schon im Zeitpunkt ihrer Abgabe, sondern erst im Zeitpunkt ihres **Zugangs** beim Adressaten wirksam. Der Begriff des „Zugehens" ist im Gesetz nicht definiert. Aus der Entstehungsgeschichte wird jedoch deutlich, dass der Gesetzgeber damit den gemeinrechtlichen Theorienstreit über den Zeitpunkt des Wirksamwerdens der Willenserklärung (Äußerungstheorie, Absendungstheorie, Zugangstheorie, Vernehmungstheorie) entscheiden wollte. Daraus ergibt sich, dass für den Zugang nicht die tatsächliche Kenntnisnahme von der Erklärung erforderlich ist. **Zugegangen ist eine Erklärung dann, wenn sie derart in den Machtbereich des Empfängers gelangt, dass er unter normalen Verhältnissen von ihrem Inhalt Kenntnis erlangen kann** (st. Rspr., vgl. nur BGH NJW 2004, 1320). Das ist der Fall, sobald die Erklärung in den Briefkasten des Empfängers eingeworfen wird und mit seiner Leerung durch den Empfänger gerechnet werden kann. Hier war mit einer Leerung des Briefkastens im Laufe des 3.3. zu rechnen (vgl. BGH NJW 2008, 843 Rn. 9). Die Kündigung war daher am 3.3. fristgerecht zugegangen. Dass M zur Leerung nicht in der Lage war, ist sein Risiko.

Zu 2:

Die Erklärung ist zwar dem M nicht zugegangen, da sie nicht in seinen Machtbereich gelangt ist. Da M jedoch grundlos die Entgegennahme verweigert hat, obwohl er mit Mitteilungen seines Vertragspartner A rechnen musste, muss er sich nach **Treu und Glauben** so behandeln lassen, als wäre ihm die Erklärung zugegangen (BGH NJW 1983, 929, 930; 1998, 976, 977). Dem A ist nicht zuzumuten, erneut eine Zustellung zu versuchen. (Der grundlosen Annahmeverweigerung steht der Fall der arglistigen Zugangsvereitelung gleich, vgl. BGH NJW 1983, 929, 930; 1998, 976, 977).

Zu 3:

Es besteht weitgehend Einigkeit darüber, dass ein Zugang der Erklärung noch nicht mit dem Zugang des Benachrichtigungszettels eintritt. Denn dadurch ist das Schreiben noch nicht in den Machtbereich des Empfängers gelangt (BGH NJW 1996, 1967, 1968; *Medicus/Petersen* AT Rn. 280). Vielmehr wird er dadurch nur in die Lage versetzt, das Schreiben in seinen Machtbereich zu verbringen; außerdem ist er über Absender und Inhalt der Erklärung im Ungewissen. Nach einer Auffassung (*Wolf/Neuner* § 33 Rn. 16) tritt Zugang jedoch in dem Zeitpunkt ein, in dem das Schriftstück unter Annahme normaler Verhältnisse abgeholt werden kann (in der Regel also am nächsten Werktag). Allerdings steht dem entgegen, dass der Adressat das Schreiben in diesem Zeitpunkt immer noch nicht in seinem Machtbereich hat. Richtiger erscheint es daher zu fragen, ob sich der Empfänger nach Treu und Glauben so behandeln lassen muss, als sei in diesem Zeitpunkt der Zugang erfolgt. Das ist zwar nicht uneingeschränkt, aber jedenfalls dann zu bejahen, wenn der Adressat mit rechterheblichen Erklärungen des Absenders rechnen musste (BGH NJW 1996, 1967, 1968). Ob es dafür bereits genügt, dass zwischen A und M vertragliche Beziehungen bestanden, ist zweifelhaft (vgl. BGHZ 137, 205, 208 ff.; BGH NJW 1996, 1967, 1968). Da hier aber M von den Kündigungsabsichten des A wusste, muss er sich so behandeln lassen, als wäre ihm die Kündigung rechtzeitig zugegangen.

Zu 4:

Die Kündigung ist hier nicht zugegangen. Da A dies aber aufgrund der Rücksendung erkennen musste, ist es ihm zuzumuten, unverzüglich einen erneuten Zustellungsversuch zu unternehmen. Führt dieser wiederum nicht zum Erfolg, muss sich allerdings der Adressat so behandeln lassen, als wäre die Erklärung rechtzeitig zugegangen (BGH NJW 1998, 976, 977). Das Gleiche gilt, wenn der zweite Zustellungsversuch erfolgreich ist.

46. Zugang nicht verkörperter Willenserklärungen

Geschäftsmann G bestellte telefonisch im Hotel H ein Zimmer für den 5.3. Die Rezeptionsdame R sagte die Zimmerreservierung zu. Als G am 5.3. eintraf, war das Hotel voll besetzt. Es stellte sich heraus, dass sich die R am Telefon verhört und für den 15.3. ein Zimmer reserviert hatte. Ist ein Vertrag über die Bereitstellung eines Zimmers am 5.3. zustande gekommen (mit der Folge, dass dem G u. U. vertragliche Ersatzansprüche zustehen)?

Die telefonische Bestellung stellt ein Vertragsangebot dar. **Abgegeben** war die Erklärung mit dem Inhalt „5.3.". Fraglich ist, ob sie auch mit diesem Inhalt **zugegangen** ist. Fernmündliche Willenserklärungen erfolgen an sich unter (körperlich) Abwesenden. Jedoch ist eine Gleichbehandlung mit Erklärungen unter Anwesenden gerechtfertigt (§ 147 Abs. 1 Satz 2 analog). Für den Zugang von Erklärungen unter **Anwesenden** hat das BGB keine ausdrückliche Regelung getroffen. Jedoch ist anerkannt, dass auf verkörperte Willenserklärungen § 130 Abs. 1 Satz 1 analog anzuwenden ist. Strittig ist nur die Beurteilung **nicht verkörperter** Willenserklärungen. Nach der **Vernehmungstheorie** (z. B. *Wolf/Neuner* § 33 Rn. 39) tritt Zugang nur dann ein, wenn der Empfänger (oder sein Empfangsbote) die Erklärung auch zutreffend verstanden hat. Bei einem Missverständnis aufseiten des Empfängers werde die abgegebene Erklärung nicht wirksam. Der Erklärende müsse damit rechnen und sich die Erklärung notfalls wiederholen lassen. Nach dieser Ansicht läge kein wirksames Angebot des G vor. – Indessen geht es zu weit, dem Erklärenden sämtliche Vernehmungsrisiken aufzubinden. Es muss für das Wirksamwerden der Erklärung genügen, wenn für den Erklärenden nach der Art seiner Erklärung vernünftigerweise keine Zweifel an der richtigen Vernehmung bestehen konnten (**abgeschwächte Vernehmungstheorie**; z. B. Palandt/*Ellenberger* § 130 BGB Rn. 14; *Köhler* § 6 Rn. 19). Im Verkehr mit solchen Betrieben, die typischerweise telefonische Bestellungen entgegennehmen, wie Hotels, darf der Erklärende normalerweise davon ausgehen, dass seine Bestellung richtig aufgenommen wurde, wenn keine Bestätigung erfolgt. Das Angebot war daher trotz des Missverständnisses zugegangen und mit diesem Inhalt angenommen worden. H kann allerdings wegen Inhaltsirrtums (§§ 119 Abs. 1, 166 Abs. 1) anfechten.

47. Empfangsvertreter, Empfangsbote und Erklärungsbote

1. In der Satzung des TSV Steppach ist geregelt, dass ein Austritt nur zum Ende eines Kalenderjahres möglich ist und die Austrittserklärung bis Ende November dem Vorstand zugegangen sein muss. Am 30.11. will A noch schnell seinen Austritt erklären. Er verfasst ein entsprechendes Schreiben und will es persönlich beim Vorstand V abgeben. Unterwegs trifft er die Ehefrau F des V. Er bittet sie, für ihn das Schreiben bei V abzugeben. F nimmt das Schreiben in ihre Handtasche und verspricht, es ihrem Mann auszuhändigen. Sie vergisst die Sache dann aber und übergibt das Schreiben ihrem Mann erst am nächsten Tag.

2. A trifft nicht die Frau des V, sondern das Vereinsmitglied B. B erklärt sich bereit, das Schreiben noch am gleichen Tag dem V zu überbringen, kommt dann aber nicht dazu und bringt es dem V erst am Tag darauf.

Ist die Austrittserklärung in beiden Fällen noch rechtzeitig zugegangen?

Zu 1:

Mit Aushändigung des Schreibens an die F hat A seine Erklärung zwar abgegeben. Fraglich ist aber, wann sie dem V zugegangen ist. Wenn, wie hier, vom Erklärenden eine Mittelsperson eingeschaltet ist, kommt es darauf an, welche Funktion sie innehat.

1. Ist der Mittler **Vertreter** des Empfängers, so geht die Erklärung im Zeitpunkt der Aushändigung an den Vertreter zu (§ 164 Abs. 3; sog. passive Stellvertretung). Die wirksame Vertretung beim Empfang einer Willenserklärung setzt passive Vertretungsmacht voraus (BGH NJW 2002, 1041); nicht erforderlich ist es, dass der Vertreter noch eigens kundtut, er nehme die Erklärung im fremden Namen an (vgl. Palandt/*Ellenberger* § 164 BGB Rn. 17).

2. Ist der Mittler **Empfangsbote** des Erklärungsempfängers, so geht diesem die Erklärung noch nicht mit Aushändigung an den Mittler zu. Zugang erfolgt vielmehr erst in dem Zeitpunkt, in dem nach dem regelmäßigen Lauf der Dinge die Weiterleitung an den Erklärungsempfänger zu erwarten ist. Es muss also noch die Zeitspanne hinzugerechnet werden, die der Mittler für seine Übermittlungstätigkeit unter den gegebenen Umständen normalerweise benötigt. Erst dann kann vom Erklärungsempfänger erwartet werden, dass er von der Erklärung Kenntnis nehmen kann (BGH NJW 1994, 2613, 2614). Ob der Mittler die Erklärung verspätet, unrichtig oder gar nicht übermittelt, spielt dagegen für den Zugang keine Rolle.

Als Empfangsbote ist nach ganz h. M. nur anzusehen, wer entweder vom Erklärungsempfänger ausdrücklich oder stillschweigend dazu bestellt wurde oder doch nach der Verkehrsanschauung als bestellt anzusehen ist (BGH NJW 1994, 2613, 2614). Das sind bei Privatpersonen u. a. die in der Wohnung lebenden Familienangehörigen oder Lebensgefährten, bei Unternehmern die kaufmännischen Angestellten (vgl. näher Palandt/*Ellenberger* § 130 BGB Rn. 9). Dies gilt auch dann, wenn sie außerhalb der Wohnung bzw. des Betriebs angetroffen werden (vgl. BAG NJW 2011, 2604 Rn. 11 ff.; Palandt/*Ellenberger* § 130 BGB Rn. 9); es muss dann nur die Zeitspanne für die Weiterleitung hinzugerechnet werden.

3. Ist der Mittler weder Vertreter noch Empfangsbote, so kann er nur Werkzeug des Erklärenden, also ein sog. **Erklärungsbote** sein. In diesem Fall geht die Erklärung dem Empfänger erst zu, wenn der Mittler sie derart in seinen Machtbereich schafft, dass er nach dem gewöhnlichen Lauf der Dinge von ihr Kenntnis erlangen kann. Das Risiko, dass der Mittler die Erklärung nicht oder nicht rechtzeitig überbringt, trägt in diesem Fall also der Erklärende.

Sonach gilt: Da F als Ehefrau des V nach der Verkehrsanschauung als Empfangsbote ihres Ehemannes V anzusehen ist und nach dem gewöhnlichen Lauf der Dinge zu erwarten war, dass sie das Schreiben noch am gleichen Tag ihrem Mann aushändigen würde, ist die Erklärung am 30.11. zugegangen, obwohl V sie erst am 1.12. in die Hände bekommt.

Zu 2:

Da B als einfaches Vereinsmitglied weder Vertreter noch Empfangsbote des V, somit also Erklärungsbote des A ist, ist Zugang erst mit Ablieferung des Schreibens am 1.12. erfolgt. Der Austritt war sonach nicht rechtzeitig erklärt.

48. Zugang bei minderjährigem Empfänger; Widerruf

Der 17-jährige S, der in einem Internat zur Schule ging, hatte auf telefonische Anfrage hin ein schriftliches Angebot des Fahrradhändlers F über ein kaum gebrauchtes Rennrad zum Sonderpreis von 300 EUR erhalten. S bat seine Eltern telefonisch um briefliche Zustimmung und Finanzierung. Tags darauf erhielt S eine E-Mail des F, in dem dieser sein Angebot zurückzog. Die Eltern stimmten dem Kaufvorhaben des S zu und legten ihrem Schreiben einen entsprechenden Geldbetrag bei. S ging mit diesem Schreiben zu F, erklärte, dass er das Angebot annehme und verlangte Lieferung des Rads. Zu Recht?

Anspruch des S gegen F aus § 433 Abs. 1

Der Lieferungsanspruch des S setzt das Zustandekommen eines Kaufvertrages voraus. F hatte zwar ein Angebot abgegeben, das S angenommen hatte, F hatte aber zuvor sein Angebot widerrufen. Es ist daher zu fragen, ob überhaupt ein wirksames Angebot vorlag. Gemäß § 130 Abs. 1 Satz 2 wird eine empfangsbedürftige Willenserklärung dann nicht wirksam, wenn dem Empfänger vor oder gleichzeitig mit dem Zugang ein **Widerruf** zugeht. Maßgebend ist also, wann das Angebot und wann der Widerruf zugegangen ist.

Ist ein Geschäftsunfähiger oder beschränkt Geschäftsfähiger Adressat einer Willenserklärung, so wird gemäß § 131 Abs. 1 und Abs. 2 Satz 1 die Willenserklärung erst wirksam, wenn sie dem **gesetzlichen Vertreter** zugeht. Zugang an den beschränkt Geschäftsfähigen genügt jedoch gemäß § 131 Abs. 2 Satz 2, wenn die Erklärung ihm lediglich einen rechtlichen Vorteil bringt oder der gesetzliche Vertreter seine Einwilligung erteilt hat (Parallele zu §§ 104 ff.!). Da S beschränkt geschäftsfähig (§ 106) war und die Einwilligung seiner Eltern nicht vorlag, wurde das Angebot mit Zugehen an ihn nur wirksam, wenn ihm diese Erklärung lediglich einen rechtlichen Vorteil (vgl. § 107) brachte. Zwar würde die Annahme eines solchen Angebots für S nicht lediglich rechtlich vorteilhaft sein (wegen der aus dem Vertrag folgenden Rechtspflichten). Hier geht es aber um das Angebot. Ein Vertragsangebot bringt jedoch stets „lediglich einen rechtlichen Vorteil", da der Gegner es annehmen kann, aber nicht muss. Das Angebot war daher mit Eintreffen des Schreibens bei S zugegangen. Der Widerruf kam zu spät. – S ist im Recht.

C. Willensmängel

49. Der Handlungswille

A hatte sich in einem Nachtclub mit Bardamen und Champagner amüsiert. Als man ihm um 3 Uhr früh eine Rechnung über 900 EUR präsentierte, stellte sich heraus, dass er nur einen Fünfzig-Euro-Schein bei sich hatte. Der Ober holte darauf den Geschäftsinhaber G und einen Rausschmeißer. G füllte ein Schuldanerkenntnis über 900 EUR aus und forderte A auf, es zu unterschreiben. Da A sich weigerte, schlug man ihn so lange, bis er endlich unterschrieb. Haftet er aus dem Schuldanerkenntnis?

Anspruch aus § 782 Satz 1

Die Haftung aus dem Schuldanerkenntnis setzt eine gültige Willenserklärung des Unterzeichners voraus. Der objektive Tatbestand der Willenserklärung ist erfüllt, da die Unterschrift auf dem Wechsel den Sinn der Eingehung einer Wechselverbindlichkeit hat. Subjektive Gültigkeitsvoraussetzung ist allerdings ein **Handlungswille** des Erklärenden. Daran fehlt es, wenn die Erklärung z. B. durch unmittelbare körperliche Gewalt unter Ausschluss jeden Entscheidungsspielraums (sog. **vis absoluta**) oder durch Hypnose, Drogen und dergleichen hervorgebracht wird.

Die Unterschrift war hier aber nicht unmittelbar durch körperlichen Zwang, sondern durch eigene Entscheidung des A hervorgebracht worden. Dass die Entscheidung selbst durch Gewaltanwendung herbeigeführt wurde, ist insoweit unerheblich (vgl. BGH DB 1975, 2075). A hatte daher den erforderlichen Handlungswillen, darüber hinaus sogar das Erklärungsbewusstsein, da er wusste, dass er ein Schuldanerkenntnis unterschrieb. Es liegt daher eine (zunächst) wirksame Willenserklärung vor. A kann jedoch seine Erklärung, sofern der Vertrag nicht schon nach § 138 Abs. 2 (Wucher) nichtig ist, nach § 123 Abs. 1 wegen widerrechtlicher Drohung (mit weiteren Schlägen) anfechten und damit seine Haftung beseitigen.

50. Das Erklärungsbewusstsein

Der Trachtenverein E plante einen Ausflug nach Südtirol. Um die Teilnehmerzahl zu ermitteln, wurde eine Liste mit der Überschrift: „Feste Anmeldung für die Südtirolfahrt" auf einer Versammlung in Umlauf gegeben. Der Trachtler A hatte nicht aufgepasst und trug sich in die Liste ein im Glauben, es handle sich um eine Anwesenheitsliste. Als der Kassierer bei ihm die Fahrtkosten erheben wollte, weigerte er sich unter Hinweis auf seinen Irrtum zu bezahlen. Zu Recht?

Die Zahlungspflicht des A hängt davon ab, ob seine Unterschrift für ihn verbindlich ist. Der (objektive) Tatbestand einer Willenserklärung ist erfüllt, da die Unterschrift auf der Anmeldungsliste als Kundgabe eines Rechtsfolgewillens zu verstehen ist. A hatte auch den erforderlichen Handlungswillen, als er unterschrieb. Er war aber im Glauben, es handle sich nicht um eine Unterschrift im Rechtsverkehr, sondern um eine Unterschrift zu rein internen statistischen Zwecken. Es fehlte ihm also das Erklärungsbewusstsein.

Ob in diesem Falle eine gültige Willenserklärung vorliegt, ist umstritten. (1.) Einer früheren Ansicht (z. B. *Canaris,* Vertrauenshaftung, 1971, 427) zufolge ist eine ohne Erklärungsbewusstsein abgegebene Willenserklärung unwirksam, weil es an der notwendigen Selbstbestimmung (Privatautonomie) fehle und daher eine Zurechnung der Erklärung nicht gerechtfertigt sei. Folgt man dieser Ansicht, besteht für A von vornherein keine Zahlungspflicht. (2.) Die ganz h. M. (z. B. BGH NJW 2007, 368 Rn. 11) nimmt dagegen eine gültige Willenserklärung an, sofern der Erklärende mit der Deutung seines Verhaltens als Willenserklärung rechnen konnte und musste und der Empfänger sie auch tatsächlich so aufgefasst hat. Das Prinzip der Selbstbestimmung sei gewährleistet, da der Erklärende die **Möglichkeit** der Selbstbestimmung hatte. Jedoch soll der Erklärende ein **Anfechtungsrecht analog § 119 Abs. 1 Alt. 2** haben. Folgt man dieser Ansicht, ist hier eine gültige Willenserklärung anzunehmen, da A den Umständen nach mit einer Deutung seiner Unterschrift als Willenserklärung rechnen musste. A kann daher seiner Zahlungspflicht nur durch Anfechtung mit den entsprechenden Voraussetzungen (Anfechtungsfrist, § 121) und Folgen (Vertrauenshaftung, § 122) entgehen.

Beachte: Das Fehlen des Erklärungsbewusstseins hat im Streitfall derjenige zu beweisen, der sich darauf beruft, hier also A.

51. Der geheime Vorbehalt

Der Journalist R aus München war nach Pocking geschickt worden, um einen Bericht über die dortige Zuchtviehversteigerung zu schreiben. Da beim ersten Jungstier, der dem nicht anwesenden Bauern B gehörte, das Steigern schleppend voranging und nach 800 EUR jeweils nur noch 5 EUR mehr geboten wurden, schrie er in die Versammlung: „Tausend!". – Darauf der Versteigerer V: *„Tausend zum Ersten, tausend zum Zweiten [...] Leut, i kann euch net helfen; wenns ihr net mögts, is der Stier hi. Da werns lacha, z'Minga, über die dappigen Niederbayern – an solchen Stier herlassen um g'schissne 1.000 Euro [...] tausend zum Dritten".* R erhielt damit den Zuschlag. Als er die 1.000 EUR bezahlen sollte, redete er sich damit heraus, er habe den Stier gar nicht ersteigern, sondern nur den Preis in die Höhe treiben wollen. Das habe doch allen Beteiligten klar sein müssen. – Wird er damit durchdringen? (frei nach *Wugg Retzer,* Der Stier von Pocking).

Anspruch des B gegen R aus § 433 Abs. 2

R muss die 1.000 EUR bezahlen, wenn ein wirksamer Kaufvertrag zustande gekommen ist. Bei einer Versteigerung stellt das Aufrufen eines Preises eine **invitatio**

ad offerendum, das „**Gebot**" das Vertragsangebot, der „**Zuschlag**" die Vertragsannahme dar (§ 156 Satz 1). Der Versteigerer handelt dabei als Vertreter des „**Einlieferers**". Fraglich ist hier allein, ob das Gebot des R wirksam ist.

1. Das Gebot könnte nach § 118 („**Scherzerklärung**") nichtig sein. Dann müsste das Gebot des R „nicht ernstlich gemeint" gewesen und in der Erwartung abgegeben worden sein, „der Mangel der Ernstlichkeit werde nicht verkannt werden". Mag auch R das Gebot nicht ernst gemeint haben, so hatte er doch die Erwartung, das Gebot werde ernst genommen, denn er wollte gerade zum Höherbieten animieren. Es liegt somit keine Nichtigkeit nach § 118 vor.

2. Weiter ist Nichtigkeit nach § 117 Abs. 1 („**Scheingeschäft**") zu prüfen. Dies setzt voraus, dass eine Willenserklärung mit Einverständnis des Erklärungsempfängers nur zum Schein abgegeben wird. Ein solches Einverständnis, dass nur der äußere Schein eines Gebots hervorgerufen werde, die damit verbundene Rechtswirkung aber nicht eintreten sollte (vgl. BGH NJW 1982, 569), lag hier nicht vor, da R spontan gehandelt hatte.

3. Es verbleibt die Möglichkeit einer Nichtigkeit nach § 116 Satz 2 („**erkannter geheimer Vorbehalt**"). – Nach § 116 Satz 1 ist eine Willenserklärung nicht deshalb nichtig, „weil sich der Erklärende insgeheim vorbehält, das Erklärte nicht zu wollen" („geheimer Vorbehalt" oder „Mentalreservation"). Dies ist im Grunde selbstverständlich, da sonst jede rechtsgeschäftliche Bindung illusorisch würde.

Gar nicht selbstverständlich ist hingegen die Regelung des § 116 Satz 2. Danach ist die Erklärung nichtig, wenn der Erklärungsempfänger den geheimen Vorbehalt kennt. Der Erklärende ist auch in diesem Falle nicht schutzwürdig und sollte eigentlich „beim Wort" genommen werden können. Die Regelung ist nur historisch-dogmatisch, nämlich als Zugeständnis an die „Willenstheorie" verständlich und sollte daher restriktiv gehandhabt werden. Freilich wird sie selten praktisch bedeutsam, da der Erklärende im Streitfall die Kenntnis des Gegners vom geheimen Vorbehalt beweisen muss.

Im vorliegenden Fall hatte der Versteigerer V erkannt, dass R in Wahrheit den Stier gar nicht ersteigern wollte, sondern darauf spekulierte, es würden höhere Gebote abgegeben. V war zwar lediglich als Vertreter des B tätig, während B den geheimen Vorbehalt auf Grund seiner Abwesenheit nicht kannte. Jedoch ist nach § 166 Abs. 1 auf die Kenntnis des Vertreters abzustellen. Das Gebot des R ist daher nach § 116 Satz 2 nichtig, und R braucht also den Stier nicht bezahlen.

52. Das Scheingeschäft

Der Rentner R wollte dem Geschäftsmann G ein Hausgrundstück für 350.000 EUR verkaufen. Um Grunderwerbsteuer und Notargebühren zu sparen, einigte man sich darauf, im notariellen Kaufvertrag nur einen Kaufpreis von 250.000 EUR anzugeben, der Restbetrag sollte bei Beurkundung in einem Koffer übergeben werden. So geschah es auch. Als R das Geld später im Koffer nachzählte, stellte er fest, dass es nur 50.000 EUR waren. Er lehnte es daraufhin ab, das Grundstück an den G aufzulassen. Als G auf Auflassung klagte, erhob er Widerklage auf Zahlung von 50.000 EUR. Wie ist zu entscheiden?

1. Anspruch des G gegen R auf Auflassung gemäß § 433 Abs. 1 Satz 1

R ist dem G gemäß § 433 Abs. 1 Satz 1 zur Übereignung, also zur Abgabe der Auflassungserklärung nach §§ 873, 925 verpflichtet, wenn ein wirksamer Kaufvertrag zustande gekommen ist.

a) Wirksamer Kaufvertrag zu 250.000 EUR?

Der Wirksamkeit könnte entgegenstehen, dass die Parteien in Wahrheit nicht einen Kauf zu 250.000 EUR, sondern zu 350.000 EUR wollten. Sie waren sich darüber einig, dass die beiderseitigen Willenserklärungen vor dem Notar, was den Kaufpreis anging, nicht verbindlich sein sollten. Diese Willenserklärungen waren also im wechselseitigen Einverständnis nur zum **Schein** abgegeben. Solche Erklärungen sind nach § 117 Abs. 1 nichtig. Dies ist die Konsequenz daraus, dass – im Einverständnis mit dem Erklärungsempfänger – die Rechtsfolge gar nicht gewollt ist. Auf das Motiv des Scheingeschäfts, in aller Regel die Täuschung Dritter (hier: Finanzamt, Notar) kommt es nicht an. Die Erklärungen sind also insgesamt nichtig. Eine Aufspaltung in der Weise, dass nur die Preisvereinbarung, nicht dagegen die Verpflichtung zur Übereignung, nichtig ist (sog. **Teilnichtigkeit**), ist mangels Teilbarkeit des Rechtsgeschäfts nicht möglich (vgl. § 139).

b) Wirksamer Kaufvertrag zu 350.000 EUR?

Der Kauf zu 350.000 EUR war von den Parteien ernsthaft gewollt. Die entsprechenden Erklärungen waren auch **abgegeben**, denn eine Erklärung hat grundsätzlich den Inhalt, wie die Parteien sie übereinstimmend verstehen (BGH NJW 2002, 1038). Sie sollten nur durch das Scheingeschäft verdeckt werden. Dieses **verdeckte** (sog. **dissimulierte**) Geschäft ist grundsätzlich auch **wirksam,** sofern nur die dafür geltenden Vorschriften erfüllt sind (§ 117 Abs. 2). Solche Vorschriften sind z. B. die §§ 134, 138 oder Formvorschriften, beim Grundstückskauf also § 311b Abs. 1. Da die Preisvereinbarung bei einem Grundstückskauf ebenfalls dieser Form bedarf, der gewollte Preis von 350.000 EUR aber nicht notariell beurkundet worden war, ist der verdeckte Kaufvertrag nach §§ 311b Abs. 1 Satz 1, 125 Satz 1 nichtig (allg. M., vgl. nur Palandt/*Grüneberg* § 311b BGB Rn. 36).

G hat daher keinen Anspruch auf Auflassung. Seine Klage ist abzuweisen.

2. Anspruch des R gegen G auf Zahlung gemäß § 433 Abs. 2

Der Anspruch ist nicht gegeben, da der (gewollte) Kaufvertrag über 350.000 EUR nichtig ist. Die Widerklage des R ist daher ebenfalls abzuweisen.

Beachte: Der Formmangel würde durch nachfolgende Auflassung und Eintragung des G in das Grundbuch geheilt (§ 311b Abs. 1 Satz 2). In diesem Falle erwüchse dem R nachträglich doch noch ein Anspruch auf den restlichen Betrag.

53. Die Scherzerklärung

Klempnermeister K sollte auf dem Grundstück des Kaufmanns A eine Röhrenanlage anfertigen. Sie gerieten dabei in Streit über die Angemessenheit des Preises für das Pfund Bleirohr. Nach längerem Hin und Her erklärte A, er wolle dem K so viel Bleirohre liefern, wie dieser wolle und zwar zu einem Viertel des von ihm verlangten Preises. Darauf K: „Auch eine Million Pfund?" A bejahte dies und bemerkte, das gebe einhundert Waggons, er werde einen Extrazug nehmen, dem Meister werde nicht wohl werden, wenn der Zug auf dem Bahnhof stehe. Als K darauf ungehalten wurde, erklärte A, es sei kein Spott, den er mit ihm treibe. Darauf gaben sich beide die Hände und ein Bekannter schlug (zum Zeichen des Vertragsschlusses) durch. Der Durchschnittspreis für Bleirohre lag dreimal so hoch wie der von A angebotene Preis. K klagte auf Vertragserfüllung. A verteidigte sich damit, das Ganze sei nur ein Scherz gewesen (Fall aus dem 19. Jahrhundert nach RGZ 8, 248).

Anspruch des K gegen A aus § 433 Abs. 1 Satz 1

K kann von A Lieferung einer Million Pfund Bleirohre verlangen, wenn ein wirksamer Kaufvertrag zustande gekommen ist. Dies setzt Wirksamkeit der Vertragserklärungen des K und des A voraus. Problematisch ist allein die Wirksamkeit der Erklärung des A.

1. Die Willenserklärung des A könnte als **Scheingeschäft** nach § 117 Abs. 1 unwirksam sein. Jedoch würde dies voraussetzen, dass der Erklärungsempfänger K damit einverstanden war, das Angebot solle nur zum Schein erfolgen. Dies war aber nicht der Fall. K hielt vielmehr das Angebot für echt. Aus dem gleichen Grunde wäre auch ein etwaiger **geheimer Vorbehalt,** das Erklärte nicht zu wollen, unbeachtlich (§ 116).

2. Nach § 118 ist jedoch eine „nicht ernstlich gemeinte Willenserklärung, die in der Erwartung abgegeben wird, der Mangel der Ernstlichkeit werde nicht verkannt werden" (sog. **Scherzerklärung**) nichtig. Nicht ernstlich gemeint ist eine Willenserklärung, wenn der Erklärende die daran geknüpfte Rechtsfolge gar nicht will. Im Unterschied zum geheimen Vorbehalt soll dem Erklärungsempfänger dies aber nicht verborgen bleiben. Der Empfänger soll vielmehr erkennen, dass die Erklärung nur Scherz, Ironie, Prahlerei oder bloße Höflichkeit sein soll.

Die Besonderheit der Regelung des § 118 liegt darin, dass die Erklärung auch dann nichtig ist, wenn der Empfänger die fehlende Ernstlichkeit hätte erkennen müssen (BGH NJW 2000, 3127, 3128). (Hat er sie erkannt, ist aufgrund der Auslegung der Erklärung aus der Sicht des Adressaten schon der objektive Tatbestand der Willenserklärung zu verneinen.) § 118 schützt also nicht das Vertrauen des Erklärungsempfängers, sondern den Willen des Erklärenden. Im System der Vorschriften über Willenserklärungen stellt sich § 118 daher als Ausnahmetatbestand dar (vgl. Palandt/*Ellenberger* § 118 BGB Rn. 2; *Köhler* § 7 Rn. 13). Die Erklärung des A war subjektiv nicht ernst gemeint. Fraglich war aber, ob A die Erwartung hatte, der Mangel an Ernstlichkeit werde nicht verkannt werden. Denn immerhin hatte A dem K versichert, es sei kein Spott, den er mit ihm treibe. Indessen ist angesichts von Warenmenge und Preis, die völlig unrealistisch waren, davon auszugehen, dass A erwartete, K werde die Scherzhaftigkeit der Erklärung vernünftigerweise erkennen. Daher ist Nichtigkeit nach § 118 gegeben. K hat keinen Erfüllungsanspruch aus § 433 Abs. 1 Satz 1, sondern lediglich Anspruch auf Ersatz eines etwaigen Vertrauensschadens (§§ 118, 122 Abs. 1), sofern nicht dem K die Scherzhaftigkeit fahrlässig verborgen blieb (§ 122 Abs. 2).

54. Der Motivirrtum

Das Ehepaar E suchte seit Langem ein gebrauchtes Klavier für die elfjährige Tochter. Eines Abends kam Herr E glückstrahlend heim und verkündete, er habe bei seinem Arbeitskollegen V ein Klavier für 3.000 EUR aufgetrieben und den Vertrag perfekt gemacht. Frau E erbleichte, da sie gerade am Vormittag des gleichen Tages in einem Musikhaus ein Klavier für 2.500 EUR erstanden hatte. E teilte am nächsten Tag dem V mit, er benötige das Klavier nicht mehr, da seine Frau bereits ein anderes gekauft habe. V bestand auf Zahlung. Zu Recht?

Anspruch des V gegen E aus § 433 Abs. 2

Der Zahlungsanspruch setzt einen wirksamen Kaufvertrag voraus. Zweifelhaft ist allein, ob die Willenserklärung des E wirksam war. E wollte zwar dieses Klavier kaufen, er wusste bei Vertragsschluss aber nicht, dass seine Frau bereits ein anderes Klavier erworben hatte. Diese unrichtige Vorstellung von einem Sachverhalt bezeichnet man als „Irrtum".

Es liegt auf der Hand, dass nicht jeder Irrtum den Erklärenden dazu berechtigen kann, sich von seiner Erklärung zu lösen. Andernfalls könnte sich niemand auf eine Erklärung verlassen und die Rechtssicherheit wäre schwer beeinträchtigt. Auf der anderen Seite wäre es unbillig, den Erklärenden unter allen Umständen an seinem Wort festzuhalten. Welche Lösung des Problems des **Auseinanderfallens von Wille und Erklärung** angemessen ist, ist rechtspolitisch nicht eindeutig zu beantworten. Die einzelnen Rechtsordnungen haben unterschiedliche Lösungen konzipiert. Das BGB hat in den §§ 119 ff. bestimmte Irrtümer für relevant erklärt, und zwar in der Weise, dass der Irrende seine Erklärung anfechten (d. h. rückwirkend beseitigen, § 142 Abs. 1) kann, dem Gegner aber den Vertrauensschaden ersetzen muss. Die Rechtsentwicklung ging zunehmend dahin, den Anwendungsbereich dieser Vorschriften einzuschränken.

Der sog. **Motivirrtum** oder **Irrtum im Beweggrund,** der den Erklärenden zur Abgabe seiner Erklärung motiviert hat, ist im Verkehrsinteresse **grundsätzlich unbeachtlich.** Davon gibt es nur wenige **Ausnahmen:** § 119 Abs. 2 (Eigenschaftsirrtum; str., ob ein Fall des Motivirrtums), § 123 Abs. 2 (arglistige Täuschung), § 2078 Abs. 2 (Testamentsanfechtung) und beiderseitiger Motivirrtum.

Um einen solchen Motivirrtum handelte es sich hier: E wollte ein Klavier kaufen und war über die Bedeutung seiner Erklärung nicht im Irrtum. Lediglich sein Motiv für den Vertragsschluss, der Wunsch, ein Klavier zu besitzen, war von einem Irrtum beeinflusst. Da einer der genannten Fälle einer ausnahmsweisen Berücksichtigung des Motivirrtums nicht vorliegt, kann sich E von seiner Erklärung nicht lösen. Der Kaufvertrag ist und bleibt wirksam.

55. Der Unterschriftsirrtum

Der Konzernchef K musste wegen einer kurzfristig vereinbarten Besprechung zum Flughafen und unterzeichnete in aller Eile noch alle Dokumente, die ihm seine Sekretärin in der Unterschriftenmappe vorlegte, ohne sie überhaupt zu lesen. Darunter befand sich auch ein Vertrag mit der Firma B über den Kauf einer Computeranlage, von dem die Sekretärin irrtümlich angenommen hatte, er sei bereits unterschriftsreif. Als K nach seiner Rückkehr mit dem Vertrag konfrontiert wurde, focht er ihn wegen Irrtums an. Er hätte den Vertrag nie unterzeichnet, wenn er Kenntnis von seinem Inhalt gehabt hätte. Er habe den Vertrag nicht gelesen, weil er darauf vertraut habe, dass ihm nur vorher abgesprochene Dokumente zur Unterschrift vorgelegt würden. – Wird K damit durchdringen?

Anspruch der B gegen K aus § 433 Abs. 2

Der Anspruch setzt einen wirksamen Kaufvertrag voraus. Dem könnte entgegenstehen, dass K seine Erklärung „wegen Irrtums" angefochten hat. Denn die wirksame Anfechtung beseitigt das Rechtsgeschäft mit Rückwirkung (§ 142 Abs. 1).

In den §§ 119 ff. sind verschiedene Irrtümer aufgeführt, die den Erklärenden zur Anfechtung berechtigen. Voraussetzung ist aber stets, dass überhaupt ein **Irrtum,** also die **unrichtige Vorstellung von einem Sachverhalt,** vorliegt. Kein Irrtum ist gegeben, wenn sich der Erklärende überhaupt keine Vorstellungen darüber macht, was er erklärt. Ein solcher Fall wird freilich kaum vorkommen. In der Regel wird der Erklärende zumindest eine Vorstellung haben, ob sich seine Erklärung auf den Rechtsverkehr oder auf die rein gesellschaftliche Sphäre (dann Problem des „fehlenden Erklärungsbewusstseins") bezieht. So auch hier: K hatte die Vorstellung, dass seine Unterschriften rechtserhebliche Erklärungen betrafen. Allerdings hatte er über den Inhalt der einzelnen unterzeichneten Erklärungen keine **konkreten** Vorstellungen. Er war sich vielmehr bewusst, den Inhalt der Erklärung nicht zu kennen, und hatte auch keine ungefähre Vorstellung davon (sog. **bewusste Unkenntnis**). Auch in diesem Falle fehlt es an einem Irrtum (vgl. BGH DB 1967, 2115). Wer also eine ihm vorgelegte Urkunde ungelesen unterschreibt, ohne von ihrem Inhalt **bestimmte** unrichtige Vorstellungen zu haben, ist nicht zur Irrtumsanfechtung berechtigt (ganz h. M., vgl. nur BGH NJW 1995, 190, 191; Palandt/*Ellenberger* § 119 BGB Rn. 9). Dies ist auch sachlich gerechtfertigt, weil der Erklärende in diesem Falle bewusst ein Risiko eingeht. – K muss sich also am Vertrag festhalten lassen.

56. Der Inhaltsirrtum

Frau A war vertretungsberechtigte Leiterin der privaten Mädchenrealschule M mit etwa 60 Schülerinnen geworden. Während der Vormittagspause suchte sie ein Vertreter für Toilettenpapier auf. Er fragte sie, ob sie mit „25 Gros Rollen" einverstanden wäre, da er ihr einen Mengenrabatt einräumen könne. Sie bejahte und unterzeichnete eine vom Vertreter ausgefüllte Bestellung über „25 Gros Rollen" Toilettenpapier, die Rolle zu 1.000 Blatt. Als daraufhin 3.600 Rollen Toilettenpapier angeliefert wurden, verweigerte sie Abnahme und Zahlung mit Ausnahme von 25 Rollen, da sie nicht mehr bestellt habe. Der Lieferant L machte ihr klar, dass die Bezeichnung „Gros" seit jeher zwölf Dutzend Stück (= 144 Stück) bedeute. A erklärte darauf den „Rücktritt" vom Kaufvertrag, weil sie geglaubt habe, lediglich 25 *große* Rollen Toilettenpapier bestellt zu haben. Sie habe gemeint, dem Vertreter des L sei ein orthographischer Fehler unterlaufen, als er das Wort „Gros" benutzte. L ließ dies nicht gelten, da A als erfahrene Pädagogin wissen müsse, was „Gros" bedeute und klagte auf volle Kaufpreiszahlung. Mit Erfolg?

Anspruch des L gegen M aus § 433 Abs. 2

Der Anspruch setzt einen wirksamen Kaufvertrag über 3.600 Rollen voraus. Eine Bestellung von „25 Gros" ist nach dem objektiven Erklärungswert dieser Bezeichnung (1 Gros = 144 Stück) als Bestellung über 3.600 Stück zu verstehen (anders verhielte es sich, wenn auch der Vertreter des L von einer Bestellung über 25 **große** Rollen ausgegangen wäre; dann läge eine unbeachtliche Falschbezeichnung, sog. **falsa demonstratio,** vor). Der Vertrag ist also zunächst wirksam zustande gekommen. Er könnte allerdings durch **Anfechtung** rückwirkend (§ 142 Abs. 1) vernichtet worden sein. Dies setzt eine **rechtzeitige Anfechtungserklärung** und einen **Anfechtungsgrund** voraus. Nach Lage des Falles kommt die Irrtumsanfechtung (§ 119) in Betracht.

1. Anfechtungsgrund

Nach § 119 Abs. 1 ist zur Anfechtung berechtigt, „wer bei der Abgabe einer Willenserklärung über deren Inhalt im Irrtum war oder eine Erklärung dieses Inhalts überhaupt nicht abgeben wollte". Die erste Alternative bezeichnet man dabei üblicherweise als **„Inhaltsirrtum"** (oder: „Irrtum über den Erklärungsinhalt"), die zweite als **„Erklärungsirrtum"** (oder: „Irrtum in der Erklärungshandlung"). Ein Inhaltsirrtum liegt vor, wenn der Erklärende zwar den äußeren Erklärungstatbestand kennt, aber damit einen **anderen Sinn** (Inhalt!) verbindet, als ihm nach der Auslegung zukommt.

Der Irrtum allein genügt noch nicht zur Anfechtung der Erklärung. Vielmehr muss eine weitere Voraussetzung beim Erklärenden gegeben sein: Es muss anzunehmen sein, „dass er sie bei Kenntnis der Sachlage und bei verständiger Würdigung des Falles nicht abgegeben haben würde" (dazu BGH NJW 1988, 2597, 2599). Der Irrtum muss also **subjektiv** und **objektiv erheblich** sein (*Wolf/Neuner* § 41 Rn. 33).

Die **Beweislast** für das Vorliegen dieser Voraussetzungen liegt beim Erklärenden (vgl. Palandt/*Ellenberger* § 119 BGB Rn. 32). Der Erklärende kann sich also nicht schon durch die **bloße Behauptung,** er habe sich geirrt, den Rechtsfolgen seiner Erklärung entziehen. Andererseits schadet es ihm nicht, dass sein Irrtum auf **Fahrlässigkeit** beruht.

Daraus ergibt sich: Da die Mengenbezeichnung „Gros" heute unüblich und veraltet ist, erscheint die Behauptung der A, sie habe sich über den Sinn dieses Ausdrucks geirrt, überzeugend (vgl. LG Hanau NJW 1979, 721). Bei Kenntnis der Sachlage und verständiger Würdigung des Falles hätte sie eine so große Bestellung auch nicht abgegeben, da eine Vorratshaltung von Toilettenpapier auf mehrere Jahre mit den damit verbundenen Folgen (Haushaltsabrechnung, Lagerungsprobleme) wirtschaftlich unvernünftig wäre. – Dass A als Pädagogin die Bezeichnung „Gros" hätte kennen müssen, ist ebenfalls unbeachtlich. – M (bzw. A als Vertreterin) ist also gemäß §§ 119 Abs. 1, 166 Abs. 1 zur Anfechtung berechtigt.

2. Rechtzeitige Anfechtung

Die Anfechtung erfolgt durch **Erklärung** gegenüber dem Anfechtungsgegner (§ 143 Abs. 1), bei einem Vertrag also gegenüber dem Vertragspartner (§ 143 Abs. 2). Eine Form ist dafür nicht vorgesehen, es genügt jede Äußerung, die erkennen lässt, dass das Geschäft wegen eines Willensmangels beseitigt werden soll (BGHZ 91, 324, 331 f.). Eine falsche rechtstechnische Bezeichnung, wie hier „Rücktritt" statt „Anfechtung", schadet dabei nicht. – Die **Irrtumsanfechtung** muss nach § 121 Abs. 1 **„ohne schuldhaftes Zögern (unverzüglich)"** nach Kenntniserlangung vom Anfechtungsgrund, also nach Aufdeckung des Irrtums erfolgen. Hier hatte A mit der Anfechtung nicht gezögert, die Anfechtung ist daher wirksam. Die Klage des L ist abzuweisen.

57. Schadensersatz bei Irrtumsanfechtung

Wie zuvor (vgl. → Fall 56). L akzeptierte die Anfechtung, machte aber folgende Schadensrechnung auf: Er hätte bei dem Geschäft einen Nettogewinn von 360 EUR erzielt; die Kosten für An- und Abtransport der Rollen hätten sich auf 60 EUR belaufen. Diese Beträge müsse ihm die Schule M ersetzen. Ist L im Recht?

1. Vertragliche Schadensersatzansprüche (aus § 281) entfallen, da infolge der Anfechtung der Vertrag rückwirkend beseitigt wird.

2. Anspruch aus § 122 Abs. 1

a) Nach § 122 Abs. 1 hat der Erklärende im Falle der Anfechtung dem Erklärungsgegner „den Schaden zu ersetzen, den der andere [...] dadurch erleidet, dass er auf die Gültigkeit der Erklärung vertraut, jedoch nicht über den Betrag des Interesses hinaus, welches der andere [...] an der Gültigkeit der Erklärung hat". Die Pflicht zum Ersatze des sog. **Vertrauensschadens** oder **negativen Interesses** ist der Preis dafür, dass sich der Irrende durch Anfechtung von seiner Erklärung lösen darf. Der Anfechtende hat den Gegner so zu stellen, wie er bei Nichtabschluss des Vertrages stünde.

Der Gegner kann also **nicht** verlangen, so gestellt zu werden, wie er bei gültigem Vertrag stünde (sog. **positives** oder **Erfüllungsinteresse**). Das positive Interesse begrenzt lediglich den Ersatzanspruch aus § 122 Abs. 1 der Höhe nach. Zu Recht, weil der Gegner durch die Anfechtung nicht besser gestellt werden soll als er bei gültigem Vertrag stünde (vgl. *Wolf/Neuner* § 41 Rn. 156).

Daraus ergibt sich: L hat grundsätzlich nur Anspruch auf Ersatz der Transportkosten, da ihm diese Kosten ohne den Vertragsschluss nicht entstanden wären. Dagegen kann er nicht Ersatz des entgangenen Gewinns verlangen, da es sich insoweit um das Erfüllungsinteresse handelt.

b) Nach § 122 Abs. 2 ist die Ersatzpflicht ausgeschlossen, „wenn der Beschädigte den Grund der Anfechtbarkeit kannte oder infolge von Fahrlässigkeit nicht kannte (kennen musste)". Nicht geregelt ist der Fall, dass der Geschädigte den Irrtum des Erklärenden **schuldlos veranlasst** oder doch **mitveranlasst** hat. Da die Schadensersatzpflicht des Anfechtenden ohne Rücksicht darauf eintritt, ob der Irrtum selbstverschuldet war, erscheint es angemessen, eine (Mit-)Veranlassung des Irrtums durch den Gegner nicht unberücksichtigt zu lassen. Die h. M. (vgl. BGH NJW 1969, 1380 m. w. N.; *Wolf/Neuner* § 41 Rn. 153) erreicht diese Korrektur über eine entsprechende Anwendung des § 254 Abs. 1. Die Abwägung der beiderseitigen Verursachungsbeiträge kann zu einer Minderung, aber auch zu einem Ausschluss der Haftung führen.

Da dem Vertreter des L wohl nicht nachzuweisen ist, dass er den Irrtum der A kannte oder kennen musste (die **Beweislast** hierfür trifft die A als Anfechtende), greift § 122 Abs. 2 (i. V. m. § 166 Abs. 1) nicht ein. Wohl aber hat der Vertreter den Irrtum der A mitveranlasst, da er den ungebräuchlichen Begriff „Gros" in die Vertragsverhandlungen einführte. Es erscheint daher eine Schadensteilung nach § 254 Abs. 1 geboten.

58. Inhaltsirrtum und Rechtsfolgenirrtum

A hatte von B mit notariellem Kaufvertrag ein Hausgrundstück erworben, in dem die Familie M zur Miete wohnte. Nachdem er als Eigentümer in das Grundbuch eingetragen worden war, forderte er M auf, das Haus zu räumen; es gehöre jetzt ihm und er wolle selbst einziehen. Er musste sich durch den Anwalt des Mieters aufklären lassen, dass gemäß § 566 das Mietverhältnis auch gegenüber dem Grundstückserwerber fortbestehe. A hätte das Haus nicht gekauft, wenn er dies gewusst hätte. Er focht daher den Kaufvertrag mit B wegen Irrtums an. Ist die Anfechtung wirksam?

A konnte nur dann den Kaufvertrag anfechten, wenn sein Irrtum über die **Rechtsfolge** des § 566 einen Irrtum über den **Inhalt** der Erklärung darstellte. Nicht alle Rechtsfolgen, die eine Willenserklärung auslöst, sind aber Inhalt der Erklärung. Vielmehr ist zwischen Fehlvorstellungen über Rechtsfolgen, die sich aus dem Inhalt der Erklärung ergeben, und solchen, die kraft Gesetzes eintreten (sog. Rechtsfolgenirrtum) zu unterscheiden (BGH NJW 2008, 2442 Rn. 15). Ein bloßer Rechtsfolgenirrtum berechtigt grundsätzlich nicht zur Anfechtung. Allerdings macht die Rspr. eine Ausnahme dann, wenn der Erklärende über die Rechtsfolgen seiner Erklärung irrt, weil das Rechtsgeschäft nicht nur die von ihm erstrebten Rechtswirkungen hervorbringt, sondern auch solche, die sich davon wesentlich unterscheiden (BGHZ 168, 210 Rn. 19; BGH NJW 2008, 2442 Rn. 19). Dagegen stellt ein Irrtum über zusätzliche und mittelbare Rechtsfolgen, die zu den gewollten und eingetretenen hinzutreten, keinen Inhaltsirrtum, sondern einen unbeachtlichen Motivirrtum dar (BGH NJW 2008, 2442 Rn. 19). Diese Einschränkungen sind erforderlich, weil andernfalls der Anfechtung Tür und Tor geöffnet und die Rechtssicherheit unerträglich beeinträchtigt würde.

Ein relevanter Rechtsfolgenirrtum liegt danach zwar stets vor, wenn sich jemand über den Inhalt eines in der Erklärung verwendeten Rechtsbegriffs mit den entsprechenden Rechtsfolgen irrt (z. B. über die Begriffe „gesetzliche Erben" – RGZ 70, 391; „Zubehör" – *Wolf/Neuner* § 41 Rn. 88).

Der Irrtum über die Rechtsfolge des § 566 beim Grundstückskauf ist dagegen unbeachtlich, weil diese Rechtsfolge kraft Gesetzes, und damit unabhängig vom Parteiwillen, eintritt und diese Rechtsfolge zusätzlich und mittelbar zu den gewollten Rechtswirkungen eintritt. Die Anfechtung des A ist daher unwirksam.

Beachte: Es kommt jedoch die Rechtsmängelhaftung nach §§ 433 Abs. 1 Satz 2, 435, 437 in Betracht. Im Verhältnis zu M wäre noch an eine Kündigung wegen Eigenbedarfs zu denken (§ 573 Abs. 2 Nr. 2).

---

59. Irrtum in der Erklärungshandlung

Der Versandhändler V bietet auf seiner Internet-Seite u. a. eine Markenuhr zum Preis von 485 EUR an. K ist über den niedrigen Preis sehr erfreut und bestellt die Uhr per E-Mail. Die Bestellung wird mit einer automatisch verfassten E-Mail des V bestätigt und anschließend ausgeführt. Erst jetzt wird bei V bemerkt, dass bei Erstellung des Angebots auf der Internet-Seite der Preis der Uhr versehentlich statt mit 4.850 EUR nur mit 485 EUR angegeben worden war. V will daher die Bestellung nicht mehr gelten lassen und verlangt Rückgabe der Uhr gegen Rückzahlung des Kaufpreises. Zu Recht?

Abwandlung: Ist anders zu entscheiden, wenn der Preis in ein EDV-gesteuertes Warenwirtschaftssystem richtig mit 4.850 EUR eingetippt, infolge eines Softwarefehlers beim Datentransfer aber auf der Internet-Seite der Preis mit 485 EUR angegeben war?

Zum Grundfall:

Anspruch des V gegen K aus § 812 Abs. 1 Satz 1 Alt. 1

V könnte nach § 812 Abs. 1 Satz 1 Alt. 1 dann Rückgabe und Rücküberübereignung der Uhr verlangen, wenn er den Kaufvertrag wirksam angefochten hätte. Hier kommt eine Irrtumsanfechtung nach § 119 Abs. 1 in Betracht. Die Anfechtung ist zumindest konkludent durch das Rückgabeverlangen erklärt worden. Fraglich ist nur, ob ein Anfechtungsgrund vorliegt. Hier kommt ein Irrtum in der Erklärungshandlung i. S. d. § 119 Abs. 1 Alt. 2 in Betracht. Darin ist der Fall geregelt, dass der Erklärende **„eine Erklärung dieses Inhalts überhaupt nicht abgeben wollte"**, dass er mit anderen Worten etwas anderes **äußerte**, als er äußern wollte (Verschreiben, Versprechen, Vergreifen). Die Abgrenzung dieses **Erklärungs-irrtums ("Irrung")** vom **Inhaltsirrtum** ist im Einzelfall schwierig, aber ohne praktische Bedeutung, da die Rechtsfolge beide Male die Gleiche ist.

Beruhte das Versehen darauf, dass sich V (oder sein Mitarbeiter) beim Eintippen des Preises verlesen hat (z. B. beim Abschreiben des Preises von einer Preisliste), so wusste er zwar, was er äußerlich erklärte, irrte aber über die Bedeutung des Erklärten (Inhaltsirrtum). Vertippte sich V (oder sein Mitarbeiter) dagegen, so liegt ein Irrtum in der Erklärungshandlung vor. Der genaue Sachverhalt wird sich in der Regel nicht aufklären lassen. Für den **Beweis** des Irrtums genügt es aber, wenn V überzeugend dartun kann, dass er **dieses** Angebot nicht veröffentlichen wollte, gleichgültig ob jetzt die eine oder andere Form des Erklärungsirrtums vorlag. Dies dürfte hier möglich sein. V ist der Irrtum zwar bereits bei Erstellung der Internet-Seite also bei einer bloßen **invitatio ad offerendum** unterlaufen. Jedoch wirkte dieser Irrtum bei Abgabe der Annahmeerklärung fort (BGH NJW 2005, 976, 977). V kann daher den Kaufvertrag wirksam anfechten. Da auch die Anfechtungsfrist (§ 121 „unverzüglich") gewahrt sein dürfte, ist V im Recht.

Zur Abwandlung:

Der Fall ist ebenso zu entscheiden. Denn es macht keinen Unterschied, ob sich der Erklärende selbst verschreibt oder vertippt oder ob die Verfälschung des ursprünglich richtig Erklärten durch eine fehlerhafte Software bewirkt wird (BGH NJW 2005, 976, 977). Ein Blick auf die vergleichbare Regelung des § 120 (Übermittlungsirrtum) bestätigt dies.

60. Der Kalkulationsirrtum

Der Handwerker H braucht eine neue Spezialbohrmaschine Typ S des Herstellers E. Er fragt telefonisch beim Händler G an, ob man das Gerät vorrätig habe und was es koste. G antwortet, er könne dieses Gerät sofort gegen Rechnung ausliefern. Grundsätzlich würden Geräte zu dem vom Hersteller empfohlenen Listenpreis verkauft, der derzeit 1.000 EUR betrage. Als Handwerker erhalte H jedoch 25 % Rabatt. Darauf einigt man sich über den Kauf zu 750 EUR. Das Gerät wird noch am gleichen Tag ausgeliefert und bezahlt. Tags darauf fällt dem G ein, dass seit Kurzem eine neue Preisliste vorliegt, in der ein Preis von 1.200 EUR angegeben ist. Er teilt dies dem H mit und erklärt, H müsse 150 EUR nachzahlen. H ist damit nicht einverstanden. Kann G Zahlung von 150 EUR verlangen? Kann er wenigstens den Vertrag anfechten?
Abwandlung: G erklärt beim Verkaufsgespräch, er habe momentan die Preisliste nicht greifbar und könne daher dem H keinen genauen Preis angeben. H erwidert, der Listenpreis sei ihm gleichgültig, da er bei allen Händlern gleich sei, ihn interessiere nur der Rabatt und, wenn er 25 % bekomme, nehme er das Gerät. G ist damit einverstanden und liefert das Gerät gegen Zahlung von 750 EUR aus. Erst danach stellt er fest, dass er versehentlich die alte Preisliste zugrunde gelegt hat. Kann G in diesem Fall Nachzahlung von 150 EUR verlangen?

Zum Grundfall:

1. Anspruch des G gegen H auf Zahlung von 150 EUR

a) Aus § 433 Abs. 2

Der Anspruch würde voraussetzen, dass ein Vertrag zu einem Preis von 900 EUR zustande gekommen ist. Hier haben sich die Parteien aber ausdrücklich über einen Preis von 750 EUR geeinigt.

b) Aus § 433 Abs. 2 i. V. m. § 313

G könnte eine Nachzahlung allenfalls dann verlangen, wenn der Vertrag nach den Grundsätzen über die **Störung der Geschäftsgrundlage** (§ 313 Abs. 1) in der Weise anzupassen wäre, dass der vereinbarte Kaufpreis auf 900 EUR angehoben würde. Die bloße Tatsache, dass G dem H seine Berechnungsgrundlage (Listenpreis abzüglich 25 %) offenlegt, macht diese jedoch nicht zur Geschäftsgrundlage des Vertrages (dazu näher → Fall 63). Vielmehr handelt es sich um ein einseitiges **Motiv** des Verkäufers. Daran ändert auch nichts, dass der Verkäufer dem Käufer die Berechnungsgrundlage mitteilt (NJW-RR 1993, 773, 774; *Medicus/Petersen* AT Rn. 758). Eine Vertragsanpassung scheidet daher aus.

2. Anfechtungsrecht des G?

G könnte den Vertrag nach § 119 Abs. 1 anfechten, wenn ein Anfechtungsgrund vorläge. Es liegt jedoch weder ein Erklärungs- noch ein Inhaltsirrtum vor, da G wusste, was er erklärte (Kaufpreis 750 EUR) und das Erklärte auch wollte. Der Irrtum des G über die Berechnungsgrundlage (**Kalkulationsirrtum**) ist ein einseitiger Motivirrtum, der nicht zur Anfechtung berechtigt (vgl. BGH NJW 1998, 3192, 3193; lesenswert auch LG Bremen NJW 1992, 915; *Medicus/Petersen* AT Rn. 762). Daran ändert grundsätzlich auch die Offenlegung der Kalkulation gegenüber dem Geschäftspartner nichts, weil dieser sich dafür nicht zu interessieren braucht (ganz h. M.; anders noch das RG, z. B. RGZ 162, 198, 201, das die Anfechtung nach § 119 Abs. 1 wegen erweiterten Inhaltsirrtums zuließ). Eine Anfechtung scheidet daher aus.

Beachte: Dies gilt nach der Rspr. auch dann, wenn der Kalkulationsirrtum für den Gegner erkennbar oder ihm sogar bekannt war; doch hilft sie in letzterem Fall über § 242 (vgl. BGH NJW 1998, 3192; krit. *Singer* JZ 1999, 342).

Zur Abwandlung:

Anspruch des G gegen H auf Zahlung von 150 EUR aus § 433 Abs. 2

Hier haben sich G und H nicht über einen Festpreis geeinigt, sondern (Auslegung!) über die Preisberechnung. Der Erklärung des H ist zu entnehmen, dass er den in diesem Zeitpunkt gültigen Listenpreis als Berechnungsgrundlage akzeptiere, ohne ihn zu kennen, sofern er nur den gewünschten Rabatt erhalte. Der Kaufpreis war daher zwar nicht bestimmt, aber doch bestimmbar. Das aber genügt für die Wirksamkeit des Vertragsschlusses. Das Verlangen und Erhalten der 750 EUR ist nicht als Vertragsänderung aufzufassen, da den Parteien ein dahingehender Wille fehlte, sondern als bloßer Akt der Vertragsdurchführung. G kann daher die Nachzahlung verlangen.

61. Der Irrtum über verkehrswesentliche Eigenschaften der Sache

Frau F verkaufte aus dem Nachlass ihres Onkels ein Altarblatt, Nazarenerschule, den hl. Franziskus darstellend, für 1.800 EUR an den Antiquitätenhändler A. Kann sie den Kaufvertrag wegen Irrtums anfechten, wenn sich herausstellt, dass
1. die Darstellung eine Übermalung war und sich darunter ein weitaus wertvolleres Bildnis des hl. Sebastian aus der Barockzeit verbirgt?
2. das Gemälde aus einem Kirchenraub stammte und daher gutgläubiger Eigentumserwerb ausgeschlossen war?

Nach § 119 Abs. 2 gilt als ein Irrtum über den Inhalt der Erklärung auch „**der Irrtum über solche Eigenschaften der Person oder der Sache, die im Verkehr als wesentlich angesehen werden**". Über die **dogmatische** Einordnung dieser Regelung besteht Streit. Die h. L. (vgl. Palandt/*Ellenberger* § 119 BGB Rn. 23; *Wolf/Neuner* § 41 Rn. 51; *Bork* Rn. 853) sieht darin eine Regelung des ausnahmsweise beachtlichen **Motivirrtums**, nämlich begrenzt dadurch, dass der Irrtum sich auf eine **verkehrswesentliche Eigenschaft** beziehen muss. Voraussetzung für die Anfechtung nach § 119 Abs. 2 ist der Irrtum über eine „**Eigenschaft**" der Sache. Hierfür kommen nach der Rspr. (vgl. BGHZ 70, 48) alle tatsächlichen und rechtlichen Verhältnisse in Betracht, die infolge ihrer Beschaffenheit und Dauer auf die Brauchbarkeit und den Wert der Sache von Einfluss sind. Allerdings müssen sie in der Sache selbst ihren Grund haben, also von ihr ausgehen und sie kennzeichnen.

Diese Eigenschaften müssen „**verkehrswesentlich**" sein. Dazu müssen sie nach der Rspr. (BGHZ 88, 240, 246) nicht notwendig zum Inhalt der Erklärung geworden sein. Vielmehr genügt es, dass die Eigenschaft in irgendeiner Weise erkennbar dem Vertrag zugrunde gelegt wurde. – Sachgerechter erscheint es, danach zu fragen, ob die Eigenschaft nach der **Verkehrsanschauung** für den **konkreten** Geschäftsabschluss von wesentlicher Bedeutung ist (vgl. Palandt/*Ellenberger* § 119 BGB Rn. 25; *Bork* Rn. 846; *Köhler* § 7 Rn. 21). – Daraus ergibt sich:

Zu 1:

Das Alter bzw. Herrühren eines Kunstwerkes aus einer bestimmten Epoche ist beim Antiquitätenkauf eine verkehrswesentliche Eigenschaft (RGZ 124, 115 – Ming-Vasen). Da F glaubte, das verkaufte Bild besäße nur die Eigenschaft, aus der Nazarenerschule zu stammen, während es in Wahrheit die (zusätzliche) Eigenschaft besaß, ein Bildnis aus der Barockzeit zu enthalten, liegt ein Irrtum über eine verkehrswesentliche Eigenschaft vor. F ist zur Anfechtung nach § 119 Abs. 2 berechtigt.

Zu 2:

Das **Eigentum** an einer Sache stellt nach der Rspr. (BGHZ 34, 41) keine Eigenschaft dar. Denn es sei nicht ersichtlich, inwiefern das Eigentum auf die Brauchbarkeit und den Wert der Sache Einfluss haben könne. Ob diese Erwägungen zutreffen, ist zwar zweifelhaft: Für denjenigen, der die Sache besitzt, wird die Brauchbarkeit der Sache aufgehoben, wenn er sie dem Eigentümer herausgeben muss. Indessen dürfte die Anfechtung des **Verkäufers** nach § 119 Abs. 2 deshalb ausgeschlossen sein, weil er sich dadurch der Rechtsmängelhaftung nach §§ 433 Abs. 1 Satz 2, 435, 437 entzöge. F kann daher nicht anfechten.

> **62. Der Irrtum über verkehrswesentliche Eigenschaften der Person**
>
> B war von seinem Geschäftsfreund S gebeten worden, die Bürgschaft für einen Kredit der Bank G zu übernehmen. Er tat dies in der Annahme, es handle sich um eine bloße Formalität, weil er den S in gesicherten Vermögensverhältnissen wähnte. Da S den Kredit nicht zurückzahlen konnte, nahm G den B aus der Bürgschaft in Anspruch.
> B möchte wissen, ob er den Bürgschaftsvertrag anfechten kann, weil er sich über die Vermögensverhältnisse des S geirrt habe.

Zu den verkehrswesentlichen Eigenschaften einer Person können auch ihre Vermögenslage und damit ihre Zahlungsfähigkeit gehören. So kann etwa beim **Kreditkauf** der Verkäufer den Kaufvertrag nach § 119 Abs. 2 anfechten, wenn er sich über die Zahlungsfähigkeit des Käufers irrte. Die betreffende Person muss nicht Erklärungsgegner sein; ihre Eigenschaften müssen lediglich für Inhalt und Zweck des Rechtsgeschäfts von Bedeutung sein (RGZ 158, 166, 170). So kann der Kreditgeber beispielsweise eine Kreditzusage anfechten, wenn er sich über die Zahlungsfähigkeit des Bürgen geirrt hat (vgl. Palandt/*Ellenberger* § 119 BGB Rn. 26). Daher käme grundsätzlich eine Anfechtung des Bürgschaftsvertrages durch den Bürgen wegen Irrtums über die Vermögenslage des Hauptschuldners in Betracht. Jedoch ist die Irrtumsanfechtung ausgeschlossen, soweit das typische oder bewusste Risiko eines Geschäfts reicht (vgl. *Köhler* § 7 Rn. 32). Denn dann ist die betreffende Eigenschaft für diesen Vertrag nicht „verkehrswesentlich". Bei der Bürgschaft stellt die Zahlungsunfähigkeit des Hauptschuldners aber gerade das typische Geschäftsrisiko dar (vgl. Jauernig/*Stadler* § 765 BGB Rn. 9). B kann daher nicht nach § 119 Abs. 2 anfechten.

> **63. Der beiderseitige Motivirrtum**
>
> A veräußerte eine gebrauchte Werkzeugmaschine an den B. Bei den Preisverhandlungen waren beide übereinstimmend von einem Anschaffungspreis der Maschine von 120.000 EUR ausgegangen und hatten sich entsprechend der zwischenzeitlichen Abnutzung auf 40.000 EUR geeinigt. Später stellte sich heraus, dass der Anschaffungspreis dieser Maschine in Wahrheit nur 80.000 EUR betragen hatte. B möchte daher vom Kaufvertrag wieder loskommen. Ist ihm dies möglich?

1. Anfechtung nach § 119 Abs. 2

Da B sich nicht über den Inhalt seiner Willenserklärung irrte, kommt lediglich eine Anfechtung nach § 119 Abs. 2 in Betracht. Zu den Eigenschaften einer Sache rechnet die h. M. (Palandt/*Ellenberger* § 119 BGB Rn. 27) nicht den **Anschaffungspreis** einer Ware. Das lässt sich zwar nicht ohne Weiteres aus dem **Begriff** der

"Eigenschaft" begründen: Für die Veräußerung einer gebrauchten Sache stellt der Anschaffungspreis einen entscheidenden **wertbildenden Faktor** dar; der Irrtum über wertbildende Faktoren soll aber gerade nach § 119 Abs. 2 relevant sein. Wohl aber rechtfertigt sich der Ausschluss der Irrtumsanfechtung aus dem Prinzip der freien Preisbildung in der Marktwirtschaft: Der Preis einer Ware ist danach keine feste Größe, sondern unterliegt der freien Vereinbarung entsprechend dem jeweiligen Verhältnis von Angebot und Nachfrage. Die subjektive Wertschätzung einer Ware, wie sie sich im Eingehen auf einen bestimmten Preis äußert, hat spekulativen Charakter. Es würde die Rechtssicherheit unerträglich beeinträchtigen, wollte man die Anfechtung wegen Irrtums über den Preis einer Ware, gleichgültig ob es der gegenwärtige Marktpreis oder der frühere Anschaffungspreis ist, zulassen (vgl. *Wolf/ Neuner* § 41 Rn. 56). – Die Anfechtung nach § 119 Abs. 2 ist daher ausgeschlossen.

2. Störung der Geschäftsgrundlage (§ 313)

a) Der **Motivirrtum**, wie er hier vorliegt, ist jedoch nicht völlig unbeachtlich. Eine Berücksichtigung nach den Grundsätzen über die Störung der Geschäftsgrundlage kommt nach § 313 Abs. 2 in Betracht, wenn „wesentliche Vorstellungen, die zur Grundlage des Vertrages gemacht worden sind, sich als falsch herausstellen" (**Fehlen der Geschäftsgrundlage**). Hätten die Parteien den Vertrag nicht oder mit anderem Inhalt geschlossen, wenn sie dies gewusst hätten, so kann nach § 313 Abs. 1 Anpassung des Vertrages verlangt werden, soweit einem Teil unter Berücksichtigung aller Umstände des Einzelfalls, insbesondere der vertraglichen oder gesetzlichen Risikoverteilung, das Festhalten am unveränderten Vertrag nicht zugemutet werden kann.

b) A und B befanden sich in einem **gemeinschaftlichen Irrtum** über den Anschaffungspreis der Maschine. Auf dieser gemeinsamen wesentlichen Vorstellung baute ihr Geschäftswille auf und wurde dadurch zur Grundlage des Vertrages. Da diese Vorstellung falsch war, liegt eine Störung der Geschäftsgrundlage vor. Diese Störung (Abweichung des Kaufpreises vom Verkehrswert um 33 %) ist auch so schwerwiegend, dass dem B ein unverändertes Festhalten am Vertrag nicht mehr zumutbar ist. Daher kann B **Vertragsanpassung** nach § 313 Abs. 1 verlangen (dazu BGH NJW 2012, 373 Rn. 23 ff.).

---

64. Einschränkung der Irrtumsanfechtung

Der Fahrschulinhaber F hatte den Fahrlehrer B angestellt. Bei einer augenärztlichen Untersuchung wurde kurz darauf festgestellt, dass B auf einem Auge nahezu blind war. F focht daraufhin den Arbeitsvertrag unter Hinweis auf die unzureichende Sehfähigkeit des B an und verweigerte auch die Zahlung des rückständigen Arbeitslohns.

Der Arbeitsvertrag kann grundsätzlich, wie jeder andere Vertrag auch, angefochten werden (h. M., vgl. nur BAG NJW 1992, 2173). Als Anfechtungsgrund kommt hier lediglich ein **Eigenschaftsirrtum** nach § 119 Abs. 2 in Betracht. Zu den verkehrswesentlichen Eigenschaften einer Person rechnet beim Arbeitnehmer auch der

Gesundheitszustand, soweit er für die fragliche Arbeitsleistung entscheidend ist. Gesundheitliche Einschränkungen des Arbeitnehmers berechtigen den Arbeitgeber daher nur dann zur Anfechtung, wenn sie die Arbeitstauglichkeit erheblich und nicht nur vorübergehend (wie z. B. Schwangerschaft; BAG NJW 1992, 2173) beeinträchtigen. Bei einer Fahrlehrertätigkeit ist eine derartige Einschränkung der Sehfähigkeit wegen der Gefährdung der Fahrschüler und anderer Verkehrsteilnehmer ein solcher Tauglichkeitsmangel. F hatte daher einen Anfechtungsgrund.

Die Anfechtung beseitigt nach § 142 Abs. 1 das Rechtsgeschäft **rückwirkend (ex tunc).** Diese Rechtsfolge ist aber bei **in Vollzug gesetzten (Gesellschafts- und) Arbeitsverträgen** unangemessen, da die Rückabwicklung der erbrachten Leistungen nach §§ 812 ff. zu unbilligen Ergebnissen führen würde. Daher lässt die ganz h. M. (vgl. nur Palandt/*Ellenberger* § 119 BGB Rn. 5) in solchen Fällen die Anfechtung nur mit **Wirkung für die Zukunft (ex nunc)** zu. Sie muss unverzüglich (§ 121) erfolgen, wobei die Zweiwochenfrist des § 626 Abs. 2 die äußerste Grenze bildet. Die Anfechtung des F bewirkt daher zwar (wie eine Kündigung), dass der Arbeitsvertrag beendet wird; der rückständige Lohn muss aber noch gezahlt werden.

65. Unrichtige Übermittlung durch Erklärungsboten

Im Gartencenter G hatte sich der Verkauf von Rasenmähern des Typs X 4 unerwartet gut angelassen. Um rasch weitere Geräte auf Lager zu bekommen, wies der Inhaber seine Mitarbeiterin an, per E-Mail 20 Rasenmäher, sofortige Lieferung, beim Hersteller H zu ordern. Diese tippte versehentlich statt 20 die Zahl 200 in die E-Mail ein. Als daraufhin 200 Rasenmäher angeliefert wurden, verweigerte G die Abnahme, weil er nur 20 Stück habe bestellen wollen. Seine Mitarbeiterin könne dies bezeugen. Rechtslage?

Anspruch des H gegen G aus § 433 Abs. 2

Da G durch seine Mitarbeiterin als Botin ein Angebot zum Kauf von 200 Rasenmähern abgegeben und H dieses Angebot nach § 151 Satz 1 durch Absendung der Ware angenommen hatte, war ein wirksamer Kaufvertrag über 200 Stück zustande gekommen. An sich besteht daher ein Anspruch des H.

Der Kaufvertrag ist jedoch nichtig, wenn G ihn wirksam angefochten hat (§ 142 Abs. 1). Die **Anfechtungserklärung** ist (zumindest konkludent) in der Verweigerung der Abnahme zu erblicken. Als **Anfechtungsgrund** käme ein Irrtum in der Erklärungshandlung (§ 119 Abs. 1 Alt. 2) in Betracht, da sich die Mitarbeiterin vertippt hatte. § 119 Abs. 1 setzt jedoch einen Irrtum bei **Abgabe** der Erklärung voraus. Abgegeben (d. h. in Richtung Empfänger entäußert) war aber die Erklärung des G bereits gegenüber der Mitarbeiterin. Diese sollte lediglich die Erklärung **übermitteln.** Die Erklärung war demnach irrtumsfrei abgegeben, aber unrichtig übermittelt worden, d. h. mit einem anderen Inhalt zugegangen. Die Interessenlage ist freilich die gleiche wie beim Irrtum über die Erklärungshandlung. Daher räumt § 120 ein Anfechtungsrecht auch für den Fall ein, dass eine Willenserklärung „durch die zur Übermittlung verwendete Person oder Anstalt unrichtig übermittelt worden ist". G konnte somit nach § 120 wirksam anfechten. – Die Anfechtung ist jedoch nach § 242 ausgeschlossen, wenn H bereit ist, den Kauf zu 20 Stück, wie an sich von G gewollt, gelten zu lassen (vgl. Palandt/*Ellenberger* § 119 BGB Rn. 2; *Köhler* § 7 Rn. 31).

66. Unrichtige Übermittlung durch Empfangsboten

Bei A, dem Inhaber eines Ausflugslokals, meldet sich eine Reisegesellschaft mit drei Bussen zum Kaffee an. Da A selbst nicht genügend Torten backen kann, ruft er die Kuchenfabrik des K an. Auf dem sich meldenden automatischen Anrufbeantworter lässt er seine Bestellung über 20 Torten speichern. Am nächsten Morgen hört die Sekretärin des K den Anrufbeantworter ab, notiert die Bestellung des A, verschreibt sich aber und notiert 30 Torten. Als diese geliefert werden, weigert sich A, mehr als 20 Torten abzunehmen und erklärt die Anfechtung. K besteht auf Abnahme und Kaufpreiszahlung. Zu Recht?

Anspruch des K gegen A aus § 433 Abs. 2

Der Anspruch setzt das wirksame Zustandekommen eines Kaufvertrages über 30 Torten voraus. An sich könnte man denken, dass zwar ein solcher Vertrag zustande gekommen ist, A aber wegen Übermittlungsirrtums nach § 120 anfechten kann. Dann bliebe A allerdings zum Ersatze des Vertrauensschadens (§ 122) verpflichtet. § 120 regelt aber nur den Fall der unrichtigen Übermittlung durch die „zur Übermittlung verwendete Person oder Anstalt" (sog. **Erklärungsbote**). Davon ist zu unterscheiden der Fall, dass der Erklärungsempfänger eine Person beauftragt hat, ihm zugehende Erklärungen zu überbringen (sog. **Empfangsbote**; vgl. → Fall 47). Übermittelt der Empfangsbote eine Willenserklärung unrichtig an den Erklärungsempfänger, so bleibt der ursprüngliche Inhalt maßgebend, da bereits Zugang (§ 130 Abs. 1 Satz 1) eingetreten ist.

Hier war die Sekretärin nicht als Erklärungsbote des A, sondern als Empfangsbote des K tätig geworden. Zugegangen war die Erklärung über den Kauf von 20 Torten. Da K aufgrund seines Irrtums eine Annahmeerklärung über 30 Torten abgab, stimmen Angebot und Annahme nicht überein. Nach § 150 Abs. 2 gilt die Annahmeerklärung als neues Angebot. Dessen Annahme hat A verweigert. Es ist daher kein wirksamer Kaufvertrag über 30 Torten zustande gekommen.

67. Bewusste Falschübermittlung

Da sein Hausbau rasch voranging, wollte sich B großzügig zeigen. Er sagte zum Maurerpolier M, er solle sich beim Wirt W auf seine Rechnung einen Kasten Bier geben lassen. M dachte bei sich, auf einen Kasten mehr oder weniger komme es nicht an, und ließ sich zwei Kasten Bier geben. Als W mit B abrechnet, weigert sich dieser, den zweiten Kasten zu bezahlen. Zu Recht?

Anspruch des W gegen B aus § 433 Abs. 2

Der Anspruch setzt einen wirksamen Kaufvertrag über zwei Kasten Bier voraus. Da der Erklärungsbote M das Angebot des B bewusst inhaltlich verfälscht hatte, fragt es sich, ob überhaupt ein wirksames Angebot des B über den Kauf von zwei Kasten Bier vorliegt. Eine Mindermeinung (*Wolf/Neuner* § 41 Rn. 40) bejaht dies: Die Erklärung sei dem Erklärenden auch bei absichtlicher Falschübermittlung durch einen Erklärungsboten als eigene zuzurechnen, weil sich dies noch im Rahmen des vom Absender übernommenen Risikos bewege. Dies ist jedoch nicht gerechtfertigt, da der Bote in diesem Fall nicht mehr Erklärungswerkzeug sein will und daher auch nicht mehr ist. Nicht der Erklärende, sondern er selbst soll das Risiko, vom Geschäftsgegner in Anspruch genommen zu werden, tragen. Bei bewusster Falschübermittlung fehlt es daher schon am Zugang der abgegebenen Erklärung. Einer Anfechtung nach § 120 bedarf es gar nicht (so auch die h. M., vgl. nur Palandt/*Ellenberger* § 120 BGB Rn. 4). Der Fall ist nicht anders zu behandeln, als wenn B den M überhaupt keinen Auftrag erteilt oder ihn wirksam widerrufen hätte (dazu BGH NJW 2008, 2702 Rn. 35, 36). B braucht daher den zweiten Kasten nicht zu bezahlen. W muss sich insoweit an M halten (§ 179 analog; Palandt/*Ellenberger* § 120 BGB Rn. 4).

---

68. Die arglistige Täuschung

K hatte beim Gebrauchtwagenhändler V einen gebrauchten Mercedes E 200 gekauft, nachdem er sich über die Unfallfreiheit erkundigt hatte. Kann K den Vertrag anfechten, wenn ihm auf seine Frage
1. der Händler V,
2. der Verkäufer A ohne Kenntnis durch V,
3. der frühere Eigentümer B mit Kenntnis des V
bewusst eine unrichtige Auskunft erteilt hatte?

Nach § 123 Abs. 1 ist zur Anfechtung berechtigt, wer durch **arglistige Täuschung** zur Abgabe einer Willenserklärung bestimmt worden ist. Unter **Täuschung** versteht man ein Verhalten, das bei einem anderen einen Irrtum hervorruft oder aufrechterhält. Dieses Verhalten kann in einem Vorspiegeln, aber auch einem Verschweigen von Tatsachen bestehen, sofern eine Offenbarungspflicht besteht. Bestehen und Umfang einer Offenbarungspflicht hängen von den Umständen (Art des Geschäfts, Bestehen eines Vertrauensverhältnisses usw.) ab (§ 241 Abs. 2) und beurteilen sich nach Treu und Glauben (§ 242). **Arglistig** ist die Täuschung, wenn der Täuschende **vorsätzlich** handelt, d. h. sich **bewusst** ist, dass sein Verhalten den Gegner zur Abgabe einer bestimmten Willenserklärung bestimmen kann und er dies auch **will.** Bedingter Vorsatz, wie etwa bei Behauptungen „ins Blaue hinein", genügt (BGH NJW 1998, 302, 303; 2008, 644 Rn. 49); Schädigungs- bzw. Bereicherungsabsicht ist nicht erforderlich. Die arglistige Täuschung muss außerdem **ursächlich** für die Abgabe der Erklärung sein.

Grundsätzlich ist es irrelevant, von wem die arglistige Täuschung ausgeht, da das Gesetz die Freiheit der Willensentschließung schützen will. Eine Ausnahme macht § 123 Abs. 2 für **empfangsbedürftige** Willenserklärungen zum Schutze gutgläubiger Erklärungsgegner: Bei Täuschung durch einen **Dritten** ist die Erklärung nur anfechtbar, wenn der Erklärungsgegner die Täuschung kannte oder kennen musste.

Daraus ergibt sich: Die bewusst unrichtige Auskunft auf eine (berechtigte) Frage – wie hier nach der Unfallfreiheit –, die ersichtlich für das Zustandekommen des Vertrages ursächlich ist, stellt stets eine arglistige Täuschung dar.

Zu 1:

Hat der Händler V die Täuschung verübt, so ist die Erklärung des K ohne Weiteres anfechtbar, da V zugleich Erklärungsgegner ist.

Zu 2:

Hat der Verkäufer A die Täuschung verübt, so ist die Erklärung dann nicht anfechtbar, wenn A als „**Dritter**" i. S. d. § 123 Abs. 2 Satz 1 anzusehen ist, da V die Täuschung nicht kannte. „Dritter" ist jedoch nicht jede Person außer dem Erklärungsgegner, sondern nach der ratio legis nur der am Geschäft unbeteiligte Dritte. Dritter ist also **nicht, wer auf der Seite des Erklärungsgegners steht und maßgeblich am Zustandekommen des Vertrages mitgewirkt hat** (z. B. der Vertreter und der Verhandlungsgehilfe). Die Rspr. (vgl. BGH NJW 1989, 2880; vgl. aber auch BGH NJW 1996, 1051) zieht diesen Kreis sehr weit und bezieht neben Vertretern und Verhandlungsgehilfen auch Personen ein, deren Verhalten dem Erklärungsempfänger wegen besonders enger Beziehungen zwischen beiden oder wegen sonstiger besonderer Umstände billigerweise zugerechnet werden muss. – Hier kann K nach § 123 Abs. 1 anfechten, da A als Vertreter oder doch Verhandlungsgehilfe des V handelte.

Zu 3:

Hat der frühere Eigentümer B die Täuschung verübt, so kann K anfechten, da B zwar unbeteiligter Dritter war, aber der Erklärungsgegner V die Täuschung kannte.

69. Arglistanfechtung beim Vertrag zugunsten Dritter

A stellte bei der Versicherungsgesellschaft V einen Antrag auf Abschluss einer Lebensversicherung zugunsten seiner Frau F. V forderte ihn auf, ein ärztliches Gesundheitszeugnis beizubringen. Der Arzt X stellte bei A Darmkrebs fest, verschwieg ihm dies aber und schrieb es auch nicht in das Formular der Versicherungsgesellschaft hinein, damit A es nicht erfahren sollte. Lediglich der Frau F teilte er seine Diagnose mit. Die Versicherungsgesellschaft nahm darauf den Versicherungsantrag an. Drei Monate später erlag A seinem Leiden. Als F Auszahlung der Versicherungssumme verlangte, stellte V nähere Ermittlungen an. Dabei kam die Sache heraus. V focht daraufhin der F gegenüber den Versicherungsvertrag wegen arglistiger Täuschung an. Mit Erfolg?

Bei Vertragsschluss hatte nicht der Vertragspartner und Erklärungsgegner A eine arglistige Täuschung gegenüber V begangen, sondern X als bloßer Sachverständiger und damit als (unbeteiligter) Dritter. Gemäß § 123 Abs. 2 Satz 1 könnte V nicht anfechten, da A die Täuschung weder kannte noch kennen musste. Durch den Lebensversicherungsvertrag (§§ 159 ff. VVG) hatte jedoch F nach der Auslegungsregel des § 330 Satz 1 unmittelbar das Recht erworben, die Auszahlung der Versicherungssumme zu fordern (Vertrag zugunsten Dritter). Gemäß § 123 Abs. 2 Satz 2 war daher der Versicherungsvertrag ihr gegenüber anfechtbar, wenn sie die Täuschung kannte oder kennen musste. Dies war hier der Fall. Die Anfechtung durch V war somit berechtigt.

70. Die widerrechtliche Drohung

A und B waren an einer Kreuzung mit ihren Fahrzeugen zusammengestoßen. Jeder gab dem anderen die Schuld. A erklärte darauf, wenn B keine Erklärung unterschreibe, dass er die Alleinschuld am Unfall anerkenne und sämtliche Kosten übernehme, hole er die Polizei. B gab nach, weil er zurzeit keine Fahrerlaubnis besaß und nicht das Risiko einer Bestrafung auf sich nehmen wollte. Als sich herausstellte, dass A einen sehr hohen Schaden erlitten hatte, entschied sich B dafür, das Anerkenntnis anzufechten. Kann er das?

Sofern die Erklärung nicht bloß als Beweismittel, sondern als Schuldanerkenntnis (§ 781) zu werten ist (dazu Palandt/*Sprau* § 781 BGB Rn. 10), kann B sie gemäß § 123 Abs. 1 anfechten, wenn er dazu **"widerrechtlich durch Drohung"** bestimmt worden ist. Unter **Drohung** versteht man die Ankündigung eines Nachteils, auf dessen Eintritt der Drohende Einfluss zu haben vorgibt. Der Bedrohte soll in eine psychische Zwangslage versetzt werden, die ihm die Abgabe der Willenserklärung als das geringere Übel erscheinen lässt. (Das bloße Ausnutzen einer Zwangslage reicht nicht aus, BGH NJW 1988, 2599, 2601.) Die Drohung muss **widerrechtlich** erfolgen. Dies ist der Fall, wenn bereits das Mittel als solches rechtswidrig ist (**Widerrechtlichkeit des Mittels,** z. B. Drohung mit Erschießen), ferner, wenn der angestrebte Zweck rechtswidrig ist (**Widerrechtlichkeit des Zwecks,** z. B. Drohung mit Kündigung eines Darlehens, um den Abschluss eines sittenwidrigen Vertrages zu erzwingen) sowie schließlich, wenn der Einsatz eines an sich erlaubten Mittels zu einem an sich erlaubten Zweck im Einzelfall unangemessen ist (**Inadäquanz von Mittel und Zweck**).

Die Ankündigung des A, die Polizei zu holen, wenn B kein Anerkenntnis abgebe, stellt eine Drohung dar. Weder Mittel noch Ziel der Drohung sind für sich allein aber widerrechtlich. Es kommt daher darauf an, ob die Verbindung von Mittel und Zweck unzulässig war. Dies ist nicht schon deshalb zu verneinen, weil A keinen Rechtsanspruch auf Abgabe des Anerkenntnisses hatte. Vielmehr kommt es darauf an, ob der Drohende ein **berechtigtes Interesse** an der Erreichung seines Zwecks hatte und die Drohung nach Treu und Glauben noch als angemessenes Mittel für diesen Zweck zu werten ist (BGH NJW 1982, 2301). Da sich A im Recht glaubte, hatte er aus seiner Sicht ein berechtigtes Interesse am Erhalt eines Schuldanerkenntnisses. Die Drohung, die Polizei zu holen, war nicht unangemessen, da auf andere Weise eine einwandfreie Sachklärung nicht möglich war. B kann daher nicht nach § 123 Abs. 1 anfechten.

D. Typen des Rechtsgeschäfts

71. Verpflichtungs- und Erfüllungsgeschäft

K entnimmt in einer Kirche dem Zeitschriftenregal einen Kirchenführer zum Preis von 3 EUR und wirft drei 1-Euro-Münzen in den Kassenschlitz. Welche Rechtsgeschäfte sind dadurch zustande gekommen?

Der wirtschaftlich gesehen einheitliche Vorgang setzt sich aus mehreren Rechtsgeschäften zusammen:

1. Verpflichtungs- bzw. Kausalgeschäft

Das Bereitstellen der Kirchenführer stellt sich rechtlich als Angebot zum Abschluss eines **Kaufvertrages** an jedermann, der den vollen Kaufpreis entrichtet, dar. K hat dieses Angebot durch Entnahme der Schrift und Bezahlung konkludent angenommen. Der Kaufvertrag begründet jedoch nur die Verpflichtung des Verkäufers zur Übergabe und Übereignung der Sache (§ 433 Abs. 1 Satz 1) sowie des Käufers zur Zahlung des Kaufpreises (§ 433 Abs. 2) und ist daher bloßes **Verpflichtungsgeschäft.** Der Kaufvertrag bewirkt also nicht, dass der Käufer Eigentümer der Sache und der Verkäufer Eigentümer der Geldstücke wird. Sind allerdings diese Leistungen erbracht worden, so gibt der Kaufvertrag einen Rechtsgrund (causa) für das Behaltendürfen der empfangenen Leistungen ab. Der Kaufvertrag ist insoweit auch **Kausalgeschäft.**

2. Erfüllungs- bzw. Verfügungsgeschäft

Die Erfüllung der beiderseitigen, durch den Kaufvertrag begründeten Leistungspflichten geschieht durch gesonderte Rechtsgeschäfte, die Erfüllungsgeschäfte. Die Erfüllung erfolgt bei beweglichen Sachen, wie hier dem Kirchenführer, durch Übereignung nach § 929 Satz 1 (Einigung über den Eigentumsübergang und Übergabe); das Gleiche gilt für die Kaufpreiszahlung in bar, die durch Übereignung der Geldstücke erfolgt. Da durch diese Rechtsgeschäfte eine Rechtsübertragung (nämlich Eigentumsübertragung) vorgenommen wird, sind sie zugleich **Verfügungsgeschäfte.** Unter einer **Verfügung** versteht man nämlich ein Rechtsgeschäft, durch das unmittelbar auf ein bestehendes Recht eingewirkt wird, sei es durch Übertragung, inhaltliche Veränderung, Belastung oder Aufhebung (vgl. auch → Fall 139).

Durch Entnahme des Kirchenführers und Einwerfen der drei Münzen kommt nicht nur der Kaufvertrag zustande, vielmehr werden damit gleichzeitig die entsprechenden Übereignungen vorgenommen. Da jede Sache für sich übereignet werden muss (Spezialitätsprinzip), liegen hier vier Übereignungen vor (ein Kirchenführer und drei Geldstücke). Das zeitliche Zusammenfallen von Verpflichtungs- und Erfüllungsgeschäft ändert nichts daran, dass sie rechtlich zu trennen sind **(Trennungsprinzip)** und dass die Wirksamkeit des sachenrechtlichen Erfüllungsgeschäfts nicht von der Wirksamkeit des schuldrechtlichen Verpflichtungsgeschäfts abhängt **(Abstraktionsprinzip).**

3. Zusätzliche Erfordernisse

Zur Erfüllung (§ 362) des Verpflichtungsgeschäfts ist über die eigentlichen Erfüllungsgeschäfte, wie hier der Übereignung, hinaus kein zusätzlicher „Erfüllungsvertrag" oder „Zuordnungsvertrag" oder eine „Zweckbestimmung" des Leistenden erforderlich, der die Zuordnung der erbrachten Leistung zum Verpflichtungsgeschäft klarstellt. Vielmehr genügt grundsätzlich die bloße Leistungserbringung für den Eintritt der Erfüllung (**Theorie der realen Leistungsbewirkung,** vgl. BAG NJW 1993, 2397, 2398; Palandt/*Grüneberg* § 362 BGB Rn. 1). Nur wenn unklar ist, auf welche Verbindlichkeit geleistet wird, kann der Schuldner eine Leistungsbestimmung treffen (vgl. § 366).

---

72. Rechtsgeschäfte unter Lebenden und von Todes wegen

A fühlte sein Ende nahen und wollte seine Vermögensverhältnisse für den Todesfall regeln. Er ließ beim Notar eine Erklärung beurkunden, in der er seiner früheren Lebensgefährtin L für den Fall seines Todes 20.000 EUR versprach. Nachdem er ihr die Urkunde zugesandt hatte, verstarb er. L verlangt von den gesetzlichen Erben des A unter Vorlage der Urkunde Zahlung. Zu Recht?

1. Anspruch aus § 518 Abs. 1

A hatte ein notariell beurkundetes Schenkungsversprechen abgegeben, das L nach § 151 Satz 1 annehmen konnte, ohne dies gegenüber dem A erklären zu müssen. An sich bestünde daher ein Zahlungsanspruch. Jedoch finden nach § 2301 Abs. 1 Satz 1 „auf ein Schenkungsversprechen, welches unter der Bedingung erteilt wird, dass der Beschenkte den Schenker überlebt", die Vorschriften über Verfügungen von Todes wegen Anwendung. Unter **Verfügungen von Todes wegen** versteht man im Gegensatz zu den **Rechtsgeschäften unter Lebenden** solche Rechtsgeschäfte, durch die jemand Anordnungen für den Fall seines Todes trifft. Es sind dies **Testament** (§§ 2064 ff.) und **Erbvertrag** (§§ 2274 ff.). Das Schenkungsversprechen müsste also in der Form eines Erbvertrages (§ 2276 Abs. 1) abgegeben worden sein. Dazu hätte es der Niederschrift eines Notars bei gleichzeitiger Anwesenheit beider Teile bedurft. Da diese Voraussetzungen nicht erfüllt sind, ist das Schenkungsversprechen formnichtig (§ 125 Satz 1), sodass kein Zahlungsanspruch besteht.

2. Anspruch aus § 2174

Das formnichtige Schenkungsversprechen kann jedoch, da die **Umdeutung** (§ 140) auch bei nichtigen Verfügungen von Todes wegen möglich ist (BGH NJW 1978, 423), in ein **Testament** umgedeutet werden, das ein Vermächtnis (§ 2147) enthält (vgl. Palandt/*Weidlich* § 2301 BGB Rn. 6): Die Formerfordernisse des Testaments sind erfüllt (§ 2247). Es ist auch anzunehmen, dass A bei Kenntnis von der Unwirksamkeit des Schenkungsversprechens ein entsprechendes Testament errichtet hätte. L kann daher nach § 2174 Zahlung beanspruchen.

Beachte: Bestünden Zweifel daran, ob die Erklärung des A rechtlich als Schenkungsversprechen oder als Testament einzuordnen wäre, ergäbe sich das gleiche Ergebnis schon aufgrund der Auslegungsregel des § 2084.

73. Personenrechtliche Rechtsgeschäfte

A hatte die B geheiratet in der Hoffnung, viele Kinder zu bekommen. Später stellte sich heraus, dass B keine Kinder bekommen konnte, weil sie sich sterilisieren hatte lassen. Dies hatte sie ihm verschwiegen. Er ficht daher die Eheschließung wegen arglistiger Täuschung und Irrtums über eine verkehrswesentliche Eigenschaft nach § 119 Abs. 2 an. Zu Recht?

Die im Allgemeinen Teil des BGB enthaltenen Bestimmungen gelten nicht nur für die **vermögensrechtlichen** Rechtsgeschäfte, sondern grundsätzlich auch für die **personenrechtlichen** Rechtsgeschäfte. Darunter versteht man Rechtsgeschäfte, die auf eine **Umgestaltung des Personenstandes** gerichtet sind, wie etwa das Verlöbnis, die Eheschließung, die elterliche Zustimmung, die Annahme als Kind oder das Vaterschaftsanerkenntnis. Wegen der tiefgreifenden Wirkung sind solche Rechtsgeschäfte im Interesse der Rechtssicherheit und Rechtsklarheit weitgehend speziellen Vorschriften unterworfen. Typische Merkmale sind: **Formenstrenge, Bedingungsfeindlichkeit, Höchstpersönlichkeit, Bestandskraft.**

Die Ehe wird zwar durch Vertrag geschlossen. Die allgemeinen Anfechtungs- und Nichtigkeitsbestimmungen des BGB sind jedoch nicht anwendbar. Vielmehr kann eine Ehe nur nach Maßgabe der §§ 1313 ff. aufgehoben werden. Hier kommt allenfalls eine Aufhebung nach § 1314 Abs. 2 Nr. 3 (arglistige Täuschung wegen Verletzung einer Offenbarungspflicht in Betracht (vgl. OLG Stuttgart NJW 2004, 2247).

E. Form und Inhalt des Rechtsgeschäfts

74. Verletzung von Formvorschriften

Der Unternehmer A hatte seinem Angestellten B schon längere Zeit versprochen, ihm ein Grundstück zu verkaufen, auf dem B ein Eigenheim errichten wollte. Kurz vor Pensionierung des B schloss er mit ihm einen schriftlichen Kaufvertrag ab. Den Hinweis des B, dass doch wohl die Zuziehung eines Notars erforderlich sei, zerstreute er mit der Bemerkung, der Vertrag trage seine Unterschrift und diese sei genauso viel wert wie ein notarieller Vertrag. Er pflege seinen Verpflichtungen stets nachzukommen, ohne Rücksicht darauf, ob sie mündlich, schriftlich oder in notarieller Form übernommen worden seien. Nachdem B pensioniert worden war, lehnte A die Auflassung unter fadenscheinigen Gründen ab. Hat B einen Anspruch auf Vertragserfüllung?

Anspruch aus § 433 Abs. 1 Satz 1

Der Anspruch auf Auflassung des Grundstücks setzt Wirksamkeit des Kaufvertrages voraus. Grundstückskaufverträge bedürfen gemäß § 311b Abs. 1 Satz 1 der notariellen Form. Diese Form war hier nicht eingehalten worden. Gemäß § 125 Satz 1 ist der Vertrag daher an sich nichtig.

Die Rechtsprechung hat jedoch diese scharfe Rechtsfolge aus **Billigkeitsgründen** aufgelockert: Bei einem treuwidrigen Verhalten vor oder nach Vertragsschluss könne die Berufung auf die Formnichtigkeit eine unzulässige Rechtsausübung darstellen (vgl. die Nachweise in BGH NJW 1996, 2503, 2504 und den Systematisierungsversuch bei Palandt/*Ellenberger* § 125 BGB Rn. 22 ff.). Unerlässliche Voraussetzung sei aber stets, dass die Nichtigkeit zu *„nicht bloß harten, sondern schlechthin untragbaren Ergebnissen"* für den Betroffenen führe (vgl. BGH NJW 1987, 1069, 1070). – Diese Rechtsprechung ist freilich dogmatisch nicht unbedenklich und beeinträchtigt die Rechtssicherheit. Aber auch wenn man ihr grundsätzlich folgt, ergibt sich hier keine Durchbrechung der Nichtigkeit: Wer, wie B, den Formmangel **kannte,** verdient keinen Schutz, mag ihm auch der Vertragspartner die Erfüllung fest versprochen haben (vgl. RGZ 117, 121 – „Edelmannswort"; BGH JR 1974, 19; *Medicus/Petersen* BR Rn. 181; Palandt/*Ellenberger* § 125 BGB Rn. 25; a. A. BGHZ 48, 396). B hat daher keinen Erfüllungsanspruch, allenfalls einen Anspruch auf Ersatz des Vertrauensschadens aus schuldhafter Pflichtverletzung (§ 280 Abs. 1).

---

75. Schriftformklausel

V hatte an M das Obergeschoss seines Hauses vermietet und ihm dabei mündlich die Mitbenutzung des Gartens zugesagt. Später überwarfen sie sich und V verwehrte dem M die weitere Gartenbenutzung. Dem Hinweis des M auf die Zusage entgegnete er damit, dies sei nicht schriftlich vereinbart und laut Mietvertrag hätten mündliche Nebenabreden keine Gültigkeit. – Ist M im Recht? Kommt es darauf an, ob diese mietvertragliche Bestimmung Teil des formularmäßigen Mietvertrages oder von den Parteien individuell vereinbart worden war?

Anspruch auf Gartenbenutzung gemäß § 535 Abs. 1 Satz 1

Der Anspruch setzt Wirksamkeit der mündlichen Zusage voraus. Dem könnte die Klausel, dass mündliche Nebenabreden keine Gültigkeit besitzen, entgegenstehen. Den Parteien steht es frei, auch für an sich formlos zulässige Vereinbarungen die Einhaltung einer bestimmten Form vorzusehen (sog. **gewillkürter Formzwang**). Dies geschieht in der Praxis häufig durch sog. Schriftformklauseln, die für die Begründung, Änderung oder Aufhebung vertraglicher Pflichten Schriftform vorsehen. Eine solche Klausel liegt auch hier vor. Nach § 125 Satz 2 führt der Mangel der rechtsgeschäftlich bestimmten Form im Zweifel, also beim Fehlen einer abweichenden Vereinbarung, zur Nichtigkeit. Ein abweichender Wille ist hier nicht feststellbar, vielmehr soll nach der Klausel eine bloß mündliche Abrede gerade unwirksam sein. V wäre daher im Recht, wenn die Schriftformklausel Vorrang vor der mündlichen Vereinbarung hätte. Dies ist aber fraglich.

1. Schriftformklausel in AGB

Eine in AGB, etwa in einem formularmäßigen Mietvertrag, enthaltene **Schriftformklausel** steht der Wirksamkeit einer mündlichen Abrede nicht entgegen, weil diese gemäß § 305b als **Individualabrede** Vorrang vor Allgemeinen Geschäftsbedingungen hat und die Schriftformklausel außerdem gegen § 307 verstößt und daher unwirksam ist (allg. M., vgl. nur BGH NJW 2006, 138, 139; 2017, 1017 Rn. 17). – Bei einer formularmäßigen Schriftformklausel ist M demnach auf alle Fälle im Recht.

2. Individuell vereinbarte Schriftformklausel

Aber auch individuell vereinbarte Schriftformklauseln stehen nach st. Rspr. (vgl. BGHZ 66, 378, 380 f. m. w. N.; 119, 283, 291; 164, 133, 136; krit. *Medicus/ Petersen* AT Rn. 643) der Wirksamkeit formloser Absprachen dann nicht entgegen, „wenn die Parteien übereinstimmend die Maßgeblichkeit des mündlich Vereinbarten gewollt haben, sich also darüber einig waren, dass für ihre vertraglichen Beziehungen neben dem Urkundeninhalt auch jene mündliche Abrede gelten solle". Die Parteien haben es nämlich aufgrund der Vertragsfreiheit in der Hand, die Schriftformvereinbarung jederzeit ganz oder teilweise formlos aufzuheben. Indiz für einen solchen Aufhebungswillen ist es, wenn sich die Parteien entsprechend der mündlichen Abrede verhalten haben (BGH NJW 2009, 433 Rn. 28, 30).

Da V dem M die Gartenbenutzung tatsächlich gewährt hatte, ist darauf zu schließen, sie hätten die Wirksamkeit dieser Abrede ernstlich gewollt. – M ist also auch bei einer individuell vereinbarten Schriftformklausel im Recht.

---

76. Erklärung mittels Telefax und E-Mail

S beantragte bei der G-Bank einen Sofortkredit, um einen Maschinenkauf zu finanzieren. Er gab an, sein Schwiegervater, der Pensionist B, werde dafür bürgen. Da die Zeit drängte, sandte die G-Bank an B per Telefax ein ausgefülltes Bürgschaftsformular und forderte ihn im Begleitschreiben auf, das Formular zu unterzeichnen und zurückzufaxen. So geschah es auch. Am nächsten Tag reut es B, sich verbürgt zu haben. Er möchte wissen, ob er an seine Bürgschaftserklärung gebunden ist.
Abwandlung: Die Bank sandte die Bürgschaftserklärung per E-Mail an B und bat ihn, in die Unterschriftszeile seinen Namen einzutragen und anschließend an sie per E-Mail zurückzusenden. B tat dies auch. – Ist er in diesem Fall an seine Erklärung gebunden?

Zum Grundfall:

In der Übersendung des Bürgschaftsformulars ist ein Angebot der G zum Abschluss eines Bürgschaftsvertrages (§ 765) zu erblicken, das B durch Rücksendung des unterschriebenen Formulars angenommen hat. Allerdings verlangt § 766 Satz 1 die **„schriftliche Erteilung der Bürgschaftserklärung"**. Zur Einhaltung dieser gesetzlichen Schriftform ist nach § 126 Abs. 1 die eigenhändige Unterzeichnung der Urkunde durch Namensunterschrift erforderlich. Dadurch soll die Identifizierung des Urkundenausstellers ermöglicht und die Nachahmung durch einen beliebigen Dritten zumindest erschwert werden. Da B die Urkunde unterschrieben hat, wäre an sich dem Formerfordernis Genüge getan. Jedoch verlangt § 766 Satz 1 die schriftliche **„Erteilung"** der Erklärung. Dies setzt voraus, dass sich der Bürge der Erklärung entäußert und sie dem Gläubiger zur Verfügung stellt. Hier hatte B zwar das Formular unterschrieben und damit eine Originalurkunde geschaffen. Diese Originalurkunde verblieb aber bei ihm; der G-Bank ging lediglich eine Telekopie zu. Dies reicht für eine schriftliche Erteilung der Bürgschaftserklärung nicht aus (BGHZ 121, 224, 229; Palandt/*Sprau* § 766 BGB Rn. 4). Denn § 766 Satz 1 will durch das Erfordernis der schriftlichen Erteilung der Bürgschaftserklärung den Bürgen zu größerer Vorsicht anhalten und vor Übereilung schützen (BGHZ 121, 224, 229). Der Bürge soll also, auch wenn er die Urkunde bereits unterschrieben hat, solange nicht gebunden sein, als er nicht die Originalurkunde aus der Hand gibt. Damit wird zwar die Bedeutung des Telefax für den Rechtsverkehr eingeschränkt. Im Bereich des nichtkaufmännischen Verkehrs ist dies jedoch akzeptabel, während für den kaufmännischen Verkehr der Formzwang ohnehin eingeschränkt ist (vgl. § 350 HGB). Im Ergebnis ist also B an seine Erklärung nicht gebunden. Seine Berufung auf Formnichtigkeit (§ 125 Satz 1) ist auch nicht rechtsmissbräuchlich (BGHZ 121, 224, 233).

Zur Abwandlung:

Im Unterschied zum Telefax ist bei einer Erklärung mittels **E-Mail** nicht einmal eine handschriftliche Unterzeichnung möglich. Die Schriftform des § 766 Satz 1 i. V. m. § 126 Abs. 1 kann auf diese Weise also von vornherein nicht erfüllt werden (BGH NJW 2008, 506 Rn. 13). Allerdings kann nach § 126 Abs. 3 die schriftliche Form durch die **elektronische Form** ersetzt werden, wenn sich nicht aus dem Gesetz ein anderes ergibt. Zur Wahrung der elektronischen Form ist jedoch nach § 126a Abs. 1 erforderlich, dass der Aussteller der Erklärung dieser seinen Namen hinzufügt und das elektronische Dokument mit einer **qualifizierten elektronischen Signatur** nach dem Signaturgesetz versieht. Bereits dies ist hier nicht erfolgt. Selbst, wenn aber die Erklärung des B mit einer qualifizierten elektronischen Signatur versehen wäre, würde daraus keine wirksame Bürgschaftsverpflichtung resultieren. Denn diese Erleichterung des Rechtsverkehrs ist gerade bei einigen wichtigen formbedürftigen Rechtsgeschäften ausgeschlossen, so auch nach § 766 Satz 2 bei der Bürgschaft. B ist also auch in diesem Fall nicht an seine Erklärung gebunden.

Beachte: Mitteilungen per E-Mail ohne qualifizierte elektronische Signatur reichen zur Erfüllung des Erfordernisses der **Textform** i. S. d. § 126b aus. Die Textform ist aber von der Schriftform streng zu unterscheiden. Ob eine Erklärung in bloßer Textform abgegeben werden kann, ergibt sich jeweils aus dem Gesetz (vgl. z. B. § 559b Abs. 1 Satz 1 zur Erklärung der Mieterhöhung). Selbstverständlich genügt eine in Schriftform oder elektronischer Form (§ 126 Abs. 3) abgegebene Erklärung auch den Erfordernissen der Textform.

> **77. Verstoß gegen ein Verbotsgesetz**
>
> R hatte sein Erstes Juristisches Staatsexamen mit „sehr gut" bestanden und beschloss, aus seinen Rechtskenntnissen Nutzen zu ziehen. Er übernahm für das wirtschaftlich in Bedrängnis geratene Unternehmen U die Rechtsberatung, setzte insbesondere Schriftsätze auf und entwarf und prüfte Verträge. Als Entgelt handelte er eine monatliche Pauschale von 500 EUR aus. Als U mit mehreren Monatszahlungen in Rückstand gekommen war, erhob R Zahlungsklage. Wird er damit Erfolg haben?

1. Anspruch des R gegen U aus § 611 Abs. 1

Die Rechtsberatung stellt eine Dienstleistung dar. R könnte daher Zahlung beanspruchen, wenn ein wirksamer Dienstvertrag zustande gekommen ist. Der Wirksamkeit könnte entgegenstehen, dass nach § 3 RDG die selbständige Erbringung außergerichtlicher Rechtsdienstleistungen nur in dem Umfang zulässig ist, in dem sie gesetzlich erlaubt ist, und R keine entsprechende Erlaubnis besaß. Dem R war es also verboten, die Rechtsberatung für U vorzunehmen und einen darauf gerichteten Dienstvertrag abzuschließen. Daraus könnte sich auch die Nichtigkeit eines entgegen diesem Verbot abgeschlossenen Dienstvertrages ergeben.

Nach § 134 ist nämlich ein Rechtsgeschäft, das gegen ein gesetzliches Verbot verstößt, nichtig, wenn sich nicht aus dem Gesetz ein anderes ergibt. Wie allerdings schon der Wortlaut des § 134 klarstellt, fordert nicht jedes Verbotsgesetz die Nichtigkeit des verbotswidrig abgeschlossenen Rechtsgeschäfts. Beim Fehlen einer ausdrücklichen Regelung kommt es auf den Sinn und Zweck der einzelnen Verbotsnorm an (BGH NJW 1992, 2558). Maßgebend ist, ob sich die Norm gegen den wirtschaftlichen Erfolg des Rechtsgeschäfts oder nur gegen die näheren Umstände der Vornahme eines sonst unbedenklichen Rechtsgeschäfts wendet (vgl. BGH NJW 1968, 2286). So ist z. B. ein Kaufvertrag, der unter Verstoß gegen das Verbot des Verkaufs an Sonn- und Feiertagen zustande gekommen ist, nicht nichtig.

Das Verbot der Rechtsberatung ohne Erlaubnis richtet sich nur gegen den Rechtsdienstleister, also nur gegen einen der beiden Geschäftspartner. Solche einseitigen Verbote berühren in der Regel nicht die Wirksamkeit des Rechtsgeschäfts, sofern nicht Sinn und Zweck der Verbotsnorm die Nichtigkeit erfordern (BGH NJW 1996, 928). Das RDG will die Rechtsuchenden, den Rechtsverkehr und die Rechtsordnung vor unqualifizierten Rechtsdienstleistungen schützen. § 3 RDG ist daher als Verbotsgesetz i. S. d. § 134 anzusehen (Palandt/*Ellenberger* § 134 BGB Rn. 11, 21). Ein vertraglicher Zahlungsanspruch entfällt daher.

2. Anspruch des R gegen U aus GoA aus §§ 670, 683 Satz 1

Ist ein Vertrag nichtig, so kann nach der Rechtsprechung die erbrachte Leistung gleichwohl eine Geschäftsführung ohne Auftrag darstellen (vgl. BGH NJW 2000, 1560, 1562; WM 2004, 2441). Zwar entsprach die Geschäftsführung des R hier dem Interesse und dem wirklichen Willen des U. Der Beauftragte kann aber nur den Ersatz derjenigen – zum Zwecke der Ausführung des Auftrags gemachten – Aufwendungen verlangen, die er den Umständen nach für erforderlich halten durfte

(§§ 683 Satz 1, 670). Hier kann R aber schon deshalb keine Vergütung für seine verbotenen Leistungen als Aufwendungsersatz fordern, weil seine Dienste in einer gesetzeswidrigen Tätigkeit bestanden haben und er die Erbringung dieser Leistungen den Umständen nach nicht für erforderlich halten durfte (BGHZ 118, 142, 150; BGH NJW 2000, 1560, 1562).

3. Anspruch des R gegen U aus § 812 Abs. 1 Satz 1 Alt. 1

Da R Dienstleistungen ohne rechtlichen Grund erbracht hatte, kann er gemäß §§ 812 Abs. 1 Satz 1 Alt. 1 (Leistungskondiktion) i. V. m. 818 Abs. 2 und 3 den Wert dieser Leistungen in Höhe der üblichen bzw. angemessenen Vergütung verlangen, sofern U sich entsprechende Auslagen erspart hat (BGH NJW 1978, 322, 323) und der Anspruch nicht nach § 817 Satz 2 wegen **bewussten** Verstoßes gegen das Verbotsgesetz ausgeschlossen ist (BGHZ 50, 90, 92). Dem bewussten Verstoß wird es gleich erachtet, wenn der Leistende sich leichtfertig der Einsicht in die Gesetzwidrigkeit verschlossen hat (BGH NJW 2005, 1490). – R wird also mit seiner Klage nicht durchdringen, da er sich bewusst, zumindest aber leichtfertig über § 3 RDG hinweggesetzt hat.

78. Behördliches Veräußerungsverbot

Der Gerichtsvollzieher hatte wegen einer vollstreckbaren Forderung des G bei S ein Fernsehgerät gepfändet und daran das Pfandsiegel angebracht. Da S dringend Geld brauchte, kratzte er das Siegel ab und veräußerte das Gerät an den D, der von der Pfändung nichts wusste. Als G davon erfuhr, verlangte er von D Herausgabe an den Gerichtsvollzieher, damit dieser das Gerät versteigern könne. Zu Recht?

Anspruch des G gegen D auf Herausgabe gemäß § 804 Abs. 2 ZPO, §§ 1227, 985

1. Durch die Pfändung hatte G ein Pfandrecht am Gerät erworben (§ 804 Abs. 1 ZPO). Dieses sog. **Pfändungspfandrecht** steht rechtlich einem vertraglich (§§ 1204 ff.) erworbenen Pfandrecht gleich (§ 804 Abs. 2 ZPO). G könnte daher bei Beeinträchtigung seines Pfandrechts durch Besitzentzug Herausgabe von dem Besitzer verlangen, wie wenn er Eigentümer wäre (§§ 1227, 985). Da bei der Pfändung nur der Gerichtsvollzieher Besitz erlangt (**unmittelbaren** bei Wegnahme, § 808 Abs. 1 ZPO, **mittelbaren** i. S. d. § 868 bei Belassung der Sache im Gewahrsam des Schuldners, § 808 Abs. 2 ZPO – wie hier), kann folgerichtig nur Herausgabe an den Gerichtsvollzieher verlangt werden (vgl. Thomas/Putzo/*Seiler* § 804 ZPO Rn. 10).

2. Der Herausgabeanspruch entfällt freilich, wenn die Veräußerung S an D wirksam war und auch das Pfändungspfandrecht zum Erlöschen brachte.

a) Der **Wirksamkeit** der **Veräußerung** könnte die Pfändung entgegenstehen. Die Pfändung begründet nicht nur ein Pfändungspfandrecht, sondern zugleich die „**Verstrickung**" des Gegenstandes. Dies besagt, dass über den Gegenstand eine staatliche Verfügungsmacht begründet wird und der Eigentümer darüber nicht mehr verfügen darf (vgl. Thomas/Putzo/*Seiler* § 803 ZPO Rn. 7). Es besteht somit ein **Veräußerungsverbot** für den Eigentümer.

Hinsichtlich der zivilrechtlichen Auswirkungen einer verbotswidrigen Veräußerung ist zu unterscheiden zwischen **absoluten** und **relativen** Veräußerungsverboten. Von **absoluten** Veräußerungsverboten spricht man, wenn das Verbot im Interesse der **Allgemeinheit** erlassen ist. Ein Verstoß bewirkt die Nichtigkeit der Veräußerung nach § 134. – Unter **relativen** Veräußerungsverboten versteht man solche, die „**nur den Schutz bestimmter Personen**" bezwecken (§ 135 Abs. 1 Satz 1). Eine verbotswidrig vorgenommene Veräußerung ist nur den geschützten Personen gegenüber (also relativ) unwirksam; allen anderen gegenüber ist sie wirksam. Nach dem Entstehungsgrund unterscheidet man bei den relativen Veräußerungsverboten zwischen gesetzlichen (§ 135) und behördlichen, insbesondere gerichtlichen (§ 136) Verboten. In ihren Wirkungen stehen sie einander gleich. Das durch die Pfändung begründete (also behördliche Veräußerungsverbot) bezweckt lediglich den Schutz des Gläubigerinteresses an der Verwertung. Es ist daher ein relatives Veräußerungsverbot i. S. d. § 136 anzunehmen (ganz h. M., vgl. z. B. Palandt/*Ellenberger* §§ 135, 136 BGB Rn. 4).

b) Die Veräußerung S an D war demnach an sich im Verhältnis zu G relativ unwirksam (§§ 136 i. V. m. 135 Abs. 1 Satz 1). Allerdings finden gemäß § 135 Abs. 2 „die Vorschriften zugunsten derjenigen, welche Rechte von einem Nichtberechtigten herleiten", entsprechende Anwendung. Das sind bei beweglichen Sachen die §§ 932 ff. Da D im Hinblick auf die Pfändung gutgläubig (§ 932 Abs. 2 analog) war und auch kein Abhandenkommen vorliegt, ist die Veräußerung doch wirksam. Zugleich erlosch das Pfändungspfandrecht gemäß § 936 Abs. 1. Es besteht daher kein Herausgabeanspruch.

---

79. Rechtsgeschäftliches Veräußerungsverbot

Frau F hatte dem Drängen ihrer Nichte N nachgegeben und ihren Familienschmuck an sie veräußert. Sie wollte aber auf jeden Fall verhindern, dass der Schmuck in fremde Hände gelangt. Deshalb traf sie mit N eine schriftliche Vereinbarung, der zufolge der Schmuck nicht veräußert werden könne. Als N in finanzielle Schwierigkeiten geriet, veräußerte sie den Schmuck dann aber doch für 50.000 EUR an den Juwelier J.
1. Ist die Veräußerung an J wirksam, und welche Rechte hat F gegen N?
2. Wie hätte F auf andere Weise ihren Zweck erreichen können?

Zu 1:

N hatte das Eigentum am Schmuck wirksam von F erworben und konnte den Schmuck daher auch an J wirksam weiterveräußern. Die entgegenstehende Vereinbarung, in der die Verfügungsbefugnis der N ausgeschlossen wurde, ist gemäß § 137 Satz 1 unwirksam. Grund dieser Vorschrift ist es, die Verfügungsfreiheit als eine unabdingbare Befugnis des Inhabers eines veräußerlichen Rechts zu schützen und eine Erstarrung des Güterverkehrs zu verhindern (Palandt/*Ellenberger* § 137 BGB Rn. 1), des Weiteren, den **numerus clausus** der dinglichen Rechte, und damit die Sicherheit des Rechtsverkehrs, zu schützen (BGHZ 134, 182, 186). – Eine schuldrechtliche Verpflichtung, über ein veräußerliches Recht nicht zu verfügen, ist dagegen nach § 137 Satz 2 wirksam. Da der Vereinbarung zwischen F und N eine solche Verpflichtung zu entnehmen ist, war die Veräußerung an J eine Pflichtverletzung, die grundsätzlich zum Schadensersatz verpflichtet. Fraglich ist allerdings, ob die F überhaupt einen Vermögensschaden erlitten hat. Ihr Affektionsinteresse wird gemäß § 253 nicht geschützt.

Zu 2:

F hätte durch Vereinbarung eines **Vorkaufsrechts** (§§ 463 ff.) oder **Wiederkaufsrechts** (§§ 456 ff.) sicherstellen können, dass der Schmuck nicht in fremde Hände gerät. Auch hätte sie den Schmuck an N unter der **auflösenden Bedingung** (§ 158 Abs. 2) der Weiterveräußerung veräußern können (h. M., vgl. nur BGHZ 134, 182, 187; a. A. Jauernig/*Mansel* § 137 BGB Rn. 2: Bedingung sei ungültig).

80. Sittenwidrigkeit des Kaufs eines Radarwarngeräts

Der Handelsvertreter G ist des Öfteren wegen zu schnellen Fahrens „geblitzt" worden. Er kaufte daher von einem Internet-Händler W ein Radarwarngerät für 1.050 EUR, obwohl er wusste, dass der Einsatz solcher Geräte verboten ist. Da es verschiedene Male nicht funktionierte, verlangt er Rückzahlung des Kaufpreises Zug um Zug gegen Rückgabe des Geräts. Zu Recht?

1. Anspruch des G gegen W auf Zahlung von 1.050 EUR aus §§ 346 Abs. 1 Satz 1, 323, 437 Nr. 2, 434

Der Anspruch setzt einen wirksamen Kaufvertrag voraus. Der zwischen G und W geschlossene Kaufvertrag könnte indessen nichtig sein.

a) Nichtigkeit nach § 134?

Zwar ist es im Interesse der Verkehrssicherheit nach § 23 Abs. 1c StVO dem Führer eines Kfz verboten, ein Radarwarngerät zu betreiben oder betriebsbereit mitzuführen. Dieses Verbot erstreckt sich aber nicht auf den Kauf eines solchen Geräts als einer bloßen Vorbereitungshandlung. Daher liegt kein Verbotsgesetz i. S. d. § 134 vor.

b) Nichtigkeit nach § 138 Abs. 1?

Der Vertrag könnte aber wegen Verstoßes gegen die guten Sitten nach § 138 Abs. 1 nichtig sein. Die Vorschrift soll sicherstellen, dass nur Rechtsgeschäfte, die sich im Rahmen der bestehenden **Wertordnung** halten, rechtliche Anerkennung finden. Ein Verstoß gegen die guten Sitten wird ganz allgemein dann angenommen, wenn ein Rechtsgeschäft gegen das **„Anstandsgefühl aller billig und gerecht Denkenden"** verstößt (BGHZ 179, 213 Rn. 10). Dies bedarf aber der Präzisierung. Nach st. Rspr. ist ein Rechtsgeschäft sittenwidrig, wenn es nach seinem aus der Zusammenfassung von Inhalt, Beweggrund und Zweck zu entnehmenden Gesamtcharakter mit den grundlegenden Wertungen der Rechts- und Sittenordnung nicht zu vereinbaren ist (vgl. BGH NJW 2008, 2026 Rn. 21). Dabei spielt insbesondere das im Grundgesetz verkörperte Wertesystem eine Rolle (vgl. BVerfG NJW 1990, 1470; BGHZ 70, 313, 324).

Sittenwidrig können auch Geschäfte sein, durch die Dritte gefährdet oder geschädigt werden oder die in krassem Widerspruch zum Gemeinwohl stehen (BGH NJW 2005, 1490, 1491). Dabei können die Begleitumstände des Geschäfts, insbesondere die Motive und Zwecke der Parteien, eine Rolle spielen. Hier diente der Kauf des Geräts, was beiden Parteien bewusst war, dem Zweck des Einsatzes im Straßenverkehr. Nach der dem § 23 Abs. 1c StVO zu Grunde liegenden rechtlichen Wertung (Schutz der Verkehrssicherheit und damit des Lebens und der Gesundheit der Verkehrsteilnehmer vor Rasern, die Geschwindigkeitskontrollen unterlaufen) ist bereits der Erwerb eines Radarwarngeräts sittlich zu missbilligen. Denn dabei handelt es sich um eine Vorbereitungshandlung für den Gesetzesverstoß zum Nachteil Dritter. Dementsprechend ist der Kaufvertrag wegen Sittenwidrigkeit nichtig. Gewährleistungsansprüche sind folglich ausgeschlossen.

2. Anspruch des G gegen W auf Rückzahlung der 1.050 EUR aus § 812 Abs. 1 Satz 1

Da G die Zahlung aufgrund eines nichtigen Vertrages erbracht hat, steht ihm an sich ein Rückforderungsanspruch aus § 812 Abs. 1 Satz 1 Alt. 1 (Leistungskondiktion) zu. Allerdings war das auf den Erwerb des Radarwarngeräts gerichtete Handeln des G gleichermaßen sittlich verwerflich wie das Handeln des W. Nicht nur W, sondern auch G fällt also ein Verstoß gegen die guten Sitten zur Last. Sein Rückforderungsanspruch aus § 812 könnte daher nach § 817 Satz 2 (der nicht nur für den Anspruch aus § 817 Satz 1, sondern auch für den damit immer konkurrierenden Anspruch aus § 812 Abs. 1 gilt) ausgeschlossen sein.

Die **ratio legis** dieser Vorschrift ist umstritten. Ihr **Strafcharakter** beizumessen (so noch BGHZ 63, 365, 369), überzeugt nicht, da die Bestrafung nicht Aufgabe des Zivilrechts ist. Zumeist wird gesagt, die Vorschrift beruhe auf dem Gedanken der **Rechtsschutzverweigerung,** weil sich die Parteien mit ihrem Geschäft außerhalb der Rechts- und Sittenordnung gestellt hätten (vgl. BGH NJW 2005, 1490, 1491). Andere wollen die Vorschrift aus dem Gedanken der Generalprävention rechtfertigen, ihre Anwendung aber gleichzeitig unter dem Aspekt der Verhältnismäßigkeit einschränken (vgl. *Larenz/Canaris* § 68 III 3a; vgl. auch *Müller/Eckel* JuS 2013, 966, 968). Bei einem Verstoß gegen ein Verbotsgesetz ist § 817 Satz 2 jedenfalls dann nicht anzuwenden, wenn Sinn und Zweck des Verbotsgesetzes die Gewährung eines Rückforderungsanspruchs zwingend erfordern (BGH NJW 2014, 1805 Rn. 22). Eine endgültige Klärung ist noch nicht geglückt. Der Streit spielt hier aber keine Rolle.

Weitere Voraussetzung für die Anwendung des § 817 Satz 2 ist neben dem (objektiven) Sittenverstoß des Leistenden, dass er **Kenntnis** vom Sittenverstoß hatte (st. Rspr., vgl. nur BGH NJW 2005, 1490). Dies war aber bei G der Fall. Demzufolge ist sein Rückforderungsanspruch aus § 812 Abs. 1 Satz 1 ebenfalls ausgeschlossen.

81. „Schnäppchenkauf" bei Internetauktion

V hatte einen gebrauchten VW Passat für zehn Tage zur Internetauktion bei eBay mit einem Startpreis von 1 EUR eingegeben. Wenige Minuten später nahm K dieses Angebot an, wobei er ein Maximalgebot von 555 EUR festlegte. Da keine weiteren Gebote abgegeben wurden, brach V nach etwa sieben Stunden die Auktion ab und teilte dem K mit, er fechte den Kaufvertrag wegen Irrtums an. K verlangt jetzt von V Schadensersatz statt der Leistung in Höhe von 5.249 EUR, weil der Kaufvertrag über 1 EUR wirksam zustande gekommen und das Fahrzeug sei 5.250 EUR wert gewesen sei. V weigert sich zu zahlen, weil der Kaufvertrag wegen Anfechtung, aber auch wegen Sittenwidrigkeit unwirksam und das Verlangen des K überdies rechtsmissbräuchlich sei. K möchte wissen, ob er im Recht ist.

1. Anspruch des K gegen V aus §§ 437 Nr. 3, 280 Abs. 1, 3, 281 Abs. 1

Der Anspruch setzt voraus, dass ein Kaufvertrag zustande gekommen und auch wirksam ist. Bei Internetauktionen richtet sich das Angebot des Verkäufers an den, der innerhalb der Laufzeit das höchste Gebot abgibt. Der Kaufvertrag kommt dementsprechend mit dem Bieter zustande, der innerhalb der Laufzeit des Angebots das höchste Gebot abgibt (BGH NJW 2005, 53, 54; *Köhler* § 8 Rn. 59, 60). Da K während der Auktion das Mindestgebot von 1 EUR abgegeben hatte und dies zugleich das einzige Gebot war, ist der Kaufvertrag zu diesem Preis zustande gekommen. Daran ändert es nichts, dass V die Auktion vor Ablauf der Zehntagesfrist einseitig abgebrochen hatte. An sich hat K daher einen Anspruch auf Schadensersatz statt der Leistung.

2. Unwirksamkeit wegen Irrtumsanfechtung?

Der Kaufvertrag wäre nur dann nach § 142 Abs. 1 wegen Anfechtung unwirksam, wenn bei V ein relevanter Irrtum vorgelegen hatte. V hat sich jedoch weder in der Erklärungshandlung noch über den Inhalt seiner Erklärung geirrt. Es liegen ferner kein Irrtum über eine verkehrswesentliche Eigenschaft des Fahrzeugs (§ 119 Abs. 2) und auch kein Übermittlungsirrtum (§ 120) vor. Eine Irrtumsanfechtung scheidet daher aus.

3. Unwirksamkeit wegen Sittenwidrigkeit (§ 138)?

Der Kaufvertrag könnte allenfalls wegen Sittenwidrigkeit nach § 138 unwirksam sein. Eine Nichtigkeit nach § 138 Abs. 2 **(Wucher)** scheidet aber schon deshalb aus, weil zwar ein auffälliges Missverhältnis zwischen Leistung (Fahrzeug im Wert von 5.250 EUR) und Gegenleistung (1 EUR) besteht, aber K weder eine Zwangslage noch die Unerfahrenheit usw. des V ausgenutzt hat, vielmehr V selbst durch die Angabe des sehr niedrigen Startpreises das Risiko geschaffen hat, dass er an dem Mindestgebot festgehalten wird. Zwar kann ein besonders grobes Missverhältnis zwischen Leistung und Gegenleistung die Nichtigkeit nach § 138 Abs. 1 begründen, wenn der begünstigten Partei eine **verwerfliche Gesinnung** zur Last fällt (dazu → Fall 82). Das ist aber hier nicht der Fall, weil der Reiz einer Internetauktion gerade darin besteht, dass der Bieter den Gegenstand zu einem „Schnäppchenpreis" erwerben, der Veräußerer dagegen durch den Mechanismus des Überbietens einen für ihn vorteilhaften Preis erzielen kann (BGH NJW 2012, 2723 Rn. 20 f.; 2015, 548 Rn. 9, 10).

4. Einwand des Rechtsmissbrauchs (§ 242)?

Der Geltendmachung eines Rechts, insbesondere eines Anspruchs, kann unter bestimmten Voraussetzungen der Einwand des Rechtsmissbrauchs entgegengehalten werden (vgl. Palandt/*Grüneberg* § 242 BGB Rn. 38 ff.). Zu den hierzu anerkannten Fallgruppen gehört das **Fehlen eines schutzwürdigen Eigeninteresses** des Gläubigers. Das Interesse des K, das Fahrzeug zu einem „Schnäppchenpreis" zu erwerben, der weit unterhalb des Marktpreises liegt, fällt aber nicht darunter. Vielmehr hat es sich der Verkäufer selbst zuzuschreiben, wenn er einen Gegenstand zu einem Mindestpreis weit unter Marktwert anbietet (BGH NJW 2015, 548 Rn. 12). – Sonach ist K im Recht.

82. Außerhalb von Geschäftsräumen geschlossener Vertrag, Wucher und wucherähnliches Geschäft

Der Unternehmer U lud die Bewohner eines Seniorenheims zu einer „Kaffeefahrt mit Besuch einer Werbeveranstaltung" gegen einen Unkostenbeitrag von 10 EUR ein. Vorgesehen war u. a. eine Omnibusfahrt mit Mittagessen, Zoobesuch und Kaffeetafel. Nach dem Kaffeetrinken wurde den „verehrten Senioren" ein Warensortiment vorgeführt und zum Kauf angeboten. Dabei wurde deutlich gemacht, die Fahrt hätte zu diesem Preis nur deshalb durchgeführt werden können, weil man fest mit Bestellungen rechne. Diskret wurde angedeutet, es sei unanständig, sich erst gratis bewirten zu lassen und dann nichts zu kaufen.

Daraufhin entschlossen sich die meisten Teilnehmer zum Kauf. Unter anderem unterschrieb A einen Kaufvertrag über eine Heizdecke zum Preis von 240 EUR. Die Zusendung sollte gegen Nachnahme erfolgen.
1. Kann A Abnahme und Zahlung verweigern?
2. A war ordnungsgemäß bei Vertragsschluss über sein Widerrufsrecht belehrt worden, hatte die Ware angenommen und bezahlt, stellte aber sieben Monate später fest, dass eine vergleichbare Decke in Warenhäusern nur 80 EUR kostete. Kann er Rückzahlung des Kaufpreises verlangen?

Zu 1:

Anspruch des U gegen A aus § 433 Abs. 2

U kann Abnahme und Zahlung nur verlangen, wenn ein wirksamer Kaufvertrag zustande gekommen ist. A war hier zu seiner Kauferklärung anlässlich einer von U durchgeführten Ausflugsveranstaltung bestimmt worden („außerhalb von Geschäftsräumen geschlossener Vertrag"; § 312b Abs. 1 Satz 1 Nr. 4). Da U Unternehmer und A Verbraucher war, stand dem A nach § 312g Abs. 1 ein Widerrufsrecht gemäß § 355 zu. Eine Pflicht zur Abnahme und Zahlung besteht daher dann nicht, wenn A seine Kauferklärung widerrufen hat. Dies setzt nach § 355 Abs. 1 Sätze 2 und 3 eine Erklärung gegenüber dem Unternehmer voraus, aus der der Entschluss des Verbrauchers zum Widerruf des Vertrages eindeutig hervorgeht. Aus der Verweigerung der Abnahme und Zahlung geht dieser Wille des A eindeutig hervor. Mit Zugang dieser Erklärung bei U wird daher der Widerruf wirksam. Damit erlöschen die vertragliche Bindung und folglich auch der Anspruch auf Abnahme und Zahlung.

Zu 2:

1. Anspruch des A gegen U aus §§ 312g Abs. 1, 355 Abs. 3 Satz 1

Im Falle des Widerrufs eines außerhalb von Geschäftsräumen geschlossenen Vertrages kann jede Partei Rückgabe der erbrachten Leistungen nach § 355 Abs. 3 verlangen. Dies würde voraussetzen, dass A noch widerrufen könnte. Ein Widerruf ist dem A hier aber wegen der erfolgten Belehrung über das Widerrufsrecht (§ 356 Abs. 2 Satz 1) nicht mehr möglich, da die ab Erhalt der Ware laufende vierzehntätige Widerrufsfrist (§§ 355 Abs. 2, 356 Abs. 2 Nr. 1 Buchst. a bereits abgelaufen war.

2. Anspruch des A gegen U aus § 812 Abs. 1 Satz 1

A kann jedoch nach § 812 Abs. 1 Satz 1 Rückzahlung verlangen, wenn der Kaufvertrag aus einem anderen Grunde unwirksam ist.

a) Der Kaufvertrag könnte wegen **Wuchers** gemäß § 138 Abs. 2 nichtig sein. Voraussetzung dafür ist zunächst, dass sich jemand „für eine Leistung Vermögensvorteile versprechen oder gewähren lässt, die in einem **auffälligen Missverhältnis** zu der Leistung stehen". Es müssen also Leistung und Gegenleistung in ihrem **objektiven Wert** miteinander verglichen werden. Wann ein auffälliges Missverhältnis beider Leistungen vorliegt, kann nicht generell, sondern nur aufgrund einer umfassenden Würdigung des Einzelfalls entschieden werden (BGHZ 80, 153). In der Regel liegt aber ein auffälliges Missverhältnis vor, wenn der Preis etwa doppelt so hoch ist wie der tatsächliche Wert (BGH NJW 2000, 2669). Ein Aufschlag von 200 % auf den Verkehrswert, wie hier der Fall, bewirkt daher zweifelsohne ein auffälliges Missverhältnis.

Das Missverhältnis allein reicht jedoch für den Wucher nicht aus. Das Rechtsgeschäft muss vielmehr „unter Ausbeutung der Zwangslage, der Unerfahrenheit, des Mangels an Urteilsvermögen oder der erheblichen Willensschwäche" des Gegners zustande gekommen sein.

Eine **„Zwangslage"**, also ein zwingendes Bedürfnis nach der Leistung des Wucherers, mag es auf wirtschaftlicher Bedrängnis oder anderen Umständen beruhen, lag bei A nicht vor. **„Unerfahrenheit"** ist ein Mangel an Lebens- und Geschäftserfahrung. Sie kann nicht nur bei Jugendlichen, sondern auch bei Alten und geistig Beschränkten gegeben sein und muss sich auch nicht auf alle Lebens- und Wirtschaftsbereiche erstrecken. Jedoch dürfte die Unkenntnis vom Verkehrswert einer Leistung infolge fehlender Marktübersicht für sich allein noch keine Unerfahrenheit begründen. Ein Käufer, der sich nicht selbst informiert, obwohl er dazu in der Lage ist, ist nicht schutzwürdig (vgl. BGH NJW 1979, 758; ferner WM 1982, 849). **„Mangelndes Urteilsvermögen"** setzt voraus, dass der Betroffene die Bedeutung des **konkreten Geschäfts,** insbesondere das Verhältnis von Leistung und Gegenleistung, nicht vernünftig beurteilen konnte. Die bloße Unkenntnis von den Nachteilen eines Vertrages reicht hierfür nicht aus. Es muss vielmehr die Fähigkeit zur Beurteilung, z. B. aufgrund von Verstandesschwäche oder allgemeiner Sorglosigkeit, fehlen oder getrübt sein (BGH NJW 2006, 3054 Rn. 28). Dafür liegen hier keine Anhaltspunkte vor. „**Erhebliche Willensschwäche**" ist gegeben, wenn der Betroffene zwar in der Lage ist, Umfang und Bedeutung des Geschäfts an sich zu erfassen, aber nicht die Willenskraft hat, sein Verhalten entsprechend zu steuern. Dies ist z. B. bei Alkohol- und Drogenabhängigkeit zu bejahen, noch nicht dagegen bei Labilität gegenüber geschickter Werbung, weil die Willensschwäche „erheblich" sein muss.

Die erfolgreiche Ausübung eines sog. **psychischen Kaufzwanges,** wie er hier stattfand, lässt daher noch nicht automatisch auf eine „erhebliche Willensschwäche" bei den Kunden schließen, mag ein solches Verhalten auch unlauter sein. Allerdings kann dieses Verhalten im Einzelfall eine „erhebliche Willensschwäche" hervorrufen (Palandt/*Ellenberger* § 138 BGB Rn. 73). Jedoch ist insoweit Zurückhaltung geboten, weil sonst die Regelung und Wertung des § 123 (bloße Anfechtbarkeit bei arglistiger Täuschung oder widerrechtlicher Drohung) sowie des § 312g unterlaufen würde. Mangels besonderer Anhaltspunkte ist daher auch eine „erhebliche Willensschwäche" zu verneinen. Der Wuchertatbestand ist daher nicht erfüllt.

b) Sind die Voraussetzungen des § 138 Abs. 2 nicht erfüllt, kann das Geschäft gleichwohl als „**wucherähnliches Geschäft**" nach § 138 Abs. 1 nichtig sein. Erforderlich hierfür ist nach der Rspr. (vgl. BGH NJW 2014, 1652 Rn. 10), dass der Vertrag ein auffälliges Missverhältnis zwischen Leistung und Gegenleistung aufweist, und der Handelnde sich von einer **verwerflichen** Gesinnung leiten lässt. Letzteres ist insbesondere der Fall, wenn der Handelnde die schwierige Lage des Gegners bewusst ausnutzt oder sich leichtfertig der Erkenntnis verschließt, dass sich der Gegner wegen seiner schwierigen Lage auf das Geschäft einlässt. Hier hat U bewusst eine schwierige Lage des K herbeigeführt und ausgenutzt, um sich eine auffällig überhöhte Gegenleistung versprechen zu lassen. Unabhängig davon ist nach der Rspr. (BGHZ 146, 298, 302 ff.; BGH NJW 2006, 3054 Rn. 34) bei einem besonders groben Missverhältnis zwischen Leistung und Gegenleistung auf eine verwerfliche Gesinnung zu schließen. Das ist hier der Fall, weil der Wert der Leistung des A mehr als doppelt so hoch war wie der Wert der Leistung des U. Somit ist das Geschäft als „wucherähnlich" und damit sittenwidrig nach § 138 Abs. 1 zu beurteilen. Da für die Leistung des A kein Vertrag als „rechtlicher Grund" vorliegt, ist sein Bereicherungsanspruch begründet.

83. Teilnichtigkeit

A und seine Frau F waren Miteigentümer eines Hausgrundstücks je zur Hälfte. Nach dem Tod des A erbte sein minderjähriger Sohn S die Miteigentumshälfte. Bald darauf verkaufte F das Grundstück in notariellem Kaufvertrag an D. Sie handelte dabei in eigenem Namen und im Namen des S. Das Familiengericht verweigerte die Genehmigung, weil das Grundstück zu billig verkauft worden war. D möchte wissen, ob er wenigstens Anspruch auf Übertragung der Eigentumshälfte der F hat.

Kapitel 4. Rechtsgeschäftslehre

Anspruch des D gegen F aus § 433 Abs. 1 Satz 1

Der Kaufvertrag stellte sich nach dem Willen der Parteien als **einheitliches Rechtsgeschäft** dar, das sich aus zwei **Teilgeschäften** (Vertragsbeziehungen zwischen D und S sowie zwischen D und F) zusammensetzte. F hatte den Kaufvertrag im Hinblick auf die Eigentumshälfte des S als seine gesetzliche Vertreterin geschlossen. Sie bedurfte dazu gemäß §§ 1643 Abs. 1, 1821 Abs. 1 Nr. 4 der Genehmigung des Familiengerichts. Die Verweigerung dieser Genehmigung führte im Hinblick auf diese Eigentumshälfte zur endgültigen Unwirksamkeit des Kaufvertrages. Dies bewirkte aber nicht notwendig, dass auch die Verpflichtung zur Übertragung der Eigentumshälfte der F unwirksam war.

Maßgebend ist zunächst, was die Parteien für diesen Fall gewollt haben: Unwirksamkeit des ganzen Vertrages oder Aufrechterhaltung des wirksamen Teils. Dies ist durch **Auslegung** zu ermitteln (vgl. Erman/*Palm* § 139 BGB Rn. 1). Erst wenn die Auslegung kein eindeutiges Ergebnis bringt, greift die Regel des § 139 ein: Danach führt die Teilnichtigkeit zur **Gesamtnichtigkeit** des Rechtsgeschäfts, „**wenn nicht anzunehmen ist, dass es auch ohne den nichtigen Teil vorgenommen sein würde**". Da die (endgültige) Unwirksamkeit der Nichtigkeit gleichsteht, ist § 139 auch auf teilunwirksame Geschäfte, wie hier, anzuwenden (allg. M., vgl. z. B. BGHZ 53, 174, 179). § 139 fordert die Feststellung des **mutmaßlichen Parteiwillens, sofern sich der wirkliche Parteiwille nicht feststellen lässt**. Es ist zu fragen, ob die Parteien **vernünftigerweise** das Rechtsgeschäft auch ohne den nichtigen (bzw. unwirksamen) Teil vorgenommen hätten. Dazu ist eine **Interessenabwägung** erforderlich (vgl. BGH NJW 1994, 1470, 1471).

Eine konkrete Regelung zwischen den Parteien ist nicht feststellbar. Daher ist auf den mutmaßlichen Parteiwillen abzustellen: Hätte F vernünftigerweise gewollt, dass ihr Eigentumsanteil auf D übergehen sollte, auch wenn ihr Sohn seinen Anteil behielte? Da F kraft ihrer Vermögenssorgepflicht zur optimalen Verwertung des Vermögens des S gehalten ist, ein bloßer Eigentumsanteil an einer Sache in der Regel aber schwieriger zu veräußern ist als die Sache selbst, ist die Frage zu verneinen. Es bleibt daher bei der Regel, dass die Teilnichtigkeit zur vollständigen Nichtigkeit führt. D hat daher keinen Anspruch gegen F.

---

84. Umdeutung

Die Witwe W hatte an den Studenten S ein möbliertes Zimmer innerhalb ihrer Wohnung vermietet und mit ihm eine monatliche Zahlung der Miete vereinbart. Schon mehrfach hatte sie ihm erklärt, sie dulde es nicht, wenn er seine Freundin über Nacht in das Zimmer nehme. Da S sich nicht daran hielt, kündigte sie ihm mit eingeschriebenem Brief unter Angabe des Grundes fristlos. S weigerte sich auszuziehen, da die Kündigung unwirksam sei. W klagte nach Ablauf von vier Monaten auf Räumung. Mit Erfolg?

Anspruch der W gegen S auf Räumung gemäß § 546 Abs. 1

W kann von S gemäß § 546 Abs. 1 Rückgabe der gemieteten Sache, also Räumung des Zimmers, verlangen, wenn das Mietverhältnis durch die Kündigung beendet worden war. Dies setzt Wirksamkeit der Kündigung voraus. Gemäß § 543 Abs. 1 Satz 1 kann ein Mietverhältnis aus wichtigem Grund außerordentlich **fristlos** gekündigt werden. Nach § 543 Abs. 1 Satz 2 liegt ein wichtiger Grund vor, wenn dem Kündigenden unter Berücksichtigung aller Umstände des Einzelfalls, insbesondere eines Verschuldens der Vertragsparteien und unter Abwägung der beiderseitigen Interessen die Fortsetzung des Mietverhältnisses bis zum Ablauf der Kündigungsfrist nicht zugemutet werden kann. Eine Vertragspflicht des Mieters, sein Privatleben nach den Moralmaßstäben des Vermieters zu gestalten, besteht nicht; entsprechende Mietvertragsklauseln wären nach § 138 Abs. 1 nichtig. Die gelegentliche Beherbergung der Freundin stellt daher keine Verletzung mietvertraglicher Pflichten dar. Mangels eines Kündigungsgrundes war somit die fristlose Kündigung nichtig.

Dies bedeutete allerdings nicht zwangsläufig, dass das Mietverhältnis uneingeschränkt fortbestand. Denn W hätte nämlich dem S auch ordentlich, d. h. unter Einhaltung der gesetzlichen Kündigungsfrist (hier: gemäß § 573c Abs. 3 i. V. m. § 549 Abs. 2 Nr. 2 spätestens am 15. eines Monats zum Ablauf dieses Monats), kündigen können. Eine ordentliche Kündigung war zwar nicht ausgesprochen worden. Jedoch könnte die nichtige fristlose Kündigung in eine ordentliche Kündigung **umgedeutet** werden.

Entspricht nämlich ein nichtiges Rechtsgeschäft den Erfordernissen eines anderen Rechtsgeschäfts, so gilt gemäß § 140 das letztere, wenn anzunehmen ist, dass dessen Geltung bei Kenntnis der Nichtigkeit gewollt wäre (sog. **Umdeutung** oder **Konversion**). Zweck dieser Vorschrift ist es, den erstrebten **wirtschaftlichen** Erfolg auch dann zu verwirklichen, wenn das gewählte Mittel unzulässig ist, jedoch ein anderer rechtlich gangbarer Weg zur Verfügung steht, der zum annähernd gleichen wirtschaftlichen Ergebnis führt (BGHZ 68, 204, 206). Die Umdeutung steht also funktionell der ergänzenden Vertragsauslegung nahe (BGHZ 19, 269, 273). Die nichtige fristlose Kündigung entsprach den Erfordernissen einer ordentlichen Kündigung, da hierfür nur eine Kündigungserklärung erforderlich ist. Es ist ferner zu fragen, ob W eine ordentliche Kündigung gewollt hätte, wenn sie die Nichtigkeit der fristlosen Kündigung gekannt hätte (Ermittlung des mutmaßlichen [hypothetischen] Parteiwillens, vgl. BGH NJW 1971, 420). W wollte offenbar das Mietverhältnis auf jeden Fall beenden, was für S auch **eindeutig** erkennbar war. Dieses wirtschaftliche Ergebnis wird auch durch eine ordentliche Kündigung erreicht. Eine Umdeutung ist daher gerechtfertigt (vgl. BGH NJW 1981, 976, 977).

Da die Frist für die ordentliche Kündigung eingehalten worden ist, ist der Räumungsanspruch gegeben.

85. Bestätigung

K hatte aufgrund notariellen Kaufvertrages von V ein Mietshaus gekauft und eine Anzahlung von 20.000 EUR geleistet. Die Auflassung sollte erst bei vollständiger Zahlung erfolgen. Später stellte er fest, dass V ihn über die Höhe der Mieterträge arglistig getäuscht hatte. Er focht daher den Kaufvertrag an. Da V nicht reagierte und zweifelhaft war, ob er die Anzahlung

zurückzahlen könne, führte K die Hausverwaltung fort, zog insbesondere die Miete ein und schloss neue Mietverträge ab. Ein halbes Jahr später klagte er auf Rückzahlung der Anzahlung Zug um Zug gegen Rückgabe des Hauses und der Mieteinnahmen.
1. Wird er damit Erfolg haben?
2. Wie wäre zu entscheiden, wenn K in Kenntnis der Anfechtungsmöglichkeit die Hausverwaltung fortgeführt und erst gleichzeitig mit der Klageerhebung die Anfechtung erklärt hätte?

Anspruch des K gegen V auf Rückzahlung gemäß § 812 Abs. 1 Satz 1 Alt. 1

Zu 1:

K hatte den Kaufvertrag gemäß § 123 wirksam angefochten, da er von V durch arglistige Täuschung zum Vertragsschluss bewogen worden war. Dies bewirkte gemäß § 142 Abs. 1, dass der Kaufvertrag als von Anfang an nichtig anzusehen war. Für die Zahlung lag somit kein rechtlicher Grund i. S. d. § 812 Abs. 1 Satz 1 vor. An sich bestünde daher ein Rückzahlungsanspruch.

Dem könnte jedoch die Weiterbenutzung des Kaufgegenstandes entgegenstehen, da darin eine Bestätigung nach § 141 Abs. 1 erblickt werden könnte. Unter einer **„Bestätigung"** versteht man eine rechtsgeschäftliche Erklärung, durch die ein fehlerhaft zustande gekommenes Rechtsgeschäft nachträglich als gültig anerkannt wird. Voraussetzung ist aber Kenntnis von der (möglichen) Fehlerhaftigkeit des Rechtsgeschäfts. Die Bestätigung muss an sich nicht ausdrücklich erklärt werden, es genügt auch ein Verhalten, aus dem auf einen Bestätigungswillen zu schließen ist (schlüssiges Verhalten). Dazu rechnet etwa die weitere Vertragserfüllung, u. U. auch die Weiterbenutzung des Kaufgegenstandes, sofern sie nicht wirtschaftlich geboten ist (z. B. Benutzung bis zur Beschaffung eines Ersatzstücks zur Abwendung größerer Nachteile; BGH NJW 1971, 1795, 1800).

Nach § 141 Abs. 1 ist jedoch die Bestätigung eines **nichtigen** (bzw. **angefochtenen,** arg. § 142 Abs. 1) Rechtsgeschäfts als **„erneute Vornahme"** zu beurteilen. Bei formbedürftigen Geschäften muss also auch die Bestätigung in dieser Form erfolgen (BGH NJW 1985, 2579, 2580). Dazu wäre hier der Abschluss eines notariellen Vertrages erforderlich gewesen. Dies war hier nicht geschehen. Mangels wirksamer Bestätigung bleibt es daher dabei, dass K die Rückzahlung fordern kann. Dieser Anspruch ist durch das Verhalten des K auch nicht **verwirkt.**

Zu 2:

Der Rückzahlungsanspruch wäre dann ausgeschlossen, wenn die Anfechtung nicht mehr zulässig gewesen wäre. Die Anfechtung nach § 123 kann gemäß § 124 Abs. 1 und 2 binnen eines Jahres nach Entdeckung der Täuschung erklärt werden. Diese Frist wäre hier gewahrt. K könnte jedoch sein Anfechtungsrecht durch **Bestätigung nach § 144 Abs. 1** verloren haben. § 144 bezieht sich auf **anfechtbare** Rechtsgeschäfte (bei **angefochtenen** gilt § 141). Diese Bestätigung erfolgt durch einseitige, formlose (§ 144 Abs. 2) Willenserklärung. Sie ist nicht als Neuvornahme des Rechtsgeschäfts, sondern als Verzicht auf das Anfechtungsrecht zu werten.

E. Form und Inhalt des Rechtsgeschäfts

Die Bestätigung nach § 144 kann ebenfalls schlüssig erklärt werden. An das Vorliegen einer konkludenten Bestätigung sind jedoch strenge Anforderungen zu stellen, weil man auf ein Anfechtungsrecht nicht ohne Weiteres zu verzichten pflegt. Das Verhalten des Anfechtungsberechtigten darf keine andere Deutung als die einer Kundgabe des Bestätigungswillens zulassen (BGHZ 110, 220, 222). Da die Fortsetzung der Hausverwaltung zur ordnungsmäßigen Bewirtschaftung geboten war und im Falle einer späteren Anfechtung auch den Interessen des V entsprach, ist daraus noch nicht auf einen Bestätigungswillen zu schließen. Die Anfechtung war daher wirksam erklärt. K kann die Anzahlung zurückfordern.

86. Gesetzesumgehung

Die H leitet ein Pflegeheim. Zu den von ihr betreuten Heimbewohnern gehört auch der 86-jährige S. Um sich das Wohlwollen der H und eine bessere Betreuung zu sichern, verspricht S der H, sie zu seiner Alleinerbin einzusetzen. Die H meint dazu, dies sei nun wirklich nicht nötig. Aber wenn S ein gutes Werk tun wolle, möge er ihre studierende Tochter T als Erbin einsetzen. Daraufhin errichtet S ein formgültiges Testament, in dem er die T als seine Alleinerbin einsetzt. Bald darauf stirbt S, und die T nimmt seine Hinterlassenschaft in Besitz. Als A, der einzige Sohn des S, davon erfährt, möchte er wissen, ob die Erbeinsetzung wirksam ist oder ob er als gesetzlicher Erbe Anspruch auf das Erbe hat.

Anspruch des A gegen T auf Herausgabe gemäß § 2018

A kann gemäß § 2018 von T Herausgabe der von ihr (als vermeintlicher Erbin) in Besitz genommenen Erbschaftsgegenstände verlangen, wenn nicht sie, sondern er der wahre Erbe ist. Als unmittelbarer Abkömmling des S ist A gesetzlicher Erbe i. S. d. § 1923 Abs. 1. Er ist aber nur dann zum Erben berufen, wenn S nicht durch Testament einen Erben bestimmt hat (§ 1937). Hier hat S ein formgültiges (§ 2247) Testament errichtet, sodass an sich die T als Erbin des S anzusehen ist.

Etwas anderes würde nur dann gelten, wenn das Testament aus einem anderen Grunde unwirksam ist. Hier kommt eine Unwirksamkeit nach § 134 i. V. m. § 14 Abs. 5 HeimG in Betracht. Danach ist es dem Leiter, den Beschäftigten oder sonstigen Mitarbeitern eines Heims untersagt, sich von Heimbewohnern neben der vom Träger erbrachten Vergütung Geld oder geldwerte Leistungen für die Erfüllung der Pflichten aus dem Heimvertrag versprechen oder gewähren zu lassen, soweit es sich nicht um geringwertige Aufmerksamkeiten handelt. Diese Vorschrift soll u. a. verhindern, dass das Recht der Heimbewohner auf freie Verfügung von Todes wegen durch offenen oder versteckten Druck faktisch gefährdet wird (vgl. BayObLG NJW 2000, 1875, 1876). Dieser Zweck kann nur dadurch erreicht werden, dass die von der Norm erfassten Rechtsgeschäfte unwirksam sind. Daher stellt § 14 Abs. 5 HeimG ein gesetzliches Verbot i. S. d. § 134 dar. Wäre H von S als Erbin eingesetzt worden, wäre der Tatbestand des § 14 Abs. 5 HeimG erfüllt und damit das Testament nach § 134 nichtig. Denn es war die Absicht des S, der H sein Vermögen, also Geld oder geldwerte Vorteile für die Erfüllung der Pflichten aus dem Heimvertrag zukommen zu lassen.

Das Problem ist nun, dass nicht H, sondern auf ihren Vorschlag hin ihre Tochter T zur Erbin eingesetzt worden war. Denn T gehört nicht zu dem von § 14 Abs. 5 HeimG erfassten Personenkreis. Rein formal gesehen ist der Tatbestand dieser Norm daher nicht erfüllt. Wollte man es dabei bewenden lassen, so wäre es freilich ein Leichtes, die Norm des § 14 Abs. 5 HeimG zu umgehen. Die Frage ist daher, ob ein Umgehungsgeschäft, also ein Rechtsgeschäft mit dem ein gesetzliches Verbot umgangen wird, ebenfalls unwirksam ist.

In manchen Rechtsnormen ist ausdrücklich ein derartiges **Umgehungsverbot** angeordnet (z.B. in § 312k Abs. 1 Satz 2). Darüber hinaus ist jedoch allgemein anerkannt, dass ein Rechtsgeschäft wegen **Gesetzesumgehung** unwirksam ist, wenn der missbilligte Erfolg (Verschaffen von Vermögensvorteilen durch Druckausübung auf Heimbewohner) durch andere, vom Gesetz formal nicht erfasste rechtliche Gestaltungsmöglichkeiten erreicht werden soll oder mit anderen Worten das Rechtsgeschäft den Gesetzeszweck vereiteln würde. Letztlich handelt es sich daher um ein Problem der Auslegung oder analogen Anwendung des Verbotsgesetzes unter Berücksichtigung des Verbotszwecks (vgl. BGHZ 110, 47, 64; *Wolf/Neuner* § 46 Rn. 27).

Der Zweck des § 14 Abs. 5 HeimG würde leerlaufen, wenn der missbilligte Erfolg dadurch erreicht werden könnte, dass der genannte Personenkreis (Leiter usw.) indirekt über nahe stehende Angehörige doch begünstigt werden könnte (BayObLG NJW 2000, 1975, 1976). Daher ist diese Vorschrift analog auf die Erbeinsetzung naher Angehöriger, wie hier der T, anzuwenden. Die Erbeinsetzung der T ist daher nach § 134 i.V.m. § 14 Abs. 5 HeimG analog nichtig. Sonach ist A Erbe geworden und hat den Anspruch auf Herausgabe.

F. Auslegung des Rechtsgeschäfts

87. Gesetzesauslegung und Rechtsgeschäftsauslegung

Der Gebrauchtwagenhändler G kaufte von F ein Geländefahrzeug, das F bei G abliefern sollte. Da G sofort einen Interessenten fand, wollte er das Fahrzeug sogleich bekommen. Andererseits wollte er F, der als schwierig galt, nicht verärgern. Er schrieb dem F daher, er wäre sehr dankbar für eine Mitteilung darüber, wann er den Wagen abliefere. Als G das Fahrzeug fünf Tage später erhielt, hatte sich die Verkaufsmöglichkeit zerschlagen. Dem G entging dadurch ein Gewinn von 500 EUR. Kann er diesen Betrag von F ersetzt verlangen?

Anspruch des G gegen F aus §§ 280 Abs. 2, 286 Abs. 1

Der Anspruch setzt voraus, dass F mit der Lieferung des Wagens (§ 433 Abs. 1 Satz 1) in Verzug kam. Verzug erfordert wiederum grundsätzlich eine „Mahnung" gemäß § 286 Abs. 1 Satz 1. Eine solche Mahnung könnte in dem Schreiben des G an F enthalten sein. Dazu ist zweierlei zu klären: (1.) Was ist unter einer Mahnung zu verstehen? (2.) Erfüllt das Schreiben die Anforderungen an eine Mahnung?

1. Der Begriff der Mahnung ist im Gesetz nicht definiert. Seine Bedeutung muss daher im Wege der **Gesetzesauslegung** erschlossen werden. **Ziel** der Gesetzesauslegung ist nach heute h. M. (vgl. BGHZ 46, 74, 76) die Erfassung des im Gesetz objektivierten Willens des Gesetzgebers. Diesem Ziel dienen die nebeneinander zulässigen, sich gegenseitig ergänzenden **Methoden** der Auslegung: die **grammatikalische** Auslegung, die den möglichen Wortsinn ermitteln soll, die **systematische** Auslegung, die aus der Stellung der Norm im Gesetzeszusammenhang Schlüsse zu ziehen versucht, die **historische** Auslegung, die aus Entstehungsgeschichte und Gesetzesmaterialien zur Sinnermittlung beitragen soll sowie schließlich und hauptsächlich die **teleologische** Auslegung, die nach dem Zweck der Norm (**ratio legis**) fragt (vgl. *Köhler* § 4 Rn. 13 ff.).

Die Auslegung des Begriffs der Mahnung ergibt (ohne dass dies im Einzelnen ausgeführt werden soll), dass damit eine **eindeutige** und **bestimmte Leistungsaufforderung** gemeint ist.

2. Ob eine Erklärung des Gläubigers diesen Anforderungen entspricht, ist ebenfalls durch Auslegung zu klären. Allerdings handelt es sich hierbei nicht um Gesetzesauslegung, vielmehr greifen die Grundsätze über die **Rechtsgeschäftsauslegung** ein. Die Mahnung ist zwar kein Rechtsgeschäft, da ihre Rechtsfolge (Verzug) kraft Gesetzes eintritt, ohne dass der Parteiwille darauf gerichtet sein müsste. Jedoch sind solche sog. **geschäftsähnlichen Handlungen,** darüber hinaus jedes rechtlich relevante Verhalten, wie Rechtsgeschäfte auszulegen (vgl. BGH NJW 1995, 45, 46). Das BGB hat hierfür zwei Auslegungsvorschriften, nämlich § 133 und § 157, aufgestellt (vgl. dazu die folgenden Fälle).

Die Erklärung des G lässt zwei Auslegungsmöglichkeiten zu: bloße Anfrage hinsichtlich des genauen Lieferzeitpunktes zum Zwecke der geschäftlichen Disposition oder zwar besonders höfliches, gleichwohl aber bestimmtes Leistungsverlangen (vgl. RGZ 93, 300, 301). Die Entscheidung hängt von den Begleitumständen ab, die bei der Auslegung mit zu berücksichtigen sind. Da keine sofortige Ablieferung vereinbart, eine Verzögerung der Ablieferung im Zeitpunkt der Abfassung des Schreibens aus der Sicht des F also nicht anzunehmen war, brauchte F das Schreiben nicht als eindeutige und bestimmte Leistungsaufforderung verstehen. Dass G dies an sich wollte, ist unerheblich, da er diesen Willen nicht hinreichend deutlich zum Ausdruck brachte. Die Auslegung der Anfrage des G führt somit zu dem Ergebnis, dass keine Mahnung vorliegt. Das Zahlungsverlangen des G ist unbegründet.

88. Auslegung der empfangsbedürftigen Willenserklärung

Der Fliesenleger F interessierte sich für einen gebrauchten Lieferwagen, der beim Kfz-Händler H ausgestellt war. Er war bereit, den dafür geforderten Preis von 15.000 EUR zu bezahlen. Als H ihm die Verkaufsurkunde vorlegte, die u. a. die gedruckte Klausel enthielt „Fahrzeug gebraucht und unter Ausschluss jeder Gewährleistung", bestand F darauf, dass noch der „TÜV" durchgeführt werde. Daraufhin fügte H in die Kaufvertragsurkunde handschriftlich den Zusatz *„TÜV neu 2017"* ein. F war damit zufrieden und beide unterschrieben den Kaufvertrag. Nachdem die Hauptuntersuchung i. S. d. § 29 StVZO durchgeführt und die Prüfbescheinigung vom Technischen Überwachungsverein (TÜV) erteilt worden war, übergab H dem F das Fahr-

> zeug. Schon während der Heimfahrt stellte F freilich fest, dass die Lenkung nicht in Ordnung war. Er brachte daher das Fahrzeug zu H zurück und verlangte von ihm Beseitigung des Mangels. H wandte ein, ein solcher Anspruch bestehe nicht, da die Haftung ausgeschlossen und der „TÜV", wie von F verlangt, durchgeführt worden sei. Dass der TÜV den Mangel nicht entdeckt habe, sei nicht sein Problem. – Wie ist zu entscheiden?

Anspruch des F gegen H auf Mängelbeseitigung gemäß §§ 434 Abs. 1 Satz 1, 437 Nr. 1, 439 Abs. 1

F kann nach den §§ 434 Abs. 1 Satz 1, 437 Nr. 1, 439 Abs. 1 von H Mangelbeseitigung verlangen, wenn (1.) die Kaufsache bei Gefahrübergang mangelhaft i. S. d. § 434 Abs. 1 Satz 1 ist und (2.) der Haftungsausschluss dem nicht im Wege steht.

1. Vorliegen eines Sachmangels

Nach § 434 Abs. 1 ist die Sache frei von Sachmängeln, wenn sie bei Gefahrübergang die vereinbarte Beschaffenheit hat. Daher ist zu fragen, ob und mit welchem Inhalt die Parteien eine Beschaffenheitsvereinbarung getroffen haben. Dafür kommt hier nur die Vertragsklausel „TÜV neu 2017" in Betracht. Fraglich ist jedoch, welche Bedeutung diese Klausel hat. Dies ist durch Auslegung (§§ 133, 157) zu ermitteln.

a) Bei der Auslegung von Willenserklärungen stehen sich unterschiedliche Interessen gegenüber: Der Erklärende wünscht, dass die Erklärung so gilt, wie er sie gemeint hat; der Gegner wünscht, dass sie so gilt, wie er sie verstanden hat. Darüber hinaus besteht ein Interesse des Rechtsverkehrs, dass die Erklärung so gilt, wie sie objektiv, d. h. aus der Sicht unbeteiligter Dritter, zu verstehen ist. Je nach Art der Erklärung sind diese Interessen unterschiedlich zu gewichten, mit der Folge unterschiedlicher **Auslegungsgrundsätze** hinsichtlich des **Auslegungsziels** und der **Auslegungsmittel**.

b) Da die Erklärung „TÜV neu 2017" Teil des Verkaufsangebots des H war, war sie Bestandteil einer **empfangsbedürftigen Willenserklärung.** Für die Auslegung solcher Erklärungen ist zunächst § 133 heranzuziehen. Danach ist bei der Auslegung einer Willenserklärung der wirkliche Wille zu erforschen und nicht an dem buchstäblichen Sinne des Ausdrucks zu haften. Das bedeutet aber nicht, dass deshalb der innere Wille des Erklärenden maßgebend wäre. Dies ergibt sich schon aus der Regelung des § 119, nach der der objektive Erklärungstatbestand bei unbewusstem Auseinanderfallen von innerem Willen und objektiv Erklärtem durch Anfechtung beseitigt werden muss. Da die empfangsbedürftige Willenserklärung für einen anderen bestimmt ist, ist der rein innerlich gebliebene, für den Empfänger nicht erkennbar gewordene Wille daher grundsätzlich unbeachtlich (BGH NJW 1986, 3131, 3132). Für empfangsbedürftige Willenserklärungen gilt vielmehr: Ziel der Auslegung ist die Ermittlung des Sinns der Erklärung, so wie er sich aus den Verständnismöglichkeiten des Empfängers ergibt (Auslegung nach dem Empfängerhorizont, vgl. BGH NJW 2008, 2702 Rn. 30). Maßgebend ist also der **objektive Erklärungswert.** Es kommt darauf an, wie der Empfänger die Erklärung verstehen

durfte bzw. **musste** (also **normative** Auslegung), nicht wie er sie tatsächlich verstanden hat. **Auslegungsmittel** sind der Wortsinn der Erklärung und sämtliche Begleitumstände. Dabei sind vor allem die Interessenlage der Beteiligten und der Geschäftszweck bedeutsam. Der Empfänger darf daher der Erklärung nicht einfach den für ihn günstigsten Sinn beilegen. Vielmehr muss er unter Berücksichtigung aller ihm bekannten Umstände prüfen, was der Erklärende gemeint hat. Auch die in § 157 genannten Maßstäbe von Treu und Glauben und der Verkehrssitte sind bei der Auslegung einer Willenserklärung im Auge zu behalten (BGH NJW 2008, 2702 Rn. 30).

c) Daraus ergibt sich: Es kommt nicht darauf an, wie H seine Erklärung „TÜV neu 2017" subjektiv verstanden hat und verstanden wissen wollte, auch nicht darauf, wie F sie tatsächlich verstanden hat, sondern wie F sie verstehen durfte (BGHZ 103, 275, 280). Nach dem **Wortlaut** ist die Klausel jedenfalls dahin zu verstehen, dass das Fahrzeug vor der Übergabe noch einer Hauptuntersuchung nach § 29 StVZO unterzogen werden sollte, nicht notwendig aber dahin, dass das Fahrzeug bei Übergabe einen verkehrssicheren Zustand haben sollte. Beim Wortlaut darf aber die Auslegung nicht stehen bleiben, es sind vielmehr die Begleitumstände, insbesondere die **Interessenlage** und die besonderen Marktverhältnisse bei Gebrauchtwagenverkäufen zu berücksichtigen. Wird einem Gebrauchtwagenkäufer zugesagt, dass die Hauptuntersuchung nach § 29 StVZO noch durchgeführt werden soll, so erwartet er nicht nur die formale Durchführung der Untersuchung, sondern ein den Vorschriften tatsächlich entsprechendes Fahrzeug. Diese Erwartung richtet sich nicht an die amtliche Prüfstelle, da diese dem Kfz-Halter gegenüber nicht unmittelbar für die Erfüllung ihrer Prüfpflichten haftet, sondern an den Verkäufer. Da grundsätzlich damit zu rechnen ist, dass bei der amtlichen Prüfung Mängel, die die Verkehrssicherheit betreffen, festgestellt werden, geht die Erwartung des Käufers typischerweise dahin, der für die Veranlassung der amtlichen Prüfung verantwortliche bisherige Halter bzw. Verkäufer werde die Voraussetzungen für eine erfolgreiche Annahme schaffen. Dieses Interesse ist für den Verkäufer auch erkennbar. Auch ist zu berücksichtigen, dass er bei ordnungsgemäßer Feststellung des Mangels im Rahmen der Hauptuntersuchung ohnehin den Mangel beseitigen müsste. Er wird daher nicht unbillig belastet, wenn ihm die die Verpflichtung zur Mangelbeseitigung auch für den Fall auferlegt wird, dass der Mangel von der Prüfstelle aufgrund von Nachlässigkeit nicht festgestellt wird. Daher ist die Erklärung „TÜV neu 2017" bei einer Auslegung nach den §§ 133, 157 dahin zu verstehen, dass der Verkäufer die Zusicherung abgibt, das Fahrzeug sei bei Übergabe vorschriftsgemäß verkehrssicher (BGHZ 103, 275, 281). Durch die Annahme des Angebots des H ist eine entsprechende Beschaffenheitsvereinbarung zustande gekommen.

d) Da das verkaufte Fahrzeug im Zeitpunkt des Gefahrübergangs (Übergabe gemäß § 446) nicht die vereinbarte Beschaffenheit (verkehrssicherer Zustand) aufwies, war es nicht frei von Sachmängeln i. S. d. § 434 Abs. 1 Satz 1. H kann sich nicht darauf berufen, er habe den TÜV durchführen lassen und dieser habe den Mangel nicht entdeckt.

2. Fraglich ist daher nur noch, ob dem Mangelbeseitigungsanspruch der vorformulierte Haftungsausschluss entgegensteht. Ein solcher Haftungsausschluss ist beim Gebrauchtwagenkauf grundsätzlich zulässig, da das Klauselverbot des § 309 Nr. 8 Buchst. b aa nur für „Verträge über Lieferungen neu hergestellter Sachen" gilt. Indessen haben nach § 305b individuelle Vertragsabreden Vorrang vor Allgemeinen Geschäftsbedingungen. Da die Vereinbarung „TÜV neu 2017" auf Verlangen des F und sonach individuell getroffen wurde, hat sie den Vorrang vor der Haftungsausschlussklausel. (Darauf, ob der Haftungsausschluss auch nach § 444 wegen Vorliegens einer Beschaffenheitsgarantie unwirksam ist, kommt es gar nicht mehr an.)

F hat daher einen Mangelbeseitigungsanspruch.

89. Falsa demonstratio

Der Bauherr B ließ sich im Geschäft des G Teppichböden zeigen. Seine Wahl fiel auf ein honigfarbenes Muster. Er bat den G, seine Zimmer auszumessen und ihm dann ein schriftliches Angebot zu machen. Das Angebot lautete: „100 m² Teppichboden, Marke ‚Mailand' zu 30 EUR/m²". Nachdem B den Auftrag erteilt hatte, stellte G fest, dass er sich bei der Markenbezeichnung vertan hatte. Beim Typ „Mailand" handelte es sich um eine besonders hochwertige Ware, die G für 60 EUR/m² verkaufte, während der von B gewählte Teppichboden die Markenbezeichnung „Florenz" trägt. B ist der Meinung, G müsse ihm den teureren Teppichboden für 30 EUR/m² liefern. Hat er Recht?

Anspruch des B gegen G aus § 433 Abs. 1 Satz 1

B kann Lieferung des Teppichbodens „Mailand" zu 30 EUR/m² verlangen, wenn dieser Teppichboden Kaufgegenstand war. Was Kaufgegenstand war, ist durch Auslegung zu ermitteln. Der objektive Erklärungstatbestand spricht für die Ansicht des B. Berücksichtigt man aber die gesamten Umstände, die zu dem Vertragsschluss geführt haben, so wird ersichtlich, dass B den persönlich im Geschäft ausgesuchten Teppichboden Marke „Florenz" kaufen und G auch darüber ein Angebot vorlegen wollte. Sofern die Parteien das übereinstimmend Gewollte lediglich falsch bezeichnen, erlangt ihr übereinstimmender Geschäftswille und nicht die im Verkehr übliche Bedeutung der Erklärung Geltung (BGH NJW 2008, 1658 Rn. 12; **falsa demonstratio non nocet** [= Falschbezeichnung ist unschädlich]). Der objektive Erklärungstatbestand hat keine eigenständige Bedeutung. Er dient den Parteien zur Mitteilung ihres wirklichen Willens. Haben sie sich trotz objektiv falscher Fassung ihrer Erklärung richtig verstanden, so besteht kein Bedürfnis, ihrem Willen die Rechtswirkung zu versagen und ihnen stattdessen eine tatsächlich nicht gewollte Rechtsfolge aufzuzwingen (BGH NJW-RR 1993, 785, 786). Die Belange des Verkehrs und schutzwürdige Interessen Dritter werden nicht verletzt, da bei schuldrechtlichen Verträgen die Rechtsfolgen auf die Parteien des Rechtsgeschäfts beschränkt bleiben (BGH NJW 1980, 992). B kann somit aus dem Kaufvertrag – dem beiderseitigen Willen entsprechend – nur Lieferung des Teppichbodens Marke „Florenz" für 30 EUR/m² verlangen.

90. Auslegung formgebundener Rechtsgeschäfte

Der Landwirt L war Eigentümer eines als „Buchenwaldgrundstück" bezeichneten Wald- und Wiesengeländes, das aus den beiden angrenzenden Flurstücken Nr. 829 und Nr. 830 besteht. Durch notariell beurkundeten Vertrag verkaufte er seinem Nachbarn N „das Flurstück Nr. 830" und ließ es an ihn auf. Dabei beabsichtigten sie übereinstimmend den Verkauf des gesamten Buchenwaldgrundstücks.
Nach der Eintragung des N im Grundbuch als Eigentümer des Flurstücks Nr. 830 bemerken sie, dass das äußerlich einheitliche Grundstück aus zwei Flurstücken zusammengesetzt ist. N verlangt nunmehr von L Auflassung des Flurstücks Nr. 829, die dieser wegen einer günstigeren Verkaufsmöglichkeit verweigert. Wer hat Recht?

Anspruch des N gegen L aus § 433 Abs. 1 Satz 1

Ein Anspruch des N auf Auflassung des Flurstücks Nr. 829 setzt voraus, dass L sich dazu in dem notariell beurkundeten Kaufvertrag verpflichtet hat (§§ 433 Abs. 1 Satz 1, 311b Abs. 1 Satz 1).

1. Nach dem Wortlaut der Urkunde beschränkt sich die Verpflichtung des L auf das Flurstück Nr. 830. Die Vertragsparteien haben aber lediglich den Vertragsgegenstand unbewusst unrichtig bezeichnet. Sie sind sich darüber einig gewesen, dass das gesamte Buchenwaldgrundstück veräußert werden sollte. Gemäß dem Grundsatz **„falsa demonstratio non nocet"** (vgl. → Fall 89) müsste deshalb die Auslegung diesem übereinstimmenden Rechtsfolgewillen Geltung verschaffen. Es fragt sich jedoch, welche Bedeutung in diesem Zusammenhang der Tatsache zukommt, dass die Verpflichtung zur Grundstücksübertragung nach § 311b Abs. 1 Satz 1 formgebunden ist.

2. Auch formgebundene Erklärungen sind auslegungsfähig und auslegungsbedürftig. Inwieweit allerdings Umstände außerhalb der Urkunde bei der Auslegung berücksichtigt werden dürfen, ist umstritten.

a) Nach der **Andeutungstheorie** ist die formgebundene Erklärung grundsätzlich aus sich selbst heraus auszulegen. Außerhalb der Urkunde liegende Umstände seien zur Ermittlung des Parteiwillens nur dann heranzuziehen, falls sie in der Urkunde angedeutet seien, also darin einen, wenn auch nur unvollkommenen, Ausdruck gefunden hätten (st. Rspr.; vgl. BGH NJW 1987, 2437, 2438). Da die vorliegende Urkunde nur das Flurstück Nr. 830 erwähnt und keine Andeutung enthält, auch das Flurstück Nr. 829 solle erfasst sein (etwa durch die Bezeichnung „Buchenwaldgrundstück"), erscheint es an sich folgerichtig, einen Auflassungsanspruch zu verneinen (so *Wieling* AcP 172, 297, 307 ff.). N hätte dann allerdings die Möglichkeit, sich durch Anfechtung nach § 119 Abs. 1 von dem für ihn gültigen Vertrag zu befreien.

b) Die Andeutungstheorie gilt jedoch nach der Rspr. (BGH NJW 2008, 1658 Rn. 13, 14) im Falle der **falsa demonstratio** nicht: Hätten die Parteien das übereinstimmend Gewollte **unbewusst unrichtig** bezeichnet, so gelte das Gewollte, nicht das Erklärte als beurkundet. – Danach ist ein Auflassungsanspruch zu bejahen.

c) Auszugehen ist vom jeweiligen Formzweck. § 311b Abs. 1 Satz 1 will u. a. sicherstellen, dass Inhalt und Umfang des Vertrages anhand der Urkunde klargestellt und einwandfrei bewiesen werden können (**Beweisfunktion,** vgl. BGHZ 58, 386, 394). Dagegen dient diese Vorschrift nicht dem Schutze von Drittinteressen, da das Verpflichtungsgeschäft keine Auswirkungen auf Dritte hat. Folglich braucht bei der Auslegung der Erklärung auch nicht berücksichtigt werden, wie ein unbeteiligter Dritter die Erklärung verstehen durfte. Vielmehr kommt es allein auf die Verständnismöglichkeit der Vertragspartner an. Sie sind aus diesem Grunde auch nicht gehindert, vom allgemeinen Sprachgebrauch abzuweichen. Dabei spielt es keine Rolle, ob sie absichtlich („Code") oder unabsichtlich („Falschbezeichnung") davon abweichen, ob ihre Ausdruckswahl nach allgemeinem Sprachgebrauch einen bestimmten Sinn hat oder nicht. Maßgebend ist nur, ob sie mit einem bestimmten Ausdruck sachlich dasselbe gemeint haben (BGH NJW-RR 1993, 785, 786). Dies ist durch Auslegung zu ermitteln. Im Streitfall trifft allerdings diejenige Partei die Beweislast, die eine vom allgemeinen Sprachgebrauch abweichende Ausdruckswahl behauptet. – Davon zu trennen ist die Frage, ob die Urkunde den Vertragsinhalt **vollständig** enthält, ob also (aus der Sicht der Parteien) alle Punkte, die der Beurkundung bedürfen, beurkundet sind. Hier ist der eigentliche Anwendungsbereich der Andeutungstheorie. Sie besagt, dass ein unvollständiger Urkundeninhalt nicht durch Heranziehung von Umständen außerhalb des Vertrages **vervollständigt** werden darf, sofern sie im Vertrag nicht zumindest angedeutet sind. Die Andeutungstheorie betrifft also in Wahrheit das Problem der Ergänzung unvollständiger formgebundener Erklärungen. Mit dem Problem der **falsa demonstratio** hat sie nichts zu tun. – Daraus folgt: Durch Auslegung lässt sich feststellen, dass nach dem Sprachgebrauch der Parteien mit der Bezeichnung „Flurstück Nr. 830" in Wahrheit die Flurstücke Nr. 829 und 830 gemeint waren. Anhand der Urkunde kann also unter Zugrundelegung des (nur aus der Sicht eines unbeteiligten Dritten unrichtigen) Sprachgebrauchs der Parteien der Vertragsinhalt vollständig bestimmt werden. Der Wille der Parteien ist nicht nur andeutungsweise, sondern vollständig in der Urkunde enthalten. – N ist daher im Recht.

91. Auslegung von Erklärungen an die Allgemeinheit

Der Rentner R sammelt in Parkanlagen weggeworfene Pfandflaschen. In seinem Besitz befinden sich unter anderem bereits 1.500 Mineralwasserflaschen des Herstellers H, die mit einer Banderole „H-Brunnen – Pfand 0,25 EUR" versehen sind. Er verlangt jetzt von H Zahlung von 375 EUR Zug um Zug gegen Herausgabe der Flaschen. H weigert sich zu zahlen, weil er kein Interesse an der Rücknahme der Flaschen habe und außerdem nur Käufer der Flaschen Anspruch auf den Pfandbetrag hätten, da nur diese ihn bezahlt hätten. Wer hat Recht?

Ein vertraglicher Anspruch des R besteht nur dann, wenn der Banderolenaufdruck ein Angebot des H enthält, jedem den Betrag von 0,25 EUR zu zahlen, der ihm die betreffende Flasche zurückgibt (Angebot **ad incertas personas**), und R dieses Angebot angenommen hat. Der Inhalt der Erklärung auf der Banderole ist durch Auslegung zu ermitteln. Die Besonderheit der Erklärung besteht darin, dass sie an eine **unbestimmte Vielzahl von Personen** gerichtet ist, weil ungewiss ist, wer in den Besitz der Flasche gelangt. Für die Auslegung solcher **Erklärungen an die Allgemeinheit** hat die Rspr. den Grundsatz entwickelt, dass **ausschließlich der objektive Inhalt bzw. typische Sinn der Erklärung maßgeblich** ist. Subjektive Vorstellungen des Erklärenden, die dem potentiellen Empfänger der Erklärung nicht bekannt sind und auch nicht erkennbar sind, weil sie im Inhalt der Erklärung keinen Ausdruck gefunden haben, sind nicht zu berücksichtigen (BGHZ 64, 11, 14; BGH NJW 2007, 2912 Rn. 10). Der Begriff „Pfand", verbunden mit der Angabe des Herstellers und des Pfandbetrags, vermittelt objektiv den Eindruck, dass H ein Interesse daran hat, die von ihm in den Verkehr gebrachten Flaschen zurückzubekommen, und deshalb bereit ist, jedem beliebigen Dritten für die Rückgabe den angegebenen Betrag zu zahlen. Das Angebot war daher auch an den R gerichtet, der es durch Einfordern des Betrags Zug um Zug gegen Rückgabe der Flaschen angenommen hat. – R ist daher im Recht.

Beachte: Die genannte Auslegungsregel gilt für alle Erklärungen, die sich an einen unbestimmten Personenkreis wenden, wie z. B. Satzungen von Vereinen oder Gesellschaften, Auslobungen, Vollmachturkunden, AGB.

92. Testamentsauslegung

Der Erblasser E hinterließ unter anderem ein wertvolles Rennpferd und ein Pony. In seinem Testament hat er seiner vierzehnjährigen Enkelin M „sein Rennpferd" vermacht. Die Erben des E wollen M nur das Pony herausgeben. Sie wiesen darauf hin, E habe, wenn er von „seinem Rennpferd" gesprochen habe, stets nur das Pony gemeint, während er das Rennpferd nie anders als „Blitz" genannt habe. M besteht auf der Herausgabe des Rennpferds. Sie beruft sich darauf, dass ihr dieser Sprachgebrauch des E unbekannt gewesen sei.

Anspruch aus § 2174

M könnte einen Anspruch auf Herausgabe des wertvollen Rennpferdes gegen die Erben nach § 2174 haben. Die Frage, welches der beiden Tiere Gegenstand des Vermächtnisses ist, muss durch Auslegung des Testaments geklärt werden.

1. Für die **Auslegung einseitiger letztwilliger Verfügungen** ergeben sich **besondere Maßstäbe.** Bei diesen Rechtsgeschäften fehlt eine Bindung des Erblassers an seine Erklärung: bis zu seinem Tode kann er seine testamentarischen Verfügungen jederzeit abändern oder widerrufen. Dadurch ist im Gegensatz zur Situation bei empfangsbedürftigen Willenserklärungen keine Rücksicht auf einen Erklärungsempfänger zu nehmen, der dem objektiven Sinn der Erklärung ein schutzwürdiges Vertrauen entgegenbringt. Die Auslegung kann sich somit ganz darauf konzentrieren, die Rechtsfolge zu ermitteln, die der Testator **tatsächlich** mit seiner Erklärung anstrebte. Ist der wirkliche Wille nicht feststellbar, ist der mutmaßliche Wille maßgebend (BGH NJW 1993, 256). Berücksichtigung finden auch solche Begleitumstände, die dem Begünstigten oder Dritten nicht bekannt sind. Insbesondere geht ein **abweichender Sprachgebrauch** des Erblassers dem allgemeinen Wortsinn vor (*Wolf/Neuner* § 35 Rn. 49, 50).

Zur Frage, inwieweit das Ergebnis einer derartigen natürlichen Auslegung noch dem gesetzlichen Formerfordernis entspricht, vgl. BGHZ 94, 36 sowie → Fall 90.

2. Die Auslegung des von E hinterlassenen Testaments ergibt danach, dass E seiner Enkelin nur das Pony hinterlassen hat. Nach dem Sprachgebrauch des E ist mit der Bezeichnung „mein Rennpferd" eindeutig das Pony gemeint. Dieses Ergebnis wird verstärkt durch die Überlegung, dass E seiner Enkelin offensichtlich ein ihrem Alter entsprechendes Reittier zukommen lassen wollte. Ein Rennpferd verursacht hohe Unterhaltskosten und verlangt umsichtige sportliche und wirtschaftliche Dispositionen. Unter Berücksichtigung des Sprachgebrauchs und der Umstände kann nicht angenommen werden, dass E diese der vierzehnjährigen M auferlegen wollte.

M hat daher keinen Anspruch auf das Rennpferd.

93. Einschränkende Vertragsauslegung

Der Vermieter V hatte dem Mieter M die Hundehaltung in der Mietwohnung gestattet. Als V von dem Hund eines anderen Mieters gebissen wurde, widerrief er auch gegenüber M die erteilte Erlaubnis, obwohl der Hund des M sehr friedlich und bei den Mitmietern beliebt war. Dabei stützte er sich auf die im Mietvertrag enthaltene Klausel, wonach eine erteilte Erlaubnis zur Hundehaltung jederzeit widerrufen werden kann. Er fordert M auf, seinen Hund aus der Wohnung zu entfernen. Muss M diesem Verlangen nachkommen?

Anspruch des V gegen M aus § 541

Nach § 541 kann der Vermieter gegen den Mieter auf Unterlassung klagen, wenn dieser einen vertragswidrigen Gebrauch der Mietsache trotz einer Abmahnung des Vermieters fortsetzt. Gemeint ist damit, dass dem Vermieter ein Unterlassungsanspruch zusteht. V kann von M Unterlassung der Hundehaltung in der Wohnung, d. h. Entfernung des Hundes, daher nur verlangen, wenn das Halten des Hundes einen „vertragswidrigen Gebrauch" der Wohnung darstellt. Entscheidend ist also, ob die Hundehaltung vertraglich gestattet ist oder nicht. Die ursprüngliche Gestattung wäre erloschen, wenn ein wirksamer Widerruf vorlag.

1. Nach dem **Wortlaut** der Mietvertragsklausel war der Widerruf jederzeit gestattet. An sich wäre demnach der Widerruf wirksam.

2. Verträge sind nach § 157 aber so auszulegen, wie „Treu und Glauben mit Rücksicht auf die Verkehrssitte es erfordern". Dadurch kann eine gegenüber dem Wortlaut weitere (**erweiternde Vertragsauslegung**) oder engere (**einschränkende Vertragsauslegung**) Auslegung geboten sein. Von entscheidender Bedeutung ist dabei die der Vereinbarung zugrunde liegende **Interessenlage**.

3. Daraus ergibt sich: Schafft ein Mieter aufgrund der Erlaubnis zur Tierhaltung ein Tier an, so hat er – schon wegen der Anschaffungs- und Unterhaltungskosten, vor allem aber wegen der Beziehung zum Tier – ein schutzwürdiges Interesse an dem Fortbestand der Erlaubnis. Ein schutzwürdiges Interesse des Vermieters, die Erlaubnis zu widerrufen, ist nur für den Fall anzuerkennen, dass das Tier die Mietsache beschädigt oder die Mitbewohner belästigt.

Die Mietvertragsklausel ist daher nach Treu und Glauben dahingehend auszulegen, dass der Widerruf zwar nicht an zeitliche Schranken gebunden, jedoch nur bei Vorliegen eines wichtigen Grundes gestattet ist, insbesondere wenn vom Tier konkret nachweisbare Störungen ausgehen (vgl. Palandt/*Weidenkaff* § 535 BGB Rn. 26). Ein solcher zum Widerruf berechtigender Grund hat hinsichtlich des Hundes des M nicht vorgelegen.

M darf daher seinen Hund weiter in der Wohnung halten.

94. Berücksichtigung der Verkehrssitte bei der Auslegung

Die Firma V hatte der Firma K einen gebrauchten Kran „zum Preis von 30.000 EUR" verkauft. K sollte „den vollen Kaufpreis bei Übernahme durch Verrechnungsscheck" zahlen. Bei Übernahme kommt es zum Streit, ob K zuzüglich zu den 30.000 EUR noch die Mehrwertsteuer bezahlen muss. Wer hat Recht?

Der Kaufpreis i. S. d. § 433 Abs. 2 umfasst auch die Mehrwertsteuer. Davon zu trennen ist aber die Frage, welchen Betrag der Käufer als Kaufpreis zu bezahlen hat, wenn im bezifferten Kaufpreis die Mehrwertsteuer nicht ausgewiesen ist. Dies ist durch Auslegung der Kaufvereinbarung gemäß § 157 zu ermitteln. Grundsätzlich ist die Vereinbarung eines bezifferten Kaufpreises so zu verstehen, dass der Käufer nur diesen Betrag zu zahlen hat, auch wenn der Verkäufer umsatzsteuerpflichtig ist (BGH BB 2000, 690). Es ist Sache des Verkäufers, die Mehrwertsteuer im Kaufpreis zu berücksichtigen.

Nach § 157 sind jedoch Verträge nach „Treu und Glauben mit Rücksicht auf die Verkehrssitte" auszulegen. Unter **„Verkehrssitte"** versteht man die im Verkehr der beteiligten Kreise geltende tatsächliche Übung. Sie hat besondere Bedeutung im Handelsverkehr (**„Handelsbräuche"**, § 346 HGB). Gehören beide Parteien demselben Verkehrskreis an, so können beide davon ausgehen, dass eine bestimmte Erklärung mangels besonderer Umstände in der für diesen Kreis üblichen Bedeutung gemeint ist (vgl. *Wolf/Neuner* § 35 Rn. 15; *Köhler* § 9 Rn. 12). Die Unkenntnis einer Partei von der Verkehrssitte ist in diesem Fall unbeachtlich und kann allenfalls die Anfechtung wegen Inhaltsirrtums (§ 119 Abs. 1) rechtfertigen.

Wer sich zu seinen Gunsten auf eine bestimmte Verkehrssitte beruft, muss ihr Bestehen auch beweisen. Die Feststellung erfolgt in der Regel durch Einholung von Gutachten, insbesondere der Industrie- und Handelskammern, die ihrerseits ihre Mitglieder befragen.

V müsste also eine Verkehrssitte zwischen (vorsteuerabzugsberechtigten) Kaufleuten dahingehend, dass sich Preisangebote und -vereinbarungen ohne Mehrwertsteuer verstehen, nachweisen. Eine solche Verkehrssitte hat sich nach h. M. (vgl. Palandt/ *Ellenberger* § 157 BGB Rn. 13) aber noch nicht herausgebildet. K braucht daher nur die 30.000 EUR zu bezahlen.

> **95. Ergänzende Vertragsauslegung**
>
> V vermietete dem M für zehn Jahre Räume zum Betrieb einer Gastwirtschaft. Vereinbarungsgemäß leistete M auch eine Mietkaution in Höhe von 10.000 EUR. V legte diesen Betrag auf einem Sparkonto mit der gesetzlichen Kündigungsfrist an. Nach Ablauf der zehn Jahre gibt M die Räume zurück und V überweist dem M die 10.000 EUR. M ist damit nicht zufrieden und verlangt auch die zwischenzeitlich auf dem Sparkonto angesammelten Zinsen in Höhe von 3.200 EUR heraus. V lehnt dies ab, weil eine Vereinbarung über die Verwendung bzw. Verzinsung der Mietkaution nicht getroffen worden sei. Wer ist im Recht?

1. Anspruch aus § 551 Abs. 3 Satz 3

Für Mietverhältnisse über Wohnraum sieht § 551 Abs. 3 Satz 3 zwingend (arg. § 551 Abs. 4) vor, dass die Erträge, also die Zinsen, aus einer Mietkaution dem Mieter zustehen. Da hier aber nicht Wohnräume, sondern gewerbliche Räume vermietet wurden, kann sich M auf diese Vorschrift nicht berufen (vgl. § 578 Abs. 2, der keine entsprechende Anwendung des § 551 vorsieht).

2. Anspruch aus der Kautionsvereinbarung

a) Die Kautionsabrede im Mietvertrag enthält keine ausdrückliche Regelung darüber, ob und wie die Kaution vom Vermieter zu verwenden bzw. zu verzinsen ist. Eine Regelung lässt sich auch nicht durch **Auslegung** (§§ 133, 157) feststellen, da es keine Verkehrssitte über eine bestimmte Verwendung der Mietkaution bei gewerblichen Räumen gibt. Vielmehr sind Vertragsgestaltungen möglich, die eine Verzinsung bzw. verzinsliche Anlegung der Kaution vorsehen, aber auch Vertragsgestaltungen, die die Zinsen aus einer Kaution dem Vermieter als zusätzliches Mietentgelt zuweisen. Da es sich insoweit also um einen regelungsbedürftigen Punkt handelt, weist der Mietvertrag diesbezüglich eine **Lücke** auf (BGH NJW 1994, 3287).

b) Vertragslücken können entweder durch das **dispositive (ergänzende) Gesetzesrecht** oder durch **ergänzende Vertragsauslegung** geschlossen werden. Ob der regelungsbedürftige Punkt bewusst oder unbewusst offen geblieben ist, spielt keine Rolle (BGH NJW 1982, 2816).

aa) Eine Vertragsergänzung durch dispositives Recht setzt entsprechende Normen voraus. Die Norm des § 551 gehört hier nicht dazu, da sie – wie erwähnt – nur für Mietverhältnisse über Wohnraum gilt, im Übrigen auch zwingendes Recht ist. Andererseits lässt sich aus ihr auch kein **Umkehrschluss** ziehen, dass bei Mietverhältnissen über gewerbliche Räume die Zinsen aus einer Kaution dem Vermieter zustehen sollen. Diese Frage wollte der Gesetzgeber vielmehr bewusst nicht regeln (vgl. BGH NJW 1994, 3287, 3288). Auch eine analoge Anwendung der §§ 1213, 1214 auf die Mietkaution löst die Frage nicht, weil dafür wiederum eine Nutzungsvereinbarung zwischen den Parteien erforderlich wäre, die hier gerade nicht getroffen wurde (BGH NJW 1994, 3287, 3288). Eine Vertragsergänzung durch dispositives Recht ist daher nicht möglich.

bb) Kommt eine Vertragsergänzung durch dispositives Recht nicht in Betracht, sei es, weil – wie hier – keine entsprechenden Normen zur Verfügung stehen, sei es, dass die Parteien die gesetzliche Regelung nicht gewollt haben, oder die Vertragsgestaltung bewusst vom gesetzlich geregelten Vertragstypus abweicht, bleibt nur die Ergänzung durch **ergänzende Vertragsauslegung.** Dabei ist zu fragen, wie die Parteien den regelungsbedürftigen Punkt bei **redlichem Verhalten** geregelt haben würden, wenn sie ihn bedacht hätten (sog. **hypothetischer Parteiwille**; st. Rspr., vgl. nur BGHZ 84, 1, 7). Es sind in diesem Zusammenhang alle in Betracht kommenden Umstände, insbesondere die aus den getroffenen Vereinbarungen ersichtlich gewordenen Wertungen, der **Zweck des Vertrages** und die **Interessenlage** zu berücksichtigen. Die **Grenze** wird gezogen durch den Rahmen, wie er durch die tatsächliche Vereinbarung abgesteckt ist; eine Erweiterung des Vertragsgegenstands ist nicht zulässig (vgl. BGH NJW 1995, 1212, 1213).

c) Eigentlicher Zweck der Kautionsvereinbarung ist es, dem Vermieter eine Sicherung für seine Ansprüche zu geben, nicht aber ihm eine zusätzliche Einnahmequelle zu verschaffen. Der Sicherungszweck wird durch eine verzinsliche Anlegung der Kaution nicht beeinträchtigt, sondern (wegen der Erhöhung der Sicherheit) gerade gefördert. Andererseits liegt eine verzinsliche Anlegung im erkennbaren Interesse des Mieters, schon im Hinblick auf den Geldwertschwund. Nach dem Zweck der Kautionsabrede und der Interessenlage ist daher der Vertrag dahin zu ergänzen, dass die Kaution verzinslich anzulegen ist und dass dem Mieter die erlangten Zinsen, soweit nicht zur Deckung von Vermieteransprüchen benötigt, herauszugeben sind (vgl. BGH NJW 1994, 3287). – M ist daher im Recht.

G. Vertrag und Vertragsschluss

96. Angebot und Aufforderung zur Angebotsabgabe

Der Lebensmittelhändler A bot im Rahmen einer „Aktion" einen bekannten Markensekt für 3 EUR an. Der Gastwirt B wollte dieses Angebot nützen und packte drei Einkaufswagen mit Sektflaschen voll. Als er damit an der Kasse erschien, weigerte sich A, ihm diese Warenmengen zu überlassen, da sonst für seine übrigen Kunden nichts mehr bleibe. B meinte, gekauft sei gekauft und drohte mit Schadensersatzansprüchen, wenn ihm A die Flaschen nicht belasse. Wer ist im Recht?

B wäre im Recht, wenn bereits ein wirksamer Kaufvertrag über die Sektflaschen zustande gekommen wäre. Denn dann dürfte A dem B die Flaschen nicht abverlangen, sondern müsste sie dem B Zug um Zug gegen Kaufpreiszahlung übereignen. Wann beim Kauf im Selbstbedienungsladen der Kaufvertrag zustande kommt, ist umstritten.

(1.) Nach einer Auffassung (vgl. Palandt/*Ellenberger* § 145 BGB Rn. 8) stellt bereits die Aufstellung von Waren im Selbstbedienungsladen ein bindendes Angebot dar, das der Kunde durch Vorlegen der Ware an der Kasse annehme.

(2.) Nach anderer Auffassung (vgl. Erman/*Armbrüster* § 145 BGB Rn. 10; Jauernig/*Mansel* § 145 BGB Rn. 3) ist die Warenaufstellung dagegen als bloße **Aufforderung zur Angebotsabgabe (invitatio ad offerendum)** zu werten. Das eigentliche Kaufangebot gehe vom Kunden aus, wenn er die Ware an der Kasse vorlege. Der Kaufmann (oder die Kassiererin als seine Vertreterin) nehme das Angebot durch Feststellung des Rechnungsbetrages (Registrieren in der Kasse) an. Da grundsätzlich kein Kontrahierungszwang für Kaufleute bestehe, könne der Kaufmann das Angebot des Kunden auch ablehnen. Nach letzterer Auffassung wäre daher A im Recht.

(3.) Dieser Auffassung ist zuzustimmen: Ob im Einzelfall bereits ein bindendes Angebot oder nur eine Aufforderung zur Abgabe eines Angebots (also eine bloße Information über die Möglichkeit eines Vertragsschlusses) vorliegt, ist durch Auslegung zu klären. Die Auslegung hat anhand der Interessenlage zu prüfen, ob für den „Mitteilenden" eine vorzeitige Bindung von Nachteil und dies für den „Angesprochenen" erkennbar ist. Für den Kaufmann, der Ware im Selbstbedienungsladen bereitstellt, wäre es von Nachteil, wenn er dadurch bereits gebunden wäre und nicht mehr anderweit über die Ware disponieren könnte. Dies ist auch für den Kunden erkennbar. Daher ist eine bloße Aufforderung zur Angebotsabgabe anzunehmen. – A ist somit im Recht.

97. Rechtzeitigkeit der Annahme

1. A annonciert am 1.3. in der Zeitung, dass er einen Vertrag über einen Bootsliegeplatz in Starnberg mit einer Laufzeit von noch zehn Jahren gegen Meistgebot abgebe. B schreibt ihm am 3.3., er biete ihm 10.000 EUR dafür. Der Brief trifft am 5.3. bei A ein. A wartet zwei Wochen in der vergeblichen Hoffnung, noch günstigere Angebote zu erhalten. Er schreibt dann am 19.3. dem B, er sei mit seinem Angebot einverstanden. Der Brief trifft am 21.3. bei B ein. B legt den Brief zu den Akten, da er die Angelegenheit als überholt ansieht. – Ist ein Vertrag zustande gekommen?
2. Wie verhielte es sich, wenn A seine Antwort bereits am 10.3. abgesandt hätte, der Brief wegen einer Verzögerung bei der Post aber erst am 21.3. bei B eingetroffen wäre?

Zu 1:

Die Zeitungsannonce stellte noch kein Angebot, sondern nur eine Aufforderung zur Angebotsabgabe dar. Das Angebot zum Abschluss eines Kaufvertrages über den Bootsliegeplatzvertrag ging vielmehr von B aus. Ein solcher Kaufvertrag ist möglich, Kaufgegenstand ist juristisch gesehen die Rechtsposition des Liegeplatzmieters, es liegt also ein Rechtskauf (§ 453) vor; die Erfüllung erfolgt durch Vertragsübernahme, die der Zustimmung des Vertragsgegners bedarf. A hat das Angebot auch angenommen. Ein Vertrag ist jedoch nur dann zustande gekommen, wenn die Annahme fristgerecht erfolgte (§ 146).

Der Antragende ist nach § 145 grundsätzlich an seinen **Antrag (= Angebot)** gebunden, aber nicht für unbegrenzte Zeit. Andernfalls wäre er in seiner Dispositionsfreiheit unerträglich beeinträchtigt, während dem Antragsgegner die Möglichkeit der Spekulation eröffnet wäre. Deshalb hat es der Antragende in der Hand, sein Angebot zu befristen (§ 148). Dies ist hier allerdings nicht geschehen. Daher greift die gesetzliche Regelung, und zwar, da es sich um ein Angebot unter Abwesenden handelt, die des § 147 Abs. 2 ein: Die Annahme ist nur bis zu dem Zeitpunkt möglich, in welchem der Antragende den Eingang der Antwort unter regelmäßigen Umständen erwarten darf. Der Antragende muss hierfür die Zeit für die Übermittlung seines Angebots, eine angemessene Bearbeitungs- und Überlegungsfrist und die Zeit für die Übermittlung der Annahme einkalkulieren (BGHZ 209, 105 Rn. 20; *Köhler* § 8 Rn. 18). Für die Beförderungsdauer von Angebot und Annahme musste B, da er brieflich anbot und dementsprechend mit brieflicher Antwort rechnen durfte, je drei Tage ansetzen. Bei der Berechnung der angemessenen Bearbeitungs- und Überlegungsfrist sind der Inhalt des abzuschließenden Vertrages, insbesondere eine Eilbedürftigkeit des Vertragsschlusses und die dem Gegner bekannten oder erkennbaren verzögernden Umstände zu berücksichtigen: A war grundsätzlich zum Vertragsschluss bereit, brauchte also keine größeren Überlegungen anzustellen oder gar Dispositionen zu treffen; er brauchte sich nur für das ihm am günstigsten erscheinende Angebot zu entscheiden. Da anzunehmen ist, dass sich Interessenten unverzüglich nach Erscheinen der Zeitungsannonce melden, erscheint eine Überlegungsfrist von einer Woche angemessen. Nach Ablauf von 13 (3 + 7 + 3) Tagen seit Absendung des Angebots war daher das Angebot erloschen. Eine wirksame Annahme war nicht mehr möglich.

Zu 2:

In diesem Falle hätte B, da er die rechtzeitige Absendung der Antwort am Poststempel erkennen konnte, den A unverzüglich von dem verspäteten Eingang informieren müssen (§ 149 Satz 1). Da er dies nicht tat, gilt die Annahme nach § 149 Satz 2 als nicht verspätet. Der Vertrag ist somit zustande gekommen.

---

98. Annahme nach Tod des Antragenden

Wie zuvor (vgl. → Fall 97). Jedoch war B am 8.3. tödlich verunglückt. A nimmt, ohne davon zu wissen, das Angebot am gleichen Tage an. Frau B, die Alleinerbin des B ist, verweigert die Übernahme des Bootsliegeplatzvertrages, da sie kein Boot und keinen Segelschein besitze und für den Liegeplatz keine Verwendung habe. A besteht auf Vertragserfüllung. Zu Recht?

An sich war die Annahme rechtzeitig erklärt worden und Frau B als Rechtsnachfolgerin des B zugegangen. Fraglich ist jedoch, ob nicht schon zuvor durch den Tod des B dessen Angebot erloschen ist. Gemäß § 130 Abs. 2 ist es auf die Wirksamkeit der Willenserklärung ohne Einfluss, wenn der Erklärende nach ihrer Abgabe stirbt. § 153 erweitert diese Regelung für das Vertragsangebot: „Das Zustandekommen des Vertrages wird nicht dadurch gehindert, dass der Antragende vor der Annahme stirbt oder geschäftsunfähig wird, es sei denn, dass ein anderer Wille des Antragenden anzunehmen ist." Die Beweislast für einen solchen anderen Willen des Antragenden hat der Antragende bzw. seine Erben.

Die Feststellung des abweichenden Willens hat durch **Auslegung** des Angebots unter Berücksichtigung der Umstände zu erfolgen. Ein rein innerer, für den Angebotsempfänger nicht erkennbarer Wille hat dabei außer Betracht zu bleiben (Palandt/*Ellenberger* § 153 BGB Rn. 2). Für das Erlöschen des Antrages im Falle des Todes des Antragenden spricht es, wenn Gegenstände oder Leistungen für den **persönlichen Gebrauch** bestellt werden (h. M., vgl. nur Palandt/*Ellenberger* § 153 BGB Rn. 2). Indiz dafür ist, ob das bestellte Wirtschaftsgut auch für andere Personen ohne Weiteres verwendbar oder verwertbar ist. Der Erwerb eines Vertrages über einen Bootsliegeplatz dient nur dem persönlichen Gebrauch (a. A. vertretbar). Daher ist ein Erlöschen des Angebots anzunehmen. Der Vertrag ist nicht wirksam zustande gekommen.

99. Vertragsabschluss ohne Zugang der Annahme

S braucht einen Bankkredit. Die Bank G ist bereit, ihm diesen Kredit zu geben, wenn er einen Bürgen beibringen könne und gibt ihm zu diesem Zweck ein Bürgschaftsformular mit. S bittet seinen Schwiegervater B, die Bürgschaft zu übernehmen. B sagt zu, füllt das von S mitgebrachte Bürgschaftsformular aus und unterschreibt es. S bringt es zu G, die es zu den Kreditakten nimmt. Ein Jahr später wird B unerwartet aus der Bürgschaft auf Zahlung in Anspruch genommen. B verweigert die Zahlung unter Hinweis darauf, dass G seine Bürgschaftserklärung gar nicht wirksam angenommen habe, ein Bürgschaftsvertrag sonach nie zustande gekommen sei. Hat er Recht?

Anspruch der G gegen B aus § 765 Abs. 1

Der Anspruch setzt voraus, dass ein wirksamer Bürgschaftsvertrag zwischen B und G zustande gekommen ist. Dazu muss ein Angebot abgegeben und eine Annahme erfolgt sein.

1. Vorliegen eines wirksamen Angebots?

Ein Angebot könnte möglicherweise bereits in der Aushändigung des Bürgschaftsformulars zu sehen sein. Allerdings war in diesem Zeitpunkt noch völlig offen, wer Bürge werden sollte. Ein Wille der Bank, mit irgendeinem Dritten einen Bürgschaftsvertrag abzuschließen (Angebot ad incertas personas), ist aber nicht zu unterstellen. Denn für die Bank ist wichtig, wer Bürge wird. Außerdem war der Inhalt des Bürgschaftsvertrages noch gar nicht festgelegt, sonach auch die erforderliche inhaltliche Bestimmtheit des Angebots nicht gegeben. In der Aushändigung des Formulars ist daher lediglich eine Aufforderung zur Angebotsabgabe (**invitatio ad offerendum**) zu sehen. Das Angebot geht vielmehr von B aus. Es ist in dem Zeitpunkt abgegeben, in dem er das ausgefüllte und unterzeichnete Formular dem S aushändigt. Ob S dabei als Erklärungsbote des B oder als Empfangsbote der G handelt, ist unerheblich. Denn jedenfalls tritt Zugang des Angebots mit Ablieferung der Bürgschaftsurkunde bei G ein. Da auch das Schriftformerfordernis des § 766 Satz 1 (i. V. m. § 126) erfüllt ist, liegt ein wirksames Angebot vor.

2. Vorliegen einer wirksamen Annahme?

Zweifelhaft ist dagegen, ob G das Bürgschaftsangebot des B wirksam angenommen hat. Unerheblich ist dabei, dass keine schriftliche Annahmeerklärung erfolgt ist. Denn das Schriftformerfordernis des § 766 Satz 1 bezieht sich nur auf die Erklärung des Bürgen, nicht auch auf die Erklärung des Gläubigers. Es genügt daher auch eine konkludente Annahmeerklärung. Sie könnte darin erblickt werden, dass G die Bürgschaftsurkunde zu den Kreditakten nimmt. Allerdings wäre diese Erklärung dem B nicht zugegangen. Denn G hat dem B nichts mitgeteilt. An sich wäre daher mangels Zugangs der Annahme der Vertrag nicht zustande gekommen und könnte auch wegen Verstreichens der Annahmefrist (§ 147 Abs. 2) nicht mehr angenommen werden. – Jedoch kommt nach § 151 Satz 1 der Vertrag „durch die Annahme des Antrags zustande, ohne dass die Annahme dem Antragenden gegenüber erklärt zu werden braucht, wenn eine solche Erklärung nach der Verkehrssitte nicht zu erwarten ist oder der Antragende auf sie verzichtet hat". Diese Vorschrift erleichtert und beschleunigt den Vertragsschluss für die Fälle, in denen der Antragende kein besonderes Interesse an umgehender Kenntniserlangung von der Annahme hat. Erforderlich ist aber auch hier eine Annahmeerklärung; das Gesetz sieht lediglich vom Erfordernis des **Zugangs** (§ 130 Abs. 1) ab. Für diese nicht empfangsbedürftige Willenserklärung genügt ein nach außen hervortretendes Verhalten, aus dem unzweideutig auf einen Annahmewillen zu schließen ist (sog. **Willensbetätigung,** BGHZ 209, 105 Rn. 38). Da diese Erklärung nicht empfangsbedürftig ist, kommt es bei der Auslegung nicht auf den Empfängerhorizont an, sondern auf die Sichtweise eines unbeteiligten objektiven Dritten (BGHZ 111, 97, 101).

a) Vorliegen eines Verzichts des B auf einen Zugang?

Ein ausdrücklicher Verzicht ist nicht erforderlich, vielmehr reicht auch ein konkludenter, sich aus den Umständen des Einzelfalls ergebender Verzicht aus (vgl. BGH NJW 1999, 1328). Dafür ist hier freilich nichts ersichtlich.

b) Vorliegen einer Verkehrssitte?

Wenn typischerweise bei einem Geschäft der Antragende kein Interesse am Zugang der Annahme hat und im Geschäftsverkehr dies auch so gehandhabt wird, ist von einer Verkehrssitte auszugehen. So verhält es sich insbesondere bei solchen Rechtsgeschäften, die für den Angebotsempfänger lediglich vorteilhaft sind (BGH NJW 2000, 276, 277). Dazu gehört auch eine Bürgschaftserklärung. G brauchte daher nur ihren Annahmewillen zu betätigen.

c) Vorliegen einer Annahme?

Bei einem lediglich vorteilhaften Angebot reicht es für eine Annahme i. S. d. § 151 Satz 1 aus, dass der Empfänger es nicht durch eine nach außen erkennbare Willensäußerung ablehnt (BGH NJW 2000, 276, 277). Da G die Bürgschaft behalten und nicht zurückgewiesen hat, ist daher eine Annahme gegeben (BGH NJW 2000, 1563). Das geschah dadurch, dass G die Bürgschaftsurkunde zu den Kreditakten nahm. Denn damit brachte sie objektiv zum Ausdruck, dass sie die Bürgschaftserklärung des B akzeptierte (BGH NJW 1997, 2233). Die Voraussetzungen des § 151 Satz 1 sind damit erfüllt.

d) Vorheriges Erlöschen des Angebots?

Das Angebot des B war auch noch nicht vor der Annahme erloschen (§ 151 Satz 2; dazu BGH NJW 1999, 2179), da G unverzüglich die Erklärung angenommen hatte.

Der Bürgschaftsvertrag ist daher wirksam zustande gekommen, und B haftet.

100. Vertragsschluss durch sozialtypisches Verhalten?

Einige minderjährige Fußballfans besteigen einen Linienbus der Stadt M und gingen, ohne Fahrscheine zu lösen, am Fahrer vorbei. Sie erklärten ihm, für sie gelte heute der Null-Tarif. Der Fahrer alarmierte die Polizei, die die Personalien der Fans feststellte. Können die Stadtwerke M von den Jugendlichen das „erhöhte Entgelt für Fahren ohne Fahrausweis" in Höhe von 40 EUR verlangen?

Ansprüche der M gegen die Fans aus § 631 Abs. 1 i. V. m. § 339

Die Beförderungsbedingungen der öffentlichen Verkehrsbetriebe sehen, wie auch hier der Fall, für Fahren ohne gültigen Fahrausweis ein erhöhtes Beförderungsentgelt vor. Rechtlich handelt es sich dabei um eine Kombination des Fahrentgelts (= Werklohnanspruch i. S. d. § 631 Abs. 1) und einer in AGB niedergelegten, gleichwohl zulässigen, weil auf gesetzlicher Regelung (§ 12 EVO) beruhenden und daher von § 309 Nr. 6 nicht erfassten **Vertragsstrafe** i. S. d. §§ 339 ff. (vgl. Palandt/*Grüneberg* § 309 BGB Rn. 35). Die Zahlungspflicht besteht jedoch nur dann, wenn ein entsprechender Beförderungsvertrag mit dem Fahrgast zustande gekommen ist und der Fahrgast sich der Geltung der AGB unterworfen hat (vgl. dazu § 305 Abs. 2). Das ist hier deshalb fraglich, weil die Fans ausdrücklich erklärten, dass sie den Fahrpreis nicht zahlen wollten.

In den Fällen des Massenverkehrs ist die Bereitstellung von Beförderungsleistungen als sog. **Realofferte** (vgl. BGHZ 202, 17 Rn. 10) zu werten, die vom Nutzer konkludent durch Inanspruchnahme der Leistung angenommen wird. Mit dem Besteigen eines öffentlichen Verkehrsmittels bringt der Fahrgast nämlich üblicherweise (**sozialtypisches Verhalten,** vgl. Palandt/*Ellenberger* Einf. v. § 145 BGB Rn. 25) zum Ausdruck (Auslegung!), dass er die angebotene Leistung in Anspruch nehmen will und mit der Geltung der Allgemeinen Beförderungsbedingungen einverstanden ist (Annahmeerklärung nach § 151 Satz 1). Denn die Verkehrsbetriebe wollen die Beförderung nur unter diesen Bedingungen oder gar nicht durchführen. Das Verhalten des Fahrgastes erfüllt daher normalerweise die Voraussetzungen einer vollgültigen Willenserklärung.

Probleme entstehen dann, wenn – wie hier – der Fahrgast ausdrücklich die Bezahlung und damit den Abschluss eines Vertrages ablehnt oder seine Willenserklärung mangelhaft (Willensmängel, fehlende Geschäftsfähigkeit) ist. (1.) Nach h. M. (vgl. BGHZ 95, 393, 399; 202, 17 Rn. 10; Palandt/*Ellenberger* Einf. v. § 145 BGB

Rn. 26) liegt in einem solchen Fall gleichwohl eine wirksame Willenserklärung vor. Maßgebend sei allein das objektive Verhalten, der erklärte Vorbehalt, keinen Vertrag schließen zu wollen, sei eine unbeachtliche Vereinbarung (sog. **protestatio facto contraria**). Ergänzend wird auf die §§ 612 Abs. 1, 632 Abs. 1 hingewiesen (*Medicus/Petersen* AT Rn. 250). (2.) Nach einer Mindermeinung gebietet dagegen der Grundsatz der Privatautonomie, dass ein Vertrag nicht gegen den erklärten Willen einer Person zustande kommen kann (vgl. *Köhler* JZ 1981, 464; Jauernig/ *Mansel* Vor § 145 BGB Rn. 20). Dementsprechend hat der Schwarzfahrer auch keinen Beförderungsanspruch.

Im vorliegenden Fall kommt es allerdings auf den Meinungsstreit nicht an: Auch die Anhänger der Regel „protestatio facto contraria" räumen ein, dass der Schutz des nicht (voll) Geschäftsfähigen Vorrang hat. Nach beiden Ansichten kommt daher bei minderjährigen Fahrgästen, die ohne Zustimmung des gesetzlichen Vertreters Fahrleistungen in Anspruch nehmen, kein wirksamer Vertrag zustande. Vertragliche Ansprüche scheiden daher aus. Es kommen lediglich Bereicherungsansprüche (§ 812 Abs. 1 Satz 1) und Deliktsansprüche (§ 823 Abs. 2 i. V. m. § 265a StGB) in Betracht. Keinesfalls besteht ein Anspruch auf Zahlung der Vertragsstrafe.

101. Schweigen auf Auftragsbestätigung

A bestellte anhand eines Prospektes ein Luftgewehr zum Preis von 800 EUR bei der Firma B. Er erhielt darauf ein Schreiben, in dem sich B für den Auftrag bedankte und baldige Lieferung in Aussicht stellte. Gleichzeitig hieß es in dem Schreiben: „Gestiegene Lohn- und Materialkosten zwangen uns dazu, den Verkaufspreis auf 900 EUR anzuheben. Wir bitten hierfür um Ihr Verständnis." Zwei Wochen später wurde dem A das Gewehr per Nachnahme zugesandt. Er verweigerte Zahlung und Abnahme. Zu Recht?

A hatte ein Kaufangebot zu 800 EUR abgegeben, B hatte in der Auftragsbestätigung zu 900 EUR angenommen. Gemäß § 150 Abs. 2 galt diese Annahme mit Änderung als Ablehnung verbunden mit einem neuen Antrag. Das Zustandekommen eines Vertrages über 900 EUR setzte daher eine Annahme durch A voraus. Da A sich nicht mehr geäußert hatte, kommt es darauf an, wie sein **Schweigen** zu werten ist.

1. Willenserklärung durch Schweigen?

Grundsätzlich stellt das Schweigen keine Willenserklärung, weder Zustimmung noch Ablehnung, dar. Anders verhält es sich, wenn das Schweigen nach den Umständen, insbesondere nach einer vorher getroffenen Vereinbarung, ein Erklärungszeichen sein soll. Dies war hier nicht der Fall.

2. Schweigen mit Erklärungswirkung?

Unter bestimmten Voraussetzungen wird dem Schweigen die Wirkung einer Willenserklärung kraft objektiven Rechts beigemessen, ohne dass es auf den Willen des Schweigenden ankäme. Über gesetzlich geregelte Fälle (z. B. §§ 108 Abs. 2 Satz 2, 177 Abs. 2 Satz 2) hinaus hat die Rspr. (vgl. BGH NJW 1981, 43, 44) den Satz aufgestellt, dass **Schweigen ausnahmsweise** dann **Zustimmung** bedeute, wenn nach den Umständen des Einzelfalls unter Berücksichtigung von Treu und Glauben mit Rücksicht auf die Verkehrssitte der Antragende beim Ausbleiben eines Widerspruchs oder Vorbehalts mit dem Einverständnis des Geschäftspartners rechnen darf. Daran ist bedenklich, dass die Verletzung einer Pflicht zum Widerspruch, wie sie die Rspr. annimmt, an sich nur eine Schadenersatzpflicht aus culpa in contrahendo nach sich ziehen dürfte. Richtigerweise ist auf das Rechtsscheinprinzip abzustellen. – Im Ergebnis kommt es aber auf den Meinungsstreit nicht an: A hat keinen Rechtsschein einer Zustimmung gesetzt. Auch die Rspr. (vgl. BGH NJW 1995, 1671, 1672; 1996, 919, 920) lehnt es ab, allein in der widerspruchslosen Hinnahme einer modifizierten Auftragsbestätigung eine Annahmeerklärung zu erblicken. – A ist daher im Recht.

102. Schweigen auf kaufmännisches Bestätigungsschreiben

Im Industriebetrieb des K war eine Werkzeugmaschine ausgefallen. K bestellte per Telefax beim Hersteller V eine Ersatzmaschine. V schrieb per Telefax zurück: „Auftrag geht in Ordnung. Bestätigung umgehend brieflich". In der kurz danach eintreffenden „Auftragsbestätigung" wurde auf den Telefaxschriftwechsel hingewiesen, zugleich aber deutlich gemacht, dass für den Vertrag die beigefügten „Allgemeinen Verkaufs- und Lieferungsbedingungen" der Firma V gelten sollten. Da die Maschine erst drei Monate nach einer Mahnung ausgeliefert wurde und K in der Zwischenzeit nicht produzieren konnte, verlangte K von V Verzugsschadensersatz. V wies auf seine Geschäftsbedingungen hin, in denen solche Ersatzansprüche ausgeschlossen waren. Wird er damit durchdringen?

Anspruch des K gegen V aus §§ 280, 286 Abs. 1

Ein Schadensersatzanspruch aus §§ 280 Abs. 1 und 2, 286 Abs. 1 wegen Schuldnerverzugs ist ausgeschlossen, wenn die entgegenstehende AGB-Klausel Vertragsinhalt wurde und inhaltlich wirksam ist.

1. Der Kaufvertrag war bereits mit dem Austausch der Telefax-Erklärungen wirksam zustande gekommen, sodass die AGB an sich nur durch einen Abänderungsvertrag Inhalt des Kaufvertrages werden konnten. Im Handelsverkehr ist es jedoch gebräuchlich, bei mündlichen, fernmündlichen oder fernschriftlichen (E-Mail, Telefax usw.) Vereinbarungen durch eine schriftliche Bestätigung **(kaufmännisches Bestätigungsschreiben)** Zustandekommen und Inhalt des Vertrages zu dokumentieren und gegebenenfalls in regelungsbedürftigen Punkten zu ergänzen (BGHZ 61, 282, 285; BGH ZGS 2011, 177 Rn. 23). Um ein solches Bestätigungsschreiben handelt es sich hier, auch wenn V es fehlerhaft als „Auftragsbestätigung" bezeichnet hatte. (Die Auftragsbestätigung im eigentlichen Sinne stellt nur eine schriftliche Annahmeerklärung eines Vertragsangebots dar.) An sich ist das Bestätigungsschreiben nur eine Beweisurkunde (Vermutung der Vollständigkeit und Richtigkeit). Wenn aber die Vereinbarung nachweislich vom Bestätigungsschreiben abweicht, gilt in der Regel dessen Inhalt, sofern der Empfänger ihm nicht unverzüglich widersprochen hat. Sein Schweigen gilt als Zustimmung (st. Rspr. und h. L., vgl. nur BGH NJW

2007, 987 Rn. 21; ZGS 2011, 177 Rn. 22; *Lettl* JuS 2008, 849, 850). Dies ist **gewohnheitsrechtlich** anerkannt.

Strittig ist nur die **dogmatische Einordnung** (stillschweigende Willenserklärung, Verletzung einer Obliegenheit, Verkehrssitte bzw. Handelsbrauch, Verwirkung oder Rechtsscheingedanke?). Zutreffend ist wohl Letzteres: Wer auf ein kaufmännisches Bestätigungsschreiben schweigt, setzt den **Rechtsschein** einer Zustimmung und muss sich daran unter bestimmten Voraussetzungen festhalten lassen (näher *Köhler* § 8 Rn. 31).

Ausnahmsweise braucht der Empfänger dem Bestätigungsschreiben nicht zu widersprechen (sodass auch sein Schweigen nicht als Zustimmung gilt), wenn sich der Inhalt des Schreibens so weit von dem Inhalt der vertraglichen Vereinbarung entfernt, dass der Absender mit dem Einverständnis des Empfängers nicht rechnen konnte (BGH ZGS 2011, 177 Rn. 23).

Da die Verweisung auf die AGB keine so starke Abweichung vom Vertragsinhalt war, dass V vernünftigerweise nicht mehr mit einer Zustimmung rechnen konnte, hätte K als Kaufmann ihrer Einbeziehung in den Vertrag widersprechen müssen. Er muss sich daher sein Schweigen als Zustimmung zurechnen lassen. Die AGB-Klausel ist daher Vertragsbestandteil (§ 305 Abs. 2 ist gemäß § 310 Abs. 1 Satz 1 nicht auf die Verwendung gegenüber einem Unternehmer i. S. d. § 14 Abs. 1, wie es K ist, anwendbar).

2. Die Klausel ist auch wirksam: Das Verbot des § 309 Nr. 7 Buchst. b gilt wegen der Unternehmereigenschaft des K nicht (§ 310 Abs. 1 Satz 1). Unwirksamkeit wegen Unangemessenheit (§ 307 Abs. 1 und 2 i. V. m. § 310 Abs. 1 Satz 2) liegt ebenfalls nicht vor, da bei solchen Lieferungen ein berechtigtes Interesse des Herstellers besteht, für (u. U. nicht kalkulierbare) Verzugsschäden des Abnehmers die Haftung auszuschließen. V wird daher mit seinem Einwand durchdringen.

---

103. Vorvertrag

Der Internist K suchte für seine Praxis Räume und lernte den B kennen, der ein Ärztehaus baute. K wollte sich die Räume im ersten Stock sichern und ließ sich von B die mündliche Zusage geben, mit ihm bei Bezugsfertigkeit einen Mietvertrag über diese Räume zu einer bestimmten Miete abzuschließen. Über die Vertragsdauer wollte man sich noch einigen. Nachdem das Haus bezugsfertig geworden war, verlangte K von B den Abschluss des Mietvertrages. B, der mittlerweile ein besseres Angebot von einem Röntgenfacharzt bekommen hatte, weigerte sich. Welche rechtlichen Möglichkeiten hat K?

---

1. Anspruch auf Abschluss eines Mietvertrages

K kann von B Abschluss eines Mietvertrages über die Räume verlangen, wenn zwischen beiden ein wirksamer **Vorvertrag** zustande gekommen ist. Darunter versteht man einen Vertrag, der auf die Eingehung eines anderen Vertrages, des Hauptvertrages, gerichtet ist.

a) Zustandekommen eines Vorvertrages

Aus der Tatsache, dass Vertragsverhandlungen geführt werden, allein kann noch nicht auf den Abschluss eines Vorvertrages geschlossen werden. Denn normalerweise wollen sich die Parteien erst binden, wenn die Verhandlungen abschlussreif sind. Für den Abschluss eines Vorvertrages genügt es daher nicht, wenn eine Partei das Zustandekommen des Hauptvertrages als sicher hinstellt (bloße Absichtserklärung); es muss der Wille zu einer vorzeitigen Bindung gegeben sein. Hier durfte allerdings K die Zusage des B als Angebot zum Abschluss eines Vorvertrages werten, zumal dem B erkennbar war, dass K Räume benötigte und sonst anderweit Ausschau halten würde. K hatte das Angebot zumindest konkludent angenommen.

b) Inhaltliche Bestimmtheit des Vorvertrages

Wie jeder Vertrag muss auch der Vorvertrag, soll er wirksam sein, **inhaltlich hinreichend bestimmt** oder **bestimmbar** sein. Daran könnte es hier fehlen, weil über die Dauer des abzuschließenden Mietvertrages keine Einigung erzielt worden war. An die inhaltliche Bestimmtheit von Vorverträgen werden zwar keine allzu strengen Anforderungen gestellt, jedoch muss der Inhalt des abzuschließenden Hauptvertrages im Streitfall zumindest im Wege **ergänzender Vertragsauslegung** durch den Richter zu ermitteln sein. Negativ steht fest, dass die Parteien den Mietvertrag nicht auf unbestimmte Zeit (vgl. § 542 Abs. 1) schließen wollten. Eine Vertragsergänzung in diesem Sinne scheidet daher aus. Als Anhaltspunkt für die Mietdauer, auf die sich die Parteien bei redlicher Denkweise geeinigt hätten, wird man die vom Mieter zu tätigenden Investitionen heranziehen können. Wenn diese Investitionen, wie hier die ärztlichen Einrichtungen, nur bei einer bestimmten Mindestdauer des Vertrages wirtschaftlich zu vertreten sind, darf der Richter diese Mindestdauer zugrunde legen (vgl. BGH WM 1961, 1053). Gegebenenfalls kann auch die übliche Mietdauer bei Verträgen mit Ärzten berücksichtigt werden (Verkehrssitte gemäß § 157). Die fehlende Einigung über die Vertragsdauer ist daher unschädlich.

c) Formbedürftigkeit des Vorvertrages

Der **Grundsatz der Formfreiheit** gilt auch für Vorverträge. Ist allerdings für den Hauptvertrag eine bestimmte Form vorgeschrieben, ist zu fragen, ob diese Formvorschrift nach ihrer **ratio legis** auch Geltung für den entsprechenden Vorvertrag beansprucht. Dies ist dann der Fall, wenn die Formvorschrift bei formlos gültigem Vorvertrag ihren Schutzzweck nicht mehr erreichen könnte (z. B. der Schutz vor Übereilung beim Grundstückskauf, § 311b Abs. 1 Satz 1). Für Mietverträge über ein Grundstück, die für eine längere Zeit als ein Jahr abgeschlossen werden, gilt gemäß § 550 Satz 1 das Erfordernis der Schriftform. Zweck dieser Formvorschrift ist es in erster Linie, einem Grundstückserwerber, der in das Mietverhältnis eintritt, Klarheit über Inhalt und Umfang der auf ihn zukommenden Verpflichtungen zu verschaffen (BGH NJW 2010, 1518), nicht dagegen, die Parteien vor Übereilung zu schützen. Dieser Formzweck fordert nicht, die Formvorschrift des § 550 auch auf Vorverträge anzuwenden (ganz h. M., so BGH NJW 2007, 1817 Rn. 14). Es ist daher unerheblich, dass der Vorvertrag nur mündlich abgeschlossen wurde. – K kann somit notfalls gerichtlich durchsetzen, dass B mit ihm einen Mietvertrag abschließt.

2. Anspruch auf Schadensersatz statt der Leistung

K kann aber auch den B mahnen, den Vertrag abzuschließen, und ihn damit in Schuldnerverzug (§ 286) setzen. Reagiert B dann immer noch nicht, kann K nach § 281 Abs. 1 Satz 1 vorgehen und nach erfolgloser Fristsetzung Schadensersatz statt der Leistung verlangen.

104. Optionsvertrag

A hat sich eine Erfindung patentieren lassen und verhandelt mit dem Industriellen B über eine Lizenzvergabe. B ist an einer Lizenz sehr interessiert, möchte aber zuvor noch die technische Brauchbarkeit und wirtschaftliche Verwertbarkeit der Erfindung genauer prüfen. Andererseits will er um jeden Preis verhindern, dass A die Lizenz an Konkurrenten vergibt. Was ist ihm zu raten?

Für A empfiehlt sich der Abschluss eines **Optionsvertrages.** Es handelt sich dabei um einen gesetzlich nicht geregelten, aber aufgrund der Vertragsfreiheit zulässigen Vertragstypus. Der Optionsvertrag gewährt dem Begünstigten das Recht (sog. **Optionsrecht**), durch einseitige Erklärung ein Vertragsverhältnis mit bestimmtem Inhalt (hier: **Lizenzvertrag** = Vertrag über die Einräumung eines Nutzungsrechts) zustande zu bringen. Rechtstechnisch stehen dafür zwei Konstruktionen zur Verfügung: (1.) Man kann den Optionsvertrag als einen Vertrag begreifen, der ein (gegebenenfalls befristetes) Angebot zum Abschluss eines Hauptvertrages und die Bedingungen für die Annahme dieses Angebots zum Inhalt hat (sog. **Angebotsvertrag**). Das Optionsrecht ist dann nichts anderes als die Befugnis, dieses Angebot anzunehmen und damit den Hauptvertrag zustande zu bringen. Ob man es den Gestaltungsrechten zurechnen kann, ist umstritten, aber von keiner praktischen Bedeutung. (2.) Eine andere Möglichkeit ist die, im Optionsvertrag einen Hauptvertrag zu erblicken, der unter der aufschiebenden Bedingung (§ 158 Abs. 1) der Ausübung des Optionsrechts steht (sog. **Hauptvertrag mit Optionsvorbehalt**).

Ob das eine oder andere gewollt ist, ist durch Auslegung zu ermitteln. Unterschiedliche Konsequenzen (z. B. hinsichtlich der Form der Optionserklärung bei Formbedürftigkeit des Vertrages) sollten sich richtiger Ansicht nach nicht ergeben (vgl. MünchKommBGB/*Busche* Vor § 145 BGB Rn. 72 ff.).

Der Optionsvertrag begünstigt einseitig den Optionsnehmer. Daher wird sich der Optionsgeber dazu in der Regel nur bereitfinden, wenn ihm als Entschädigung ein sog. **Bindungsentgelt** gewährt wird. Häufig wird vereinbart, dass dieses Bindungsentgelt bei Zustandekommen bzw. Wirksamwerden des Hauptvertrages auf die Gegenleistung (hier: Lizenzgebühren) verrechnet wird.

105. Bewusst unvollständige Einigung

Rechtsanwalt R war ein alter Kunde des Antiquitätenhändlers A. Er interessierte sich für einen Fayence-Krug aus dem 18. Jahrhundert, den A für

> 8.000 EUR feilbot. R wollte den Krug sofort mitnehmen, da er ihn seiner Frau am nächsten Tag zum Geburtstag schenken wollte; andererseits schien ihm der Preis überhöht. Da A wiederum sich die Verkaufsgelegenheit nicht entgehen lassen wollte, traf er mit R folgende Vereinbarung: R solle den Krug fest kaufen und auch sofort mitnehmen. Über den Preis werde man sich später einigen. – Da eine solche Einigung nicht erzielt wurde, verlangte A, dass R entweder den Krug zurückgebe oder 8.000 EUR bezahle. Zu Recht?

1. Anspruch des A gegen R aus § 812 Abs. 1 Satz 1 Alt. 1

A kann den Krug mit der **Leistungskondiktion** (§ 812 Abs. 1 Satz 1 Alt. 1) zurückverlangen, wenn er ohne rechtlichen Grund, also ohne wirksamen Kaufvertrag geleistet hatte. Zum Abschluss eines wirksamen Vertrages gehört es, dass die **essentialia** (Hauptpunkte) des Vertrages bestimmt oder doch bestimmbar sind, da andernfalls gar keine bestimmte Klage und keine Vollstreckung möglich wäre. Zu den essentialia des Kaufvertrages rechnen der Kaufgegenstand und der Kaufpreis. A und R hatten sich zwar über den Kaufgegenstand geeinigt, die Höhe des Kaufpreises aber bewusst noch offengelassen. Es lag somit eine bewusst unvollständige Einigung, ein sog. **offener Dissens** vor. § 154 Abs. 1 Satz 1 stellt für diesen Fall eine Auslegungsregel auf. Danach ist im Zweifel der Vertrag nicht geschlossen, solange nicht die Parteien sich über alle Punkte, über die nach der Erklärung auch nur einer Partei eine Vereinbarung getroffen werden soll, geeinigt haben. Diese Rechtsfolge gilt jedoch nur „im Zweifel", d. h. sofern sich kein anderer Wille der Parteien feststellen lässt. Den Vereinbarungen zwischen A und R ist zu entnehmen, dass sie sich trotz der noch ausstehenden Einigung über die Höhe des Kaufpreises bereits fest binden wollten. Dafür spricht auch die einverständliche Vertragsdurchführung (Aushändigung und Mitnahme des Krugs). Die Auslegung ergibt daher, dass der Vertrag bereits geschlossen war. Trotz Bindungswillens kommt allerdings ein Vertrag dann nicht zustande, wenn sich die Vertragslücke nicht schließen lässt (BGH NJW 1997, 2671, 2672). Letzteres ist hier aber im Wege der ergänzenden Vertragsauslegung möglich (vgl. → unten 2.). Der Vertrag ist daher wirksam zustande gekommen. § 154 Abs. 1 Satz 1 greift nicht ein. Ein Rückgabeanspruch besteht daher nicht.

2. Anspruch des A gegen R aus § 433 Abs. 2

A kann nicht ohne Weiteres den von ihm ursprünglich geforderten Kaufpreis verlangen. Denn darüber war ja gerade keine Einigung erzielt worden. Die bestehende Vertragslücke ist vielmehr, da eine Ergänzung durch dispositives Recht nicht möglich ist, im Wege der **ergänzenden Vertragsauslegung** zu schließen (OLG Hamm NJW 1976, 1212; vgl. auch BGH NJW 1997, 2671, 2672 zur Miete). Der Richter hat danach, mangels anderer Bewertungsgesichtspunkte, den angemessenen bzw. den verkehrsüblichen Preis, gegebenenfalls im Wege der Sachverständigenschätzung, zu ermitteln. Nur diesen Betrag braucht R zu bezahlen.

106. Unbewusst unvollständige Einigung

Arzt A verhandelte mit B über den Abschluss eines Mietvertrages über Praxisräume. B verlangte u. a. eine Mietkaution, über deren Höhe jedoch keine Einigung erzielt wurde, sodass dieser Punkt zurückgestellt wurde. Später legte B dem A einen schriftlich ausgearbeiteten Vertragsentwurf vor, den beide unterzeichneten. Darin befand sich keine Regelung der Mietkaution. Kann B unter Hinweis auf die versehentlich unterbliebene Mietkautionsregelung die Überlassung der Mieträume verweigern?

Anspruch des A gegen B aus § 535 Abs. 1 Satz 2

B braucht dem A die Räume nicht zu überlassen, wenn kein wirksamer Mietvertrag zustande gekommen ist. An sich lag ein inhaltlich bestimmter Mietvertrag vor. Jedoch war darin eine Regelung unterblieben, die ursprünglich nach den Vertragsverhandlungen getroffen werden sollte. Sofern dieser Regelungspunkt absichtlich fallengelassen wurde, ist klar, dass die Wirksamkeit des Vertrages dadurch nicht beeinträchtigt wird. Wie aber, wenn die Parteien versehentlich diesen Punkt nicht regelten? Für diesen Fall der **unbewusst unvollständigen Einigung** stellt § 155 eine Regel auf: Es gilt das Vereinbarte, sofern anzunehmen ist, dass der Vertrag auch ohne eine Bestimmung über diesen Punkt geschlossen sein würde. Es kommt also darauf an, ob der Vertrag an diesem Punkt scheitern sollte oder nicht. Dies beurteilt sich nach den Umständen des Falles. Bei der Vermietung von Praxisräumen dürfte in aller Regel das Bedürfnis nach einer Mietkaution nicht so schwerwiegend sein, dass daran der Vertrag scheitern sollte. Es ist daher ein wirksamer Vertrag zustande gekommen, der in dem offenen Punkt durch ergänzende Vertragsauslegung vervollständigt werden muss. Interessengerecht erscheint eine Vertragsergänzung dahin, dass B die Räume an A gegen Stellung der ortsüblichen, hilfsweise einer angemessenen Kaution zu überlassen hat (ebenso *Bork* Rn. 774 zur Rechtslage beim offenen Dissens).

107. Versteckter Dissens bei objektiv mehrdeutigen Erklärungen

Jurastudent S hatte telefonisch beim Antiquariat A nach einem antiquarischen „Sachenrecht von Wolf" gefragt. B bestätigte ihm per E-Mail, dass er dieses Lehrbuch auf Lager habe und günstig für 10 EUR zuzüglich Porto 2,50 EUR liefern könne. S nahm dieses Angebot in seiner Antwort-Mail an. Als das Buch an ihn geliefert wurde, stellte sich heraus, dass es sich um das Sachenrecht von *Ernst Wolf* von 1979 handelte, während S davon ausging, es sich um das Sachenrecht von *Manfred Wolf* von 2002 handeln würde. Kann A von S trotzdem Zahlung, wenigstens Ersatz der Versandkosten verlangen?

1. Anspruch des A gegen S aus § 433 Abs. 2

Der Anspruch setzt einen wirksamen Kaufvertrag voraus. Die Erklärungen der Vertragsparteien stimmen zwar äußerlich überein, ihr Sinn ist aber **objektiv mehrdeutig,** da sowohl das Sachenrecht von *Manfred Wolf* als auch das von *Ernst Wolf* gemeint sein konnte und keine Umstände vorlagen, die auf den einen oder anderen Autor hinwiesen.

Ein objektiv mehrdeutiges Angebot ist nicht mangels inhaltlicher Bestimmtheit von vornherein nichtig. Vielmehr ist es, wenn es der Empfänger tatsächlich im gleichen Sinne versteht wie der Erklärende, durchaus annahmefähig. Stimmt der tatsächliche Wille der Parteien überein, so schadet ein objektiv mehrdeutiger Erklärungsinhalt nicht (**falsa demonstratio non nocet**). Verstehen dagegen, wie hier, beide Parteien den Erklärungsinhalt unterschiedlich, so liegt mangels Konsenses überhaupt kein Vertrag vor. Dass beide Parteien geglaubt haben, sie hätten sich geeinigt (**versteckter Dissens**) ist unbeachtlich. Die Auslegungsregel des § 155 greift nicht ein, da sie voraussetzt, dass die Parteien sich teilweise geeinigt haben (vgl. RGZ 93, 297, 299; *Köhler* § 8 Rn. 41). Mangels Vertrages besteht sonach kein Zahlungsanspruch des A.

2. Anspruch des A gegen S aus culpa in contrahendo (§§ 241 Abs. 2, 311 Abs. 2 Nr. 1, 280 Abs. 1)

Ein Anspruch auf Ersatz der Versandkosten könnte sich allenfalls aus culpa in contrahendo ergeben. Bei Aufnahme von Vertragsverhandlungen treffen beide Parteien wegen der Inanspruchnahme von Vertrauen bestimmte Rücksichtspflichten (§§ 241 Abs. 2, 311 Abs. 2 Nr. 2). Wer fahrlässig ein mehrdeutiges Angebot abgibt, verletzt diese Pflicht und muss grundsätzlich nach § 280 Abs. 1 dem Gegner den daraus entstehenden Schaden ersetzen. Musste aber der Gegner die Mehrdeutigkeit erkennen und nimmt er gleichwohl Aufwendungen vor, so ist ihm dies als Mitverschulden (§ 254) anzurechnen (h. M., z. B. Staudinger/*Bork* § 155 BGB Rn. 17; a. A. Jauernig/*Mansel* § 155 BGB Rn. 3: Haftung sei ausgeschlossen, da der Dissens jeder Partei gleichermaßen zuzurechnen sei). Im vorliegenden Fall scheidet aber eine Haftung des S aus, weil A als Antiquar eher als der Student S hätte erkennen können, dass es sich um ein mehrdeutiges Angebot des S gehandelt hatte.

H. Allgemeine Geschäftsbedingungen

108. Begriff, Funktion und Gefahren Allgemeiner Geschäftsbedingungen

Was versteht man unter Allgemeinen Geschäftsbedingungen, was ist ihre wirtschaftliche Funktion und worin bestehen ihre Gefahren?

1. Unter Allgemeinen Geschäftsbedingungen (AGB) sind nach der Definition in § 305 Abs. 1 „alle für eine Vielzahl von Verträgen vorformulierten Vertragsbedingungen, die eine Vertragspartei (Verwender) der anderen Vertragspartei bei Abschluss eines Vertrages stellt", zu verstehen.

2. Die Verwendung von standardisierten Vertragsbedingungen ermöglicht eine **Rationalisierung** des Geschäftsverkehrs, wie sie bei massenhaften Vertragsbeziehungen in einer Industriegesellschaft unentbehrlich ist. Sie schaffen **einheitliche** und meist auch **detaillierte** Regelungen und dienen auf diese Weise der Rechtsklarheit in den Leistungsbeziehungen. Dies ist vor allem bei solchen Vertragstypen nützlich, für die die Rechtsordnung keine oder keine zureichenden dispositiven Regelungen bereitstellt (wie z. B. bei Franchise-, Leasing-, Bauträgerverträgen usw.).

3. Die Gefahren der Verwendung von AGB bestehen in der **Benachteiligung des Vertragsgegners.** Erfahrungsgemäß neigen die Verwender von AGB dazu, einseitig ihre Interessen durchzusetzen und Lasten und Risiken nach Möglichkeit auf den Gegner abzuwälzen. Der Gegner ist zumeist dem Verwender **wirtschaftlich** und/ oder **intellektuell unterlegen:** Er muss die Verwendung von AGB in der Regel akzeptieren, da der Verwender sonst nicht abschließt, und er ist in der Regel auch nicht in der Lage, die juristische Tragweite des Klauselwerks zu ermessen. In der Regel liest der Gegner, wenn er Verbraucher ist, die AGB ohnehin nicht.

4. Diese Gefahren zu bekämpfen, ist Zweck der §§ 305–310.

> **109. Vertragsschluss unter AGB**
>
> Autofahrer A fährt zu einer Autowaschanlage der B-GmbH. An der Einfahrt passiert er ein gut lesbares Schild, auf dem es heißt: „Die B-GmbH haftet nicht für Lackschäden sowie für die Beschädigung der außen an der Karosserie angebrachten Teile, wie z. B. Zierleisten, Spiegel, Antennen, Scheibenwischer und dadurch entstandene Folgeschäden, es sei denn, dass eine Haftung aus grobem Verschulden vorliegt." A achtet allerdings nicht auf das Schild, sondern bezahlt beim Wärter den Waschpreis und fährt in die Waschanlage ein. – Ist der Haftungsausschluss Inhalt des Vertrages zwischen A und B geworden?

Zwischen A und B ist ein Werkvertrag über eine Wagenwäsche zustande gekommen. Ersichtlich wollte die B, dass auch der auf dem Schild verlautbarte Haftungsausschluss Vertragsinhalt werden sollte. Dem könnte jedoch entgegenstehen, dass A das Schild nicht gelesen hat.

An sich gelten für die Frage, ob und mit welchem Inhalt ein Vertrag geschlossen wurde, die §§ 145 ff. Soweit es jedoch um AGB geht, sind die Vorschriften der §§ 305 ff. zu berücksichtigen.

1. Vorliegen von AGB (§ 305 Abs. 1)

Der auf dem Schild angebrachte Haftungsausschluss erfüllt die Voraussetzungen des § 305 Abs. 1 Satz 1, da es sich um eine (1.) **Vertragsbedingung** handelt, die (2.) **vorformuliert** ist, (3.) **für eine Vielzahl von Verträgen** gelten soll und die (4.) die B als **Verwender** ihren Kunden bei Abschluss eines Autowaschvertrages **stellt.** Dass diese Klausel auf einem Schild angebracht und nicht etwa in eine Vertragsurkunde aufgenommen ist, spielt gemäß § 305 Abs. 1 Satz 2 keine Rolle. Die Klausel ist auch nicht i. S. d. § 305 Abs. 1 Satz 3 „**im Einzelnen ausgehandelt**" worden (dazu BGH NJW 2014, 1725 Rn. 27).

2. Anwendungsbereich der AGB-Kontrolle (§ 310)

Die Anwendbarkeit der AGB-Kontrolle ist uneingeschränkt gegeben, da die Tatbestände des § 310 nicht eingreifen.

3. Einbeziehung in den Vertrag (§ 305 Abs. 2)

Damit AGB Vertragsbestandteil werden, müssen nach § 305 Abs. 2 folgende drei Voraussetzungen erfüllt sein:

a) Hinweis auf die AGB bei Vertragsschluss

Die B hatte zwar den A bei Vertragsschluss nicht **ausdrücklich** auf ihre AGB hingewiesen. Jedoch genügt nach § 305 Abs. 2 Nr. 1 auch ein **deutlich sichtbarer Aushang** am Ort des Vertragsschlusses, der auf die AGB hinweist, sofern ein ausdrücklicher Hinweis nur unter unverhältnismäßigen Schwierigkeiten möglich ist. Dies ist hier der Fall (vgl. *Köhler* § 23 Rn. 8).

b) Verschaffung der Möglichkeit der Kenntnisnahme

Der Verwender muss gemäß § 305 Abs. 2 Nr. 2 dem Gegner die Möglichkeit verschafft haben, in **zumutbarer** Weise vom Inhalt der AGB Kenntnis zu nehmen. Dies ist hier geschehen, da das Schild gut **lesbar** und der Inhalt der Klausel auch für einen Durchschnittskunden **verständlich** war.

c) Einverständnis des Gegners

Schließlich muss der Gegner mit der Geltung der AGB einverstanden sein. Dieses Einverständnis kann auch durch schlüssiges Verhalten erklärt werden. Das ist in der Regel anzunehmen, wenn es unter Beachtung der ersten beiden Voraussetzungen zum Vertragsschluss kam. Dass der Kunde, wie hier A, von der Möglichkeit der Kenntnisnahme der AGB keinen Gebrauch gemacht hat, spielt keine Rolle. Insoweit kommt allenfalls die Irrtumsanfechtung in Betracht.

4. Nichteinbeziehung überraschender Klauseln (§ 305c Abs. 1)

Auch wenn die Voraussetzungen des § 305 Abs. 2 erfüllt sind, werden doch nach § 305c Abs. 1 solche Klauseln nicht Vertragsbestandteil, „die nach den Umständen, insbesondere nach dem äußeren Erscheinungsbild des Vertrages, so ungewöhnlich sind, dass der Vertragspartner des Verwenders mit ihnen nicht zu rechnen braucht" (dazu auch → Fall 111). **Ungewöhnlichkeit** ist dabei nicht gleichbedeutend mit Unbilligkeit. Maßgebend ist, ob der Klausel ein **„Überrumpelungseffekt"** innewohnt (BGH NJW 1990, 577). Der hier verwendete Haftungsausschluss weist weder nach seinem Regelungsgehalt noch nach dem äußeren Erscheinungsbild des Vertrages, d. h. äußerem Zuschnitt und Aufbau (vgl. BGHZ 101, 29, 33; 102, 152, 159) einen solchen Effekt auf (vgl. BGH NJW 1981, 118) auf. § 305c Abs. 1 ist daher nicht anwendbar.

Der Haftungsausschluss ist demnach Vertragsinhalt geworden.

---

110. Inhaltskontrolle von AGB

Wie zuvor (vgl. → Fall 109). Während des Waschvorgangs erfasste eine Waschbürste einen Scheibenwischer am Auto des A und riss ihn ab. Wie sich später herausstellte, war dies auf eine unzureichende Wartung der Waschanlage durch das Personal zurückzuführen. A verlangte von B Schadensersatz. Diese lehnt unter Hinweis auf den Haftungsausschluss durch AGB ab. Wie ist zu entscheiden?

1. Haftung auf Schadensersatz wegen Pflichtverletzung (§ 280 Abs. 1)

Die B traf aus dem Werkvertrag nach § 241 Abs. 2 die Neben-(oder Schutz-)Pflicht, den Wagen des A vor Beschädigungen zu bewahren. Diese Pflicht wurde hier schuldhaft verletzt, da sich B das Verschulden ihres Wartungspersonals nach § 278 zurechnen lassen muss. Sofern jedoch keine grobe, sondern nur leichte Fahrlässigkeit anzunehmen ist, könnte der Haftungsausschluss durch AGB eingreifen. Dies setzt aber die Zulässigkeit eines solchen Haftungsausschlusses voraus.

Da die Klausel eine Abweichung von Rechtsvorschriften, hier über die Haftung wegen Pflichtverletzung (§§ 241 Abs. 2, 280 Abs. 1), enthält, unterliegt sie gemäß § 307 Abs. 3 Satz 1 der sog. **Inhaltskontrolle** nach §§ 307 Abs. 1 und 2, 308, 309. Ein Verstoß gegen die in den §§ 308, 309 aufgeführten Klauselverbote ist nicht ersichtlich, insbesondere ist die Schranke des § 309 Nr. 7 Buchst. b eingehalten. Es kommt daher nur ein Verstoß gegen die Generalklausel des § 307 in Betracht. Gemäß § 307 Abs. 2 Nr. 2 ist eine unangemessene und damit unzulässige Benachteiligung des Vertragspartners im Zweifel anzunehmen, wenn eine Klausel „wesentliche Rechte oder Pflichten, die sich aus der Natur des Vertrages ergeben, so einschränkt, dass die Erreichung des Vertragszwecks gefährdet ist". Zu den wesentlichen Pflichten eines Autowaschvertrages gehört aber auch gerade die Pflicht, den Wagen vor Beschädigungen zu bewahren. Dadurch, dass die Haftung wegen Beschädigung von Außenteilen auf grobe Fahrlässigkeit beschränkt wird, wird die Erreichung des Vertragszwecks gefährdet. Denn zur Erreichung des Vertragszweckes gehört auch die Erfüllung verkehrstypischer Kundenerwartungen. Dazu zählt bei der Wagenwäsche gerade die Erwartung, dass der Wagen nicht beschädigt, jedenfalls aber bei schuldhafter Beschädigung Ersatz geleistet wird. Hinzu kommt, dass sich der Kunde vor Beschädigung seines Wagens praktisch nicht schützen kann und sich der Betreiber der Waschanlage typischerweise solche Risiken besser beherrschen und auch versichern kann als der einzelne Kunde. – Der Haftungsausschluss verstößt daher gegen § 307 Abs. 2 Nr. 2 und ist unwirksam (BGH NJW 2005, 422, 424). B haftet auf Schadensersatz.

2. Haftung aus § 823 Abs. 1

Gleichzeitig kann der Tatbestand des § 831 Satz 1 i. V. m. § 823 Abs. 1 (Eigentumsverletzung) erfüllt sein. Auch insoweit ist der Haftungsausschluss unwirksam.

---

111. Überraschende AGB-Klauseln

Der Gastwirt K wollte ein weiteres Gasthaus eröffnen und verhandelte mit dem Brauereibesitzer B wegen eines Darlehens, wobei er als Gegenleistung eine Bierbezugspflicht übernehmen wollte. B legte dem K ein Vertragsformular vor, das die Überschrift „Darlehens-Vorvertrag" enthielt. Darin wurden die Bedingungen für die Darlehensauszahlung und die Bierbezugspflicht näher geregelt. Unter anderem befand sich darin die Klausel, dass die Bezugsverpflichtung durch die Nichtinanspruchnahme des Darlehens nicht berührt werde. Nachdem auf dem Formular handschriftlich Darlehenssumme, Name und Anschrift der Gaststätte sowie Ort und Datum des Vertrages eingesetzt worden waren, unterschrieben B und K den Vertrag. K nahm später das

Darlehen nicht in Anspruch und bezog Bier von einer anderen Brauerei. B verlangt jetzt von K Schadensersatz wegen Verletzung der Bezugspflicht. Zu Recht?

Anspruch des B gegen K auf Schadensersatz wegen Pflichtverletzung (§ 280 Abs. 1)

Ein Schadensersatzanspruch des B aus § 280 Abs. 1 setzt voraus, dass eine vertragliche Bezugspflicht bestand. Eine solche Pflicht war zwar in dem Klauselwerk auch für den Fall der Nichtinanspruchnahme des Darlehens vorgesehen, jedoch ist fraglich, ob sie überhaupt Vertragsinhalt geworden ist.

Ist der gesamte Vertragstext, wie hier, von einer Vertragspartei vorformuliert, spricht man von einem „**Formularvertrag**". Rechtlich gesehen handelt es sich hier ebenfalls um AGB, wie durch § 305 Abs. 1 Satz 2 klargestellt wird. Die einzelnen Vertragsbestimmungen sind an sich, da die Voraussetzungen der Einbeziehung nach § 305 Abs. 2 erfüllt sind, Vertragsinhalt geworden. Jedoch macht § 305c Abs. 1 eine Einschränkung für sog. **überraschende Klauseln.** Bestimmungen in AGB, die nach den Umständen, insbesondere nach dem äußeren Erscheinungsbild des Vertrages, so ungewöhnlich sind, dass der Vertragspartner des Verwenders mit ihnen nicht zu rechnen braucht, werden nicht Vertragsbestandteil. Entscheidend ist, dass die Klausel von den Erwartungen des Vertragspartners deutlich abweicht und er mit ihr den Umständen nach vernünftigerweise nicht zu rechnen braucht. Die Erwartungen werden dabei von den allgemeinen und besonderen Begleitumständen des Vertragsschlusses bestimmt. Zu den allgemeinen Begleitumständen gehören der Grad der Abweichung vom dispositiven Recht und die für den Geschäftskreis übliche Gestaltung; zu den besonderen Begleitumständen gehören der Gang und der Inhalt der Vertragsverhandlungen sowie der äußere Zuschnitt des Vertrages (BGHZ 130, 19, 25). Als Maßstab dienen die Verständnismöglichkeiten des Durchschnittskunden (BGH NJW 1995, 2638). – Die betreffende Klausel ist in diesen Wirtschaftskreisen nicht üblich und entsprach auch nicht den bei Vertragsschluss zu Tage getretenen Erwartungen des K, der die Bierbezugspflicht als Gegenleistung für die Darlehensgewährung übernehmen wollte. K brauchte mit einer solchen Klausel nicht zu rechnen, sie wurde daher auch nicht Vertragsbestandteil (vgl. BGH NJW 1978, 1519). Es besteht somit kein Schadensersatzanspruch.

112. Auslegung von Allgemeinen Geschäftsbedingungen

Gebrauchtwagenhändler Beutelschneyder (B) hatte an den ungarischen Geschäftsmann Czibulas (C) mit Formularvertrag einen BMW 740i für 10.000 EUR verkauft. Im gedruckten Vertragsformular hieß es u. a.: *„Das Kraftfahrzeug wird – soweit nicht nachstehend ausdrücklich Eigenschaften garantiert oder Verpflichtungen übernommen werden – unter Ausschluss jeder Gewährleistung verkauft."* Anschließend hieß es unter der Überschrift „Erklärungen des Verkäufers" in kleiner Schrift: *„Nr. 1.5 Der Verkäufer garantiert, dass das Kraftfahrzeug, soweit ihm bekannt, eine Gesamtfahrleistung von ... km aufweist."* Die Angabe „... km" war durch eine gedruckte Umrahmung

(Kasten) hervorgehoben, in dem handschriftlich die Zahl „*92.730*" eingetragen war. Die Ziffern dieser Zahl waren etwa dreimal so groß wie der dazugehörige gedruckte Text. Die tatsächliche Fahrleistung betrug, wie sich wenig später herausstellte, bei Vertragsschluss über 221.022 km. Wegen dieser hohen Fahrleistung betrug der Wert des Fahrzeugs nur 11.000 EUR. Hätte die Fahrleistung tatsächlich nur bei 92.730 km gelegen, so hätte das Fahrzeug einen Wert von 18.000 EUR gehabt. C verlangt jetzt von B Zahlung von 18.000 EUR gegen Rückgabe des Fahrzeugs. Dieser wendet ein, er hafte nicht, da er das Fahrzeug am Tag zuvor vom Vorbesitzer mit diesem Tachostand erworben habe und er keine Kenntnis von der tatsächlichen Fahrleistung gehabt habe, im Übrigen aber die Gewährleistung ausgeschlossen sei. C meint, der Haftungsausschluss gelte ihm gegenüber nicht, da er der deutschen Sprache kaum mächtig sei und die Klausel nicht verstanden habe. – Wer hat Recht?

Anspruch des C gegen B aus §§ 434, 437 Nr. 3, 311a Abs. 2

Das Begehren des C läuft darauf hinaus, dass kein Rücktritt erklärt, sondern Schadensersatz statt der ganzen Leistung gegen Rückgabe der gekauften Sache (vgl. § 281 Abs. 5) verlangt wird. Dazu ist er, da das Zustandekommen eines Kaufvertrages nicht zweifelhaft ist, nach den §§ 437 Nr. 3, 311a Abs. 2 Satz 1 berechtigt, wenn (1.) die Kaufsache einen Mangel i. S. d. § 434 aufweist, (2.) die Haftung dafür nicht ausgeschlossen ist, (3.) ein Anspruch auf Nacherfüllung (§ 437 Nr. 1) nach § 275 ausgeschlossen ist und (4.) B die mangelhafte Lieferung zu vertreten hat (§ 311 Abs. 2 Satz 2).

1. Vorliegen eines Sachmangels

Nach § 434 Abs. 1 Satz 1 ist eine Sache frei von Sachmängeln, wenn sie bei Gefahrübergang die vereinbarte Beschaffenheit hat. Die Fahrleistung gehört zur Beschaffenheit eines Kfz. Aus der Angabe im Kaufvertrag, der Verkäufer garantiere, dass das Fahrzeug, soweit ihm bekannt sei, einen Kilometerstand von 92.730 km aufweise, ist jedenfalls zu entnehmen, dass dieser Kilometerstand als Beschaffenheit vereinbart war. Da die tatsächliche Fahrleistung weitaus höher war, ist sonach ein Sachmangel gegeben (vgl. BGH NJW 2007, 1346 Rn. 14).

2. Wirksamkeit des Haftungsausschlusses

a) Zulässigkeit eines Haftungsausschlusses in AGB

Obwohl der Haftungsausschluss in Allgemeinen Geschäftsbedingungen enthalten war, ist er grundsätzlich zulässig, da das Klauselverbot des § 309 Nr. 8 Buchst. b aa nur für neu hergestellte Sachen gilt, es sich hier aber um ein gebrauchtes Fahrzeug handelte, und C außerdem Unternehmer war (§ 310). Die Einbeziehungsvoraussetzungen des § 305 Abs. 2 sind, da die Klausel im Vertrag selbst enthalten war, erfüllt. Der Wirksamkeit steht auch nicht entgegen, dass C als Ausländer die Klausel nicht verstanden hat. Denn schon nach allgemeinen Auslegungsgrundsätzen (§§ 133, 157) kommt es nicht darauf an, ob der Gegner eine Klausel tatsächlich verstanden hat, sondern ob nach den Umständen von ihm zu erwarten war, dass er sie versteht. Wenn ein Ausländer im Inland Geschäfte mit einem Deutschen in deutscher Sprache vornimmt, ohne einen Übersetzer zuzuziehen, ist von ihm zu erwarten, dass er die Klausel versteht (vgl. Palandt/*Grüneberg* § 305 BGB Rn. 40; *Schäfer* JZ 2003, 879).

b) Unwirksamkeit eines Haftungsausschlusses im Einzelfall

Auf den Haftungsausschluss kann sich B aber nach § 444 dann nicht berufen, wenn er entweder den Mangel arglistig verschwiegen oder eine Garantie für die Beschaffenheit der Sache übernommen hat. Da B den wahren Kilometerstand nicht kannte, kommt es sonach entscheidend darauf an, ob er eine Garantie für den Kilometerstand von 92.730 km übernommen hat. Dies ist durch Auslegung zu ermitteln.

c) Auslegung einer in AGB enthaltenen Garantie

Da auch die Garantieklausel gedruckt war und damit eine AGB i. S. d. § 305 Abs. 1 Satz 1 darstellte, sind für ihre Auslegung die Grundsätze über die Auslegung von AGB heranzuziehen. Diese teils in der Rspr. entwickelte, teils gesetzlich geregelten Grundsätze rechtfertigen sich aus dem Massencharakter der unter Verwendung von AGB geschlossenen Verträge, den auch der Kunde kennt, und aus der fehlenden Einflussmöglichkeit des Kunden auf den Inhalt der AGB.

aa) Grundsatz der objektiven Auslegung von AGB

AGB sind, ähnlich wie die an einen unbestimmten Personenkreis gerichteten Erklärungen, **objektiv** auszulegen (st. Rspr., vgl. nur BGHZ 108, 52, 60). Es ist also der **typische Sinn** einer Klausel, losgelöst von den besonderen Umständen des Einzelfalls, zu ermitteln. Dabei ist von den Verständnismöglichkeiten des typischerweise von der Klausel angesprochenen, rechtlich nicht vorgebildeten Durchschnittskunden auszugehen (BGH NJW 2008, 360 Rn. 28) und zu fragen, wie die Klausel von verständigen und redlichen Vertragsparteien unter Abwägung der Interessen der normalerweise beteiligten Verkehrskreise verstanden wird (BGH NJW 2013, 995 Rn. 16). Maßgebend ist, ob das Auslegungsergebnis als allgemeine Lösung des stets wiederkehrenden Interessenkonflikts, der geregelt werden soll, dienen kann (BGH NJW 1999, 1711, 1714). Die objektive Auslegung nach den Verständnismöglichkeiten eines rechtlich nicht vorgebildeten Durchschnittskunden hat den Wortlaut der Klausel und ihren Regelungszusammenhang zu berücksichtigen. Hier hat B den Begriff der „Garantie" verwendet, der auch dem rechtlich nicht vorgebildeten Kunden geläufig ist und gerade im Gegensatz zum sonst üblichen und auch hier vorgesehenen Haftungsausschluss verwendet wird. Diese Formulierung lässt beim Kunden den Eindruck entstehen, der Verkäufer wolle ausnahmsweise für den angegebenen Kilometerstand einstehen. Dieses Verständnis der Klausel wird dadurch verstärkt, dass der Durchschnittskunde den Angaben des – üblicherweise erfahrenen und sachkundigen – Händlers über die Laufleistung besonderes Vertrauen entgegenbringt und dies dahin auffasst, der Händler wolle sich für die Kilometerangabe „stark" machen (BGH NJW 1998, 2207). Durch die Hervorhebung des Kilometerstandes mittels größerer Schrift und Einrahmung wird die Aufmerksamkeit des Kunden zusätzlich auf die Kilometerangabe hingelenkt und vom übrigen vorgedruckten Text abgelenkt. Dies spricht für eine objektive Auslegung dahin, dass B für den angegebenen Kilometerstand schlechthin einstehen wolle. Dagegen spricht jedoch, dass B in die Klausel die Einschränkung eingefügt hat „soweit ihm bekannt". Würde man entscheidend auf diese Worte abstellen, wäre die Garantie allerdings praktisch wertlos. Denn dann würde sich nur eine Haftung des Verkäufers im Falle des arglistigen Verschweigens des wahren Kilometerstandes ergeben, die aber ohnehin kraft Gesetzes (§ 444) gegeben wäre. Gleichwohl ist ein dahingehendes objektives Verständnis der Klausel nicht auszuschließen. Die objektive Auslegung führt hier also zu keinem eindeutigen Ergebnis. Vielmehr sind zwei Auslegungen möglich.

bb) Die Unklarheitenregel (§ 305c Abs. 2)

Nach § 305c Abs. 2 gehen Zweifel bei der Auslegung von AGB zu Lasten des Verwenders. Die Vorschrift setzt also mindestens zwei Auslegungsmöglichkeiten einer AGB-Klausel voraus. Sie ordnet an, dass diejenige Auslegung vorzuziehen ist, die dem Kunden größere Rechte einräumt. Dies führt hier zum Ergebnis, dass eine Garantie des angegebenen Kilometerstandes ohne Rücksicht auf den Kenntnisstand des Verkäufers anzunehmen ist (BGH NJW 1998, 2207, 2208).

Sonach kann sich B nicht auf den Haftungsausschluss berufen.

3. Ausschluss des Anspruchs auf Nacherfüllung

Ein Anspruch auf Nacherfüllung gemäß §§ 437 Nr. 1, 439 Abs. 1 ist hier nach § 275 Abs. 1 ausgeschlossen. Denn eine Beseitigung dieses Mangels ist von vornherein nicht möglich. Die Lieferung einer mangelfreien Sache, hier also eines vergleichbaren (Modell, Farbe, Ausstattung usw.) Fahrzeugs mit der garantierten Laufleistung, ist, wenn schon nicht nach § 275 Abs. 1, so doch nach § 275 Abs. 2 ausgeschlossen.

4. Vertretenmüssen des Mangels

Der Anspruch auf Schadensersatz statt der Leistung gemäß §§ 437 Nr. 3, 311a Abs. 2 hängt daher lediglich davon ab, ob B den Mangel zu vertreten hat (§ 311a Abs. 2 Satz 2). Für eine Garantiezusage hat der Verkäufer jedoch stets, also auch ohne Verschulden, einzutreten (§ 276 Abs. 1 Satz 1: „Übernahme einer Garantie"). – C ist daher im Recht.

---

113. Vorrang der Individualabrede vor AGB

Die Spinnerei S lieferte aufgrund entsprechender Vereinbarung einen Posten „garantiert farbechter Stoffe" an den Konfektionär K, der sie zu Kleidern weiterverarbeitete und diese an Modegeschäfte weiterverkaufte. Da die Kleider abfärbten, musste K sie von seinen Kunden zurücknehmen. Er verlangt von S Schadensersatz unter Hinweis auf die Garantie der Farbechtheit. S wendet ein, in ihren Allgemeinen Verkaufsbedingungen sei die Haftung für alle Schäden aus mangelhafter Lieferung ausgeschlossen. Zu Recht?

Anspruch des K gegen S aus §§ 434, 437 Nr. 3, 280 Abs. 1

Die Garantie für die Farbechtheit stellt sich rechtlich als Vereinbarung einer Beschaffenheit der Kaufsache i. S. d. § 434 Abs. 1 Satz 1 dar, für die S auch ohne Verschulden nach § 276 Abs. 1 Satz 1 („Übernahme einer Garantie") einzustehen hat. Unter die nach §§ 437 Nr. 3, 280 Abs. 1 zu ersetzenden Schäden fällt nach

Sinn und Zweck dieser Garantie auch und gerade der entgangene Weiterveräußerungsgewinn.

Diesem Garantieanspruch steht an sich der Haftungsausschluss in den AGB entgegen. Bei einem Widerstreit zwischen den individuell getroffenen Vereinbarungen und AGB hat aber gemäß § 305b die Individualabrede den Vorrang: AGB sollen einen Individualvertrag ergänzen, nicht aber aushöhlen und zunichte machen. Andernfalls würde die Individualabrede jeden Sinn und jede praktische Bedeutung verlieren. Der Haftungsausschluss greift daher von vornherein nicht ein, sodass auch dahin stehen kann, ob er nicht bereits nach § 309 Nr. 7 Buchst. b unwirksam ist.

114. Aufeinandertreffen unterschiedlicher AGB

Der Lieferant L bot dem Hersteller H die Lieferung einer Maschine an und verwies im Angebot auf seine beigefügten Allgemeinen Verkaufs- und Lieferungsbedingungen. H nahm das Angebot an, verwies aber in seinem Schreiben auf seine Allgemeinen Einkaufsbedingungen. L ließ daraufhin die Maschine abschicken. Die Sendung kam aber nicht an. Ihr Verbleib ließ sich nicht aufklären. L verlangte gleichwohl Zahlung unter Hinweis auf seine AGB, welche die Klausel enthielten: „Lieferung auf Kosten und Gefahr des Käufers". H verweigerte Zahlung unter Hinweis auf seine AGB, welche die Klausel enthielten: „Zahlung nur bei Eintreffen und Gutbefund der Ware". Wer hat Recht?

Anspruch des L gegen H aus § 433 Abs. 2 i. V. m. AGB

L kann sich auf seine AGB nur stützen, wenn sie Vertragsinhalt geworden sind. Das setzt voraus, dass sie ausdrücklich oder doch stillschweigend in den Vertrag einbezogen worden sind, auch wenn § 305 Abs. 2 wegen der Unternehmereigenschaft beider Parteien nach § 310 Abs. 1 nicht anwendbar ist. Ob und mit welchem Inhalt ein Vertrag zustande kommt, wenn beide Parteien bei Vertragsschluss auf ihre unterschiedlichen AGB verweisen, war umstritten.

1. Nach der früheren Rspr. (BGHZ 61, 282, 287 f.) galt die sog. **Theorie des letzten Wortes**. Die Vertragsannahme unter Hinweis auf die eigenen AGB wurde als Ablehnung des Angebots verbunden mit einem neuen Angebot dar (§ 150 Abs. 2) gewertet. Vollzog daraufhin der Gegner widerspruchslos den Vertrag, so wurde darin das stillschweigende Einverständnis mit den AGB der anderen Vertragspartei gesehen.

2. Nach heute h. M. (vgl. BGH NJW 1991, 1604, 1606; Palandt/*Grüneberg* § 305 BGB Rn. 55) gilt das **„Prinzip der Kongruenzgeltung"**. Danach ist in der Regel anzunehmen, dass die AGB beider Parteien nur insoweit Vertragsbestandteil werden, als sie übereinstimmen. Soweit dies nicht der Fall ist, die Parteien aber einverständlich mit der Erfüllung des Vertrages beginnen, ist davon auszugehen, dass die Parteien die Unterschiede in den AGB für unwesentlich ansehen und einen Vertrag wollen, dessen Inhalt sich nach dem **dispositiven *Recht*** bestimmt (vgl. BGH NJW 2002, 1651). Die Auslegungsregel des § 154 Abs. 1 wird insoweit umgekehrt, was nach dem Rechtsgedanken des § 306 gerechtfertigt ist.

Folgt man der h. M., ist hier, da sich die AGB von L und H widersprechen, dispositives Recht, nämlich § 447 i. V. m. § 269 Abs. 1, anzuwenden. Danach ist L im Recht, weil die Gefahr des zufälligen Untergangs mit Absendung auf H übergegangen war.

115. Unwirksamkeit von Klauseln in Verbraucherverträgen

Der Bauunternehmer W hatte an K ein von ihm errichtetes Landhaus verkauft. In dem von ihm vorformulierten Vertrag, den K akzeptieren musste, war eine Klausel enthalten, in der die Abtretung etwaiger Mängelansprüche gegen die Bauhandwerker erklärt, eine Mängelhaftung des W aber ausdrücklich ausgeschlossen worden war. Nach dem Einzug stellte K erhebliche Mängel fest. Er begehrte daher Nachbesserung. W lehnte dieses Ersuchen ab, da er nicht für Mängel hafte und K sich an die Handwerker wenden könne. Der Haftungsausschluss verstoße auch nicht gegen die §§ 307 ff., da die Klausel nur für diesen einzigen Vertrag vorgesehen sei. Sei der Haftungsausschluss aber unwirksam, so sei der ganze Kaufvertrag hinfällig. Ohne diese Klausel hätte er den Vertrag nicht geschlossen, da in den Kaufpreis Rückstellungen wegen Mängeln nicht einkalkuliert seien. Wird W damit durchdringen?

Anspruch des K gegen W auf Mangelbeseitigung gemäß §§ 437 Nr. 1, 439 Abs. 1

Da das verkaufte Landhaus mangelhaft war, könnte K an sich von W gemäß § 437 Nr. 1, 439 Abs. 1 Mangelbeseitigung verlangen. Voraussetzung dafür ist aber, dass (1.) die Mängelhaftung des W nicht wirksam ausgeschlossen und (2.) der Vertrag im Übrigen wirksam ist.

1. Bei der Haftungsausschlussklausel handelt es sich nicht um AGB, weil sie nicht für eine Vielzahl von Verträgen vorformuliert war (§ 305 Abs. 1 Satz 1). Nachdem aber W Unternehmer und K Verbraucher ist, liegt ein sog. **Verbrauchervertrag** i. S. d. § 310 Abs. 3 vor. Weil ferner K auf den Inhalt der vorformulierten Klausel keinen Einfluss nehmen konnte, sind nach § 310 Abs. 3 Nr. 2 die §§ 305c Abs. 2, 306, 307, 308, 309 anwendbar. Da schließlich der Vertrag eine „neu hergestellte Sache" betraf, war die in der Klausel erklärte Beschränkung der Mängelhaftung auf die Einräumung von Ansprüchen gegen Dritte gemäß § 309 Nr. 8 Buchst. b aa unwirksam.

2. Die Unwirksamkeit dieser Bestimmung hätte an sich nach der Regel des § 139 die Unwirksamkeit des gesamten Kaufvertrages zufolge, da aufgrund der Kaufpreiskalkulation anzunehmen ist, dass W den Vertrag nicht ohne diese Klausel abgeschlossen hätte. Dadurch würde indessen der in § 309 Nr. 8 Buchst. b aa bezweckte Käuferschutz weitgehend illusorisch. § 306 Abs. 1 und 2 ordnet daher ausdrücklich an, dass der Vertrag im Übrigen wirksam bleibt und an die Stelle der unwirksamen Bestimmungen die gesetzlichen Vorschriften treten. Es gelten folglich die §§ 433 ff. W wird daher mit seinen Einwänden nicht durchdringen.

> **116. Rechtsfolgen der Unwirksamkeit von Klauseln**
>
> Professor K findet keine Zeit mehr für die Pflege seines Gartens. Auf Vorhaltungen seiner Frau beauftragt er den Gartencenter-Betrieb G-GmbH (G) mit der Gartenpflege gegen Zahlung einer vierteljährlich zu entrichtenden Pauschale. In dem von K unterzeichneten Auftragsformular der G ist die vorgedruckte Klausel enthalten: „Dieser Auftrag ist für fünf Jahre geschlossen und kann vorher nicht gekündigt werden." Da K mit den Leistungen des Personals der G nur mäßig zufrieden ist, möchte er den Vertrag alsbald wieder kündigen. Ist das möglich?

Bei dem Vertrag zwischen K und G handelt es sich nicht um einen Werk-, sondern um einen Dienstvertrag, da eine dauernde Tätigkeit geschuldet ist, die sich in ihrem Umfang nicht exakt vorherbestimmen lässt.

1. Möglichkeit der außerordentlichen Kündigung nach § 626?

Jeder Dienstvertrag, ob befristet oder nicht, kann nach § 626 Abs. 1 aus wichtigem Grund ohne Einhaltung einer Kündigungsfrist gekündigt werden. Diese Vorschrift ist zwingenden Rechts, sodass die Klausel nicht entgegensteht. Ein wichtiger Grund dürfte hier jedoch nicht vorliegen, da K die Möglichkeit hat, auf Abhilfe zu dringen.

2. Möglichkeit der ordentlichen Kündigung nach § 621 Nr. 4?

Da die Vergütung hier nach Vierteljahren bemessen ist, kommt an sich die Kündigung nach § 621 Nr. 4 (sechs Wochen zum Quartalsende) in Betracht. Wie sich aus § 620 Abs. 2 ergibt, ist § 621 aber nicht anwendbar, wenn – wie hier in der Klausel – die Dauer des Dienstverhältnisses festgelegt ist. In den AGB der G ist eine Kündigung während der fünfjährigen Laufzeit des Vertrages ausgeschlossen. Aber diese Klausel verstößt gegen § 309 Nr. 9 Buchst. a, weil sie den K länger als zwei Jahre bindet. Eine andere Frage ist, ob die Klausel vollständig unwirksam ist oder ob sie mit dem gerade noch zulässigen Inhalt (hier: Begrenzung auf zwei Jahre) aufrechterhalten werden kann (Problem der sog. **geltungserhaltenden Reduktion**). Die ganz h. M. lehnt mit Recht eine solche geltungserhaltende Reduktion grundsätzlich ab, weil sie mit Wortlaut und Zweck der AGB-Kontrolle unvereinbar sei (vgl. BGH NJW 2013, 991 Rn. 25; EuGH NJW 2012, 2257 Rn. 68 f.; Palandt/ *Grüneberg* § 306 BGB Rn. 6). Denn sonst könnte der Verwender risikolos unangemessene Bedingungen stellen; es bliebe Sache des Kunden und der Gerichte, derartige Klauseln auf das gerade noch zulässige Maß zurückzuführen. Die Klausel ist daher vollständig unwirksam.

Nicht ausgeschlossen wird damit zwar eine **ergänzende Vertragsauslegung** zur Schließung einer Vertragslücke, die durch den Wegfall der unwirksamen Klausel entsteht (vgl. BGH NJW 2013, 991 Rn. 26, 30 ff.). Sie kommt aber nur dann zum Zuge, wenn konkrete gesetzliche Vorschriften zur Lückenfüllung gemäß § 306 Abs. 2 nicht vorhanden sind und die ersatzlose Streichung der Klausel zu keinem angemessenen Interessenausgleich führt. Es ist in einem solchen Fall zu fragen, welche Regelung die Parteien bei sachgerechter Abwägung der beiderseitigen Interessen getroffen hätten, wenn sie die Unwirksamkeit der Klausel gekannt hätten. Hier bedarf es aber keiner ergänzenden Vertragsauslegung, weil infolge der Unwirksamkeit der Klausel der Vertrag nach § 620 Abs. 2 BGB als auf unbestimmte Zeit geschlossen anzusehen ist und K demzufolge nach Maßgabe des § 621 Nr. 4, also mit einer Frist von sechs Wochen zum Quartalsende kündigen kann.

J. Bedingung

117. Aufschiebende und auflösende Bedingung

Der Textilhändler T hatte mit dem Lieferanten L eine Vereinbarung getroffen, wonach L dem T Kleider liefern, T aber nur die tatsächlich verkauften Stücke bezahlen sollte. Die binnen einer Saison unverkauften Stücke sollte T zurückgeben dürfen. Bei einem Einbruch wurden zahlreiche Kleider entwendet, für die L Zahlung verlangt. Zu Recht?

Anspruch des L gegen T aus § 433 Abs. 2

T muss zahlen, wenn eine Kaufpreiszahlungspflicht gemäß § 433 Abs. 2 vorliegt. Diese Pflicht wird grundsätzlich sofort mit Abschluss des Kaufvertrages begründet. Die Parteien haben es jedoch aufgrund der Vertragsfreiheit in der Hand, Eintritt und Ende der Wirkungen eines Rechtsgeschäfts durch Vereinbarung einer **Bedingung** zu regeln (Ausnahme: bedingungsfeindliche Geschäfte, z. B. Auflassung, § 925 Abs. 2). Gegenstand der Bedingung kann jedes **zukünftige ungewisse Ereignis**, auch das willensabhängige Verhalten eines Beteiligten (sog. **Potestativbedingung**) sein.

Nach der beabsichtigten Rechtswirkung sind zu unterscheiden: (1.) die **aufschiebende** Bedingung (§ 158 Abs. 1), bei der die Wirkung des Rechtsgeschäfts erst mit dem Eintritt der Bedingung eintritt; (2.) die **auflösende** Bedingung, bei der die Wirkung des Rechtsgeschäfts mit dem Eintritt der Bedingung endet und der frühere Rechtszustand wieder eintritt. – Was im Einzelfall gewollt ist, ist durch **Auslegung** zu ermitteln (BGH NJW 1975, 776, 777).

Die Vereinbarung zwischen T und L (sog. **Konditionsgeschäft**) könnte als Abschluss eines Kaufvertrages entweder unter der aufschiebenden Bedingung des Weiterverkaufs der Ware oder unter der auflösenden Bedingung der Rückgabe der Ware an L zu deuten sein. In Zweifelsfällen ist anhand der Interessenlage zu entscheiden. Diese spricht für eine aufschiebende Bedingung, da T ersichtlich keine, auch keine vorläufige Zahlungspflicht übernehmen wollte (vgl. BGH NJW 1975, 776, 777). Eine Kaufpreiszahlungspflicht wäre sonach erst mit Weiterverkauf der Ware entstanden. Da infolge des Diebstahls eine Weiterveräußerung, und somit der Bedingungseintritt, nicht mehr möglich ist, kann eine Zahlungspflicht auch nicht mehr entstehen. Der Kaufvertrag wurde mit dem endgültigen Ausfall der Bedingung hinfällig. Es besteht daher keine Zahlungspflicht. – (Soweit allerdings den T ein Verschulden am Diebstahl trifft, kommt eine vertragliche [§§ 241 Abs. 2, 280 Abs. 1] und deliktische [§ 823 Abs. 1] Haftung in Betracht).

118. Bedingte Kündigung

Das Ehepaar D hatte von W eine möblierte Wohnung gemietet, in der sie untertags ihren Zwerghasen frei herumlaufen ließen. Da der Hase Möbel und Tapeten anknabberte und das Ehepaar auf mehrfache Abmahnungen von W nicht reagierte, kündigte W den Mietvertrag für den Fall, dass das Ehepaar nicht binnen einer Woche dafür sorgen würde, dass der Hase keinen Schaden mehr anrichtet. Ist die Kündigung wirksam?

1. Bestehen eines Kündigungsrechts?

Nach § 543 Abs. 1 Satz 1 kann jede Vertragspartei das Mietverhältnis aus wichtigem Grund außerordentlich fristlos kündigen. Ein wichtiger Grund liegt nach § 543 Abs. 2 Nr. 2 insbesondere vor, wenn der Mieter die Rechte des Vermieters dadurch in erheblichem Maße verletzt, dass er die Mietsache durch Vernachlässigung der ihm obliegenden Sorgfalt erheblich gefährdet. Allerdings ist die Kündigung grundsätzlich erst nach erfolgloser Fristsetzung oder Abmahnung zulässig (§ 543 Abs. 3 Satz 1). Hier war durch mangelnde Beaufsichtigung des Zwerghasen eine erhebliche Gefährdung der Mietsache eingetreten. Desgleichen hatte W die D erfolglos abgemahnt. W war daher zur außerordentlichen Kündigung berechtigt.

2. Wirksame Ausübung des Kündigungsrechts?

Fraglich ist aber, ob die Kündigung auch wirksam ist, da sie unter einer Bedingung erfolgte. Die Kündigung rechnet zu den Gestaltungsgeschäften, da sie das Mietverhältnis beendet. Gestaltungsgeschäfte sind ihrer Natur nach bedingungsfeindlich, da sie die Rechtslage umgestalten und dem Gegner die mit einer Bedingung verbundene Ungewissheit über die Rechtslage nicht zugemutet werden kann: Er soll wissen, woran er ist (vgl. *Köhler* § 14 Rn. 18). Daraus folgt aber zugleich, dass nicht jede Bedingung bei einer Kündigung unzulässig ist. Vielmehr kommt es darauf an, ob der Gegner dadurch in eine ungewisse Lage versetzt wird oder nicht (vgl. BGHZ 97, 264, 267). Bedingungen, deren Eintritt vom Verhalten des Gegners abhängt **(Potestativbedingungen),** sind daher zulässig (Palandt/*Ellenberger* Einf. v. § 158 BGB Rn. 13). Da die D es in der Hand hatten, den Eintritt der aufschiebenden Bedingung (Abstellen der Schädigungen durch den Hasen binnen einer Woche) zu verhindern, war die Kündigung wirksam.

K. Vertretung und Vollmacht

119. Voraussetzungen und Wirkungen der Vertretung

Der Lehrer V organisierte für die Teilnehmer eines Volkshochschulkurses eine Studienreise nach Italien. Aufgrund einer Anmeldungsliste, die er beim Busunternehmer B vorlegte, buchte V die Busreise für 16 Teilnehmer. Es wurde vereinbart, dass die Tickets bei Reiseantritt bezahlt werden sollten. Die Teilnehmerin A erschien zum Abfahrttermin nicht, weil sie – wie sich später herausstellte – von ihrem Freund eine Einladung zu einem Spanienurlaub erhalten hatte.

K. Vertretung und Vollmacht

> B verlangt von V Zahlung des Reisepreises für A, weil der Platz nicht mehr anderweitig besetzt werden konnte. Dieser meint, nicht er, sondern A müsse zahlen. Wer hat Recht?

Anspruch des B gegen V bzw. A aus § 631 Abs. 2

V hatte die Reise für A gebucht, somit mit B einen Werkvertrag (§ 631), gerichtet auf Beförderung mit dem Bus, abgeschlossen. Aus dem Vertrag wäre jedoch nicht er selbst, sondern A zur Zahlung gemäß § 631 Abs. 2 verpflichtet, wenn er die A bei Vertragsschluss wirksam **vertreten** hatte. Nach § 164 Abs. 1 Satz 1 wirkt nämlich eine Willenserklärung, die jemand innerhalb der ihm zustehenden Vertretungsmacht im Namen des Vertretenen abgibt, unmittelbar für und gegen den Vertretenen. Die beiden Voraussetzungen für eine wirksame Vertretung sind demnach: **Handeln in fremdem Namen** und mit **Vertretungsmacht**.

1. Handeln in fremdem Namen

Ob jemand eine Willenserklärung in eigenem oder fremdem Namen abgegeben hat, ist durch **Auslegung** zu ermitteln. Maßgebend ist der **objektive Erklärungswert.** Dass V ausdrücklich im Namen der Teilnehmer, also auch der A, handelte, ist nicht ersichtlich. Nach § 164 Abs. 1 Satz 2 macht es jedoch keinen Unterschied, ob die Erklärung **ausdrücklich** im Namen des Vertretenen erfolgt oder ob die **Umstände** ergeben, dass sie in dessen Namen erfolgen soll. Dabei sind Umstände aller Art (z. B. Zeit und Ort der Erklärung und die Interessenlage) zu berücksichtigen. Wer es unternimmt, für andere, die mit ihm nicht verwandt oder sonst in engen Beziehungen stehen, eine Busreise zu buchen, hat in der Regel nicht den Willen, dies im eigenen Namen zu tun und damit eine eigene Zahlungspflicht zu begründen (vgl. BGH BB 1978, 928). Dies ist auch dem Gegner erkennbar. Aus der Vorlage der Teilnehmerliste ist daher zu schließen, dass V nicht in eigenem, sondern in fremdem Namen handelte.

2. Vertretungsmacht

Die Vertretungsmacht, also die Befugnis, im Namen des Vertretenen zu handeln, kann auf Gesetz (**gesetzliche Vertretungsmacht** z. B. der Eltern hinsichtlich der minderjährigen Kinder, § 1629) oder Rechtsgeschäft (**Vollmacht**) beruhen. Vollmacht wird gemäß § 167 Abs. 1 durch einseitige Erklärung entweder gegenüber dem zu Bevollmächtigenden (**Innenvollmacht**) oder dem Geschäftsgegner (**Außenvollmacht**) erteilt. Ob und in welchem Umfang Vollmacht erteilt wurde, ist wiederum durch Auslegung zu ermitteln. Mit der Anmeldung zur Reise hatten sich die Teilnehmer damit einverstanden erklärt, dass V die zur Durchführung der Reise erforderlichen Verträge abschloss. Darin liegt eine Bevollmächtigung des V zum Abschluss des Werkvertrages mit B (vgl. BGH BB 1978, 928).

Da somit die Voraussetzungen wirksamer Vertretung erfüllt sind, ist nicht V, sondern A zur Zahlung verpflichtet. (A kann auch nicht einwenden, dass sie gar nicht mitgereist sei. Denn es war ihre freie Entscheidung, nicht zu erscheinen und damit die Beförderungsleistung unmöglich zu machen, § 326 Abs. 1 Satz 1, Abs. 2 Satz 1 Alt. 1 i. V. m. § 275 Abs. 1.)

120. Unmittelbare und mittelbare Vertretung

A hatte von seinem Onkel eine Gemäldesammlung geerbt und sie dem Galeristen B zum Kauf angeboten. B meinte, er könne die Gemälde nicht kaufen, sondern lediglich in „Kommission" nehmen. A war damit einverstanden und schaffte die Gemälde zu B. Es gelang B, den Sammler S zum Ankauf einiger Stücke zu bewegen. Er teilte ihm nicht mit, woher er die Bilder habe. S leistete eine Anzahlung und wollte nach Beschaffung des Restkaufpreises die Bilder abholen. Dazu kam es aber nicht, weil A zwischenzeitlich einen zahlungskräftigen Käufer gefunden hatte und sich von einem Angestellten des B die Bilder wieder hatte aushändigen lassen. B teilte dies dem S mit und empfahl ihm, den Anspruch auf Lieferung gegen A geltend zu machen. Besteht ein solcher Anspruch?

Anspruch des S gegen A aus § 433 Abs. 1

S könnte von A Lieferung der Gemälde gemäß § 433 Abs. 1 verlangen, wenn zwischen ihm und A ein Kaufvertrag zustande gekommen wäre. Dies würde voraussetzen, dass B den A bei Vertragsschluss wirksam **vertreten** hätte.

A war mit der Veräußerung der Gemälde durch B einverstanden. Daraus könnte man auf das Vorliegen einer **Vertretungsmacht** des B schließen. Dass B ausdrücklich oder den Umständen nach **im Namen** des A handelte, ist jedoch nicht ersichtlich. Ohne ein Handeln in fremdem Namen ist jedoch nach dem BGB eine wirksame Vertretung **grundsätzlich** nicht möglich. Dies gebietet der in § 164 Abs. 1 niedergelegte **Offenkundigkeitsgrundsatz:** Der Gegner soll Klarheit darüber haben, mit wem rechtliche Beziehungen begründet werden, weil ihm in der Regel nicht gleichgültig ist, wem gegenüber er berechtigt und verpflichtet wird (vgl. *Köhler* § 11 Rn. 18 ff.).

Das BGB kennt also nur die **offene (unmittelbare, echte) Vertretung.** Die sog. **mittelbare Stellvertretung**, bei der **in eigenem Namen für fremde Rechnung** gehandelt wird (Hauptfälle: Kommissionsgeschäft, §§ 383 ff. HGB, und Speditionsgeschäft, §§ 453 ff. HGB), ist keine Vertretung i. S. d. §§ 164 ff. Berechtigt und verpflichtet wird aus solchen Geschäften nur der Handelnde. Dass er für fremde Rechnung handeln will, ist im Verhältnis zum Geschäftsgegner unerheblich (vgl. § 164 Abs. 2) und berührt lediglich das (Innen-)Verhältnis zu seinem Auftraggeber. Ihm gegenüber muss er das Geschäft abwickeln (z. B. das Erlangte herausgeben).

Die Übernahme der Gemälde in „Kommission" bedeutete nichts anderes, als dass sich B bereit erklärte, die Gemälde in eigenem Namen für Rechnung des A zu veräußern (vgl. § 383 HGB). Aus dem Kaufvertrag wurde daher nur B berechtigt und verpflichtet. Ein Anspruch des S gegen A aus § 433 Abs. 1 besteht somit nicht. S kann sich nur an B halten.

121. „Unternehmensbezogenes Handeln"

T hatte sein Textilgeschäft nebst Firma aus Altersgründen auf seinen Sohn S übertragen, war aber auf Angestelltenbasis noch stundenweise im Unternehmen als Einkäufer mit entsprechender Vollmacht tätig. Er bestellt eines Tages auf einem Firmenbogen 100 Hemden bei dem Hersteller H. Die Bestellung unterschreibt er mit seinem Namen ohne Vertreterzusatz. H, der vom Inhaberwechsel nichts weiß und T nach wie vor als den Geschäftsinhaber ansieht, führt die Bestellung aus. Da S mittlerweile zahlungsunfähig geworden ist, verlangt er von T Zahlung der Hemden. Zu Recht?

1. Anspruch des H gegen T aus § 433 Abs. 2

Der Anspruch setzt voraus, dass T aus dem Kaufvertrag persönlich verpflichtet ist, also Vertragspartei geworden ist. Dies erfordert wiederum ein Handeln des T im **eigenen** Namen. Ob im Einzelfall eine Willenserklärung (hier: das Angebot) im eigenen oder im fremden Namen abgegeben worden ist, muss durch Auslegung aus der Sicht des Empfängers (§ 133) ermittelt werden. Das Handeln im fremden Namen kann sich auch aus den Umständen ergeben (§ 164 Abs. 1 Satz 2). Im Umkehrschluss und unter Berücksichtigung der Wertung in § 164 Abs. 2 ergibt sich daraus: Sofern nicht wenigstens die Umstände für ein Handeln im fremden Namen sprechen, ist von einem Handeln im eigenen Namen auszugehen (BGH NJW 1995, 43, 44).

Da hier H von dem Inhaberwechsel keine Kenntnis hatte, T seiner Unterschrift auch keinen Vertreterzusatz beigefügt hatte, konnte und durfte er T für den Geschäftsinhaber halten. An sich wäre daher im Wege der Auslegung von einem Handeln des T im eigenen Namen auszugehen. (Dass T subjektiv im fremden Namen handeln wollte, ist nach § 164 Abs. 2 unbeachtlich.) Das würde bedeuten, dass T Kaufvertragspartei geworden wäre.

Indessen nimmt die Rspr. (BGH NJW 2012, 3368 Rn. 10) bei sog. **unternehmensbezogenen Geschäften** an, der Wille der Beteiligten gehe im Zweifel dahin, dass der (wahre) Unternehmensinhaber Vertragspartner werden solle. In diesem Fall spielt es keine Rolle, ob der Erklärende der Unternehmensinhaber selbst oder ein Vertreter ist bzw. ob der Gegner eine falsche Vorstellung hat. Voraussetzung ist allerdings, dass sich die Unternehmensbezogenheit des Geschäfts mindestens aus den Umständen ergibt, so etwa aus dem Ort des Vertragsschlusses (z. B. in Geschäftsräumen, vgl. BGH NJW 1984, 1347, 1348), aus Zusätzen bei der Unterschrift (z. B. Hinzufügung des Firmenstempels, vgl. BGH NJW 1975, 1166, 1167) oder aus der vertraglichen Bestimmung der Leistung für den Betrieb (BGHZ 62, 216, 219). Hier waren die Verwendung des Firmenbriefbogens und der erkennbare betriebliche Verwendungszweck der bestellten Ware ausreichende Indizien für eine Unternehmensbezogenheit des Geschäfts. Sonach ist die Erklärung des T als Handeln im Namen des (jetzigen Geschäftsinhabers) S zu verstehen. Dann aber haftet T nicht aus Vertrag.

2. Anspruch des H gegen T aus § 179 Abs. 1

Ein solcher Anspruch entfällt schon deshalb, weil T Vertretungsmacht besaß.

122. „Verdecktes Geschäft für den, den es angeht", „Verpflichtungsermächtigung" und „Schlüsselgewalt"

Die reiche Lina (L) will mit dem armen Toni (T) in Urlaub fahren. Da sie noch mit dem Packen ihrer Kleider beschäftigt ist, bittet sie T, ihren Porsche vollzutanken, und gibt ihm dafür einen 100-Euro-Schein mit. T tut, wie geheißen. Als er vollgetankt hat und bezahlen will, stellt er zu seinem Entsetzen fest, dass er den Geldschein während der Fahrt verloren hat. Der Inhaber der Tankstelle Fredi (F) zeigt insoweit Verständnis, als er T bei L anrufen lässt. L will jedoch, wie sie sich ausdrückt, für „Tonis ewige Schlamperei" nicht aufkommen. T möchte sich ungern von dem wenigen Geld trennen, das er hat. Muss er trotzdem die Benzinrechnung bezahlen?
Abwandlung: Wie wäre es, wenn L und T bereits verheiratet sind?

Zum Grundfall:

1. Anspruch des F gegen T aus § 433 Abs. 2

Beim **Selbstbedienungstanken** ist in der Freigabe der Zapfsäule das Angebot an jedermann zum Abschluss eines Kaufvertrages und zur Übereignung des Treibstoffs, im Einfüllen die nicht zugangsbedürftige (§ 151) Annahme zu erblicken (BGH NJW 2011, 2871 Rn. 13 ff.; Jauernig/*Mansel* § 145 BGB Rn. 7). Fraglich ist aber, ob T Partner des Kaufvertrages und damit Schuldner des Kaufpreisanspruchs geworden ist. Das hängt davon ab, ob T im **eigenen** oder im **fremden Namen**, nämlich als Vertreter der L, gehandelt hat. Dies ist durch **Auslegung** (§§ 133, 157) zu ermitteln, wobei § 164 Abs. 1 Satz 2 eine (an sich selbstverständliche) Auslegungsanweisung gibt: Es macht keinen Unterschied, ob die Erklärung ausdrücklich im Namen des Vertretenen erfolgt oder ob die Umstände ergeben, dass sie in dessen Namen erfolgen soll. Hier hat T gegenüber F nicht ausdrücklich zu erkennen gegeben, dass er als Vertreter der L den Kaufvertrag schließen wollte. Auch der Umstand, dass er den Wagen der L volltankte, ist kein ausreichendes Indiz für ein Handeln im Namen der L. Denn den Tankstelleninhaber interessiert nicht, wem der aufgetankte Wagen gehört und in welchem Rechtsverhältnis der Tankende zum Wageneigentümer steht. Macht aber der Vertragsschließende nicht deutlich, dass er im fremden Namen handeln will (wofür er die Beweislast trägt, BGH NJW 1992, 1380), so ist von einem Handeln im eigenen Namen auszugehen; eine etwaige Irrtumsanfechtung mit der Begründung, er habe nicht für sich selbst, sondern für einen anderen handeln wollen, ist ihm nach § 164 Abs. 2 abgeschnitten. (Das ist der Sinn dieser Regelung!) Somit ist davon auszugehen, dass ein Handeln des T im eigenen Namen vorliegt.

Gleichwohl würde nicht er, sondern L Vertragspartner, wenn die Grundsätze über das **„verdeckte Geschäft für den, den es angeht"** (dazu Palandt/*Ellenberger* § 164 BGB Rn. 8, 9) eingreifen. Diese Grundsätze stellen eine Durchbrechung des „Offenkundigkeitsprinzips" dar. Sie besagen im Wesentlichen: Wenn der Handelnde Vertretungsmacht und Vertretungswillen hat, ohne dies nach außen deutlich zu machen, so kommt der Vertrag gleichwohl mit dem Dritten zustande, sofern dem Geschäftsgegner gleichgültig ist, wer sein Vertragspartner wird. Das wird von der h. M. im Regelfall für **Bargeschäfte des täglichen Lebens** bejaht (vgl. Palandt/

Ellenberger § 164 BGB Rn. 8; *Bork* Rn. 1400). Nun ist zwar das Tanken ein Geschäft des täglichen Lebens, indessen handelt es sich nicht um ein eigentliches „Bargeschäft", bei dem Ware und Geld Zug um Zug übergeben werden. Die Grundsätze des „Geschäfts für den, den es angeht" sind daher auf das Selbstbedienungstanken jedenfalls dann nicht anwendbar, wenn – wie hier – noch keine Zahlung erfolgt ist. Denn dem Tankstellenbesitzer ist es nicht gleichgültig, von wem er sein Geld zu bekommen hat. Er möchte sich (auch im Hinblick auf etwaige Selbsthilferechte, § 229) an den Tankenden halten können. – T haftet daher. (Er hat allenfalls einen Ausgleichsanspruch gegen L aus § 670, muss aber u. U. Schadensersatz wegen des verlorenen Geldes leisten, wenn ihn ein Verschulden trifft.)

2. Anspruch des F gegen L aus § 433 Abs. 2

Ein Anspruch besteht nicht, da T im eigenen Namen gehandelt und somit nur sich, nicht die L, verpflichtet hat. Eine sog. **Verpflichtungsermächtigung**, durch die ein im eigenen Namen Handelnder einen Dritten aufgrund der von ihm erteilten Ermächtigung (§ 185 Abs. 1) schuldrechtlich verpflichten könnte, ist mit dem Offenkundigkeitsprinzip (§ 164 Abs. 1) unvereinbar und daher dem geltenden Recht fremd (BGHZ 34, 125; 114, 100; vgl. → Fall 143). Sie würde daher hier auch nicht weiterhelfen.

Zur Abwandlung:

Hier greift § 1357 (sog. **Schlüsselgewalt**) ein. Nach § 1357 Abs. 1 Satz 1 ist jeder Ehegatte berechtigt, Geschäfte zur angemessenen Deckung des Lebensbedarfs der Familie mit Wirkung auch für den anderen Ehegatten zu besorgen. Durch solche Geschäfte werden grundsätzlich beide Ehegatten berechtigt und verpflichtet (§ 1357 Abs. 1 Satz 2). Diese Regelung gibt also jedem Ehegatten eine der Vertretungsmacht nahestehende „Rechtsmacht", den anderen Ehegatten **mitzuverpflichten** und **mitzuberechtigen**. Da das Tanken zur angemessenen Deckung des Lebensbedarfs gehört, wird somit nicht nur T, sondern auch L (als Gesamtschuldnerin, §§ 421 ff.) aus dem Kaufvertrag verpflichtet.

---

123. Handeln unter fremdem Namen

Der 17-jährige Schüler A glaubte sich von seinem Lehrer B zu Unrecht kritisiert. Er rächte sich in der Weise, dass er sich am Telefon als B ausgab und bei verschiedenen Firmen Waren bestellte, die ins Haus geliefert werden sollten. Erst durch seine Prahlerei gegenüber Mitschülern konnte A ermittelt werden. Die Firmen möchten wissen, ob ihnen Zahlungsansprüche gegen A zustehen.

1. Ansprüche aus § 433 Abs. 2

A ist zur Zahlung verpflichtet, wenn aufgrund der telefonischen Bestellungen zwischen den Firmen und ihm Kaufverträge zustande kamen. A handelte bei der Bestellung nicht in eigenem Namen: Er wollte nicht selbst als Käufer auftreten. Andererseits handelte er auch nicht in fremdem Namen: Er gab nicht zu erkennen, dass er im Auftrag des B die Bestellungen tätigte. Vielmehr handelte A **unter fremdem Namen,** weil er sich als B ausgab.

Beim Handeln unter fremdem Namen sind zwei Problemkreise zu unterscheiden: (1.) Wer wird Vertragspartei, der Handelnde oder der Namensträger? (2.) Ist der Vertrag wirksam?

Die Frage, wer Vertragspartei wird, lässt sich nicht generell beantworten. Vielmehr ist danach zu differenzieren, ob bei der Erklärung die Person des Handelnden oder die des Namensträgers im Vordergrund steht. Dies ist durch Auslegung unter Berücksichtigung der Interessenlage auf Seiten des Vertragsgegners zu ermitteln. Es kommt darauf an, ob sich das Geschäft aus der Sicht der anderen Vertragspartei als **Eigengeschäft** des Handelnden darstellt, bei ihr also keine Fehlvorstellung über die Identität des Handelnden hervorgerufen wird (BGH NJW 2011, 2421 Rn. 10). Bei Geschäften unter persönlich **Anwesenden** wird in der Regel der Geschäftsgegner davon ausgehen, dass der Handelnde ein Eigengeschäft tätigen will, auch wenn der angegebene Name nicht zutrifft (vgl. *Wolf/Neuner* § 49 Rn. 53; *Köhler* § 11 Rn. 23).

Bei **schriftlichen** oder **telefonischen** Geschäftsabschlüssen wird dagegen der Vertragspartner im Zweifel mit dem Namensträger abschließen wollen, da hier der Name das einzige Individualisierungsmerkmal darstellt (vgl. BGH NJW-RR 1988, 814, 815, sowie für den Fall der Nutzung eines fremden eBay-Mitgliedskontos BGH NJW 2011, 2421 Rn. 10).

So auch hier: A wollte bewusst die Firmen glauben machen, B sei ihr Vertragspartner. Die Firmen gingen auch davon aus, dass B ihr Vertragspartner sei, da sie die Waren an die Adresse des B liefern sollten. Die Verträge sollten daher nicht mit A, sondern mit B zustande kommen. A ist daher jedenfalls nicht aus Vertrag zur Zahlung verpflichtet (womit nicht gesagt ist, dass die Verträge für B verbindlich sind).

2. Ansprüche aus § 179 Abs. 1

Erweckt der Handelnde bei der Nutzung eines fremden Namens beim Geschäftsgegner den Anschein, es solle mit dem Namensträger ein Vertrag geschlossen werden, und ruft er dabei eine falsche Vorstellung über die Identität des Handelnden hervor, so finden die Vorschriften über die Stellvertretung (§§ 164 ff., 177 ff.), einschließlich der Grundsätze über die Duldungs- und Anscheinsvollmacht (dazu → Fälle 132 und 133) entsprechende Anwendung, obwohl dem Handelnden der Vertretungswille fehlt (BGH NJW 2011, 2421 Rn. 12). Da A von B nicht bevollmächtigt war und auch keine Duldungs- oder Anscheinsvollmacht vorlag, haftet er an sich als Vertreter ohne Vertretungsmacht nach § 179 Abs. 1 auf Erfüllung oder Schadensersatz. Jedoch ist diese Haftung ausgeschlossen, da A minderjährig war und ohne Zustimmung seines gesetzlichen Vertreters gehandelt hatte (§ 179 Abs. 3 Satz 2).

3. Ansprüche aus §§ 677, 678

Da A mit der Bestellung ein Geschäft für den B besorgte, obwohl er wusste, dass er dazu nicht berechtigt war, würde er an sich nach §§ 677, 678 haften. Diese Haftung besteht aber nur gegenüber dem Geschäftsherrn (B) und ist im Übrigen auch wegen § 682 ausgeschlossen.

4. Ansprüche aus §§ 826, 828 Abs. 2

Da A es mindestens für möglich hielt und billigend in Kauf nahm, dass durch sein Handeln die Firmen geschädigt wurden, kommt eine Haftung nach §§ 826, 828 Abs. 2 in Betracht. Sie ginge aber nur auf Ersatz des erlittenen (Vertrauens-) Schadens, nicht auf Zahlung des Kaufpreises.

124. Arten der Vollmacht

Welche Arten der Vollmacht lassen sich unterscheiden?

1. Arten der Erteilung der Vollmacht

Nach der Art der Erteilung unterscheidet man:

a) **Innenvollmacht** (§ 167 Abs. 1 Alt. 1), die durch Erklärung gegenüber dem zu Bevollmächtigenden erteilt wird (BGH NJW 2010, 1203 Rn. 8).

b) **Außenvollmacht** (§ 167 Abs. 1 Alt. 2), die durch Erklärung gegenüber dem Geschäftsgegner erteilt wird.

c) Bevollmächtigung durch **Erklärung an die Öffentlichkeit** (z. B. Rundschreiben, Zeitungsannonce, Aushang). Regelmäßig handelt es sich dabei aber um die Kundgabe einer bereits vorgenommenen Bevollmächtigung durch öffentliche Bekanntmachung (vgl. § 171 Abs. 1).

2. Arten des Inhalts der Vollmacht

Nach der Art des Inhalts der Vollmacht unterscheidet man:

a) **Generalvollmacht,** die zur Vertretung in allen (Vermögens-)Geschäften berechtigt.

b) **Gattungsvollmacht,** die zur Vertretung in einem bestimmten Kreis von Geschäften berechtigt. Gesetzlich geregelte Fälle sind die Prokura (§§ 48 ff. HGB) und die Handlungsvollmacht (§ 54 HGB).

c) **Spezialvollmacht,** die zur Vertretung in einem oder einzelnen Geschäften berechtigt.

Welchen Umfang die Vollmacht im Einzelfall hat, ist durch Auslegung zu bestimmen. Maßgebend ist, wie der Erklärungsempfänger (bei der Innenvollmacht also der Bevollmächtigte, bei der Außenvollmacht der Gegner) die Erklärung des Vollmachtgebers bei objektiver Würdigung aller Umstände unter Berücksichtigung von Treu und Glauben verstehen musste (BGH NJW 2010, 1203 Rn. 8). Dabei kommt es nicht nur auf den Wortlaut, sondern vor allem auf den vom Vollmachtgeber erkennbar verfolgten Zweck und die Aufgaben des Bevollmächtigten an (BGH NJW 1991, 3141).

3. Arten der Berechtigung zur Vertretung

Nach der Art der Berechtigung zur Vertretung unterscheidet man:

a) **Einzelvollmacht,** bei der eine Person allein zur Vertretung berechtigt ist.

b) Gesamtvollmacht, bei der mehrere Personen nur gemeinsam zur Vertretung berechtigt sind. Zur **Passivvertretung** (= Vertretung bei der Entgegennahme von Willenserklärungen) ist dagegen im Interesse des Verkehrsschutzes jeder Gesamtvertreter allein berechtigt (vgl. BGHZ 62, 173).

4. Arten des Verhältnisses zum Geschäftsherrn

Nach der Art des Verhältnisses zum Geschäftsherrn unterscheidet man:

a) Hauptvollmacht, die vom Geschäftsherrn selbst erteilt wird.

b) Untervollmacht, die vom (Haupt-)Bevollmächtigten erteilt wird. Ob der Bevollmächtigte wirksam Untervollmacht erteilen kann, ist durch Auslegung der Hauptvollmacht zu ermitteln. Dabei kommt es entscheidend darauf an, ob der Vertretene ein erkennbares Interesse an persönlicher Wahrnehmung der Geschäfte durch den (Haupt-)Bevollmächtigten hat (vgl. BGH BB 1959, 319). Der Untervertreter handelt im Namen des Geschäftsherrn, nicht des Hauptvertreters (h. L., z. B. Jauernig/*Mansel* § 167 BGB Rn. 4; anders BGHZ 32, 250; 68, 395: beides möglich). Die Untervollmacht kann zeitlich und inhaltlich nicht weiterreichen als die Hauptvollmacht (BGH NJW 2013, 297 Rn. 12).

---

125. Handeln ohne Vertretungsmacht

Der Einkäufer E im Warenhaus W war schon nach kurzer Zeit wieder entlassen worden, da er von Lieferanten Schmiergelder entgegengenommen hatte. Aus Rache tätigte er auf mitgenommenen Bestellformularen einige für W unnütze Bestellungen bei den Firmen A und B. Diese verlangen von W Abnahme und Zahlung der bestellten Waren. W weigert sich. Hilfsweise begehren sie daher von E Schadensersatz. Während A von dem Ausscheiden des E nichts gewusst hatte, hatte B gerüchteweise davon vernommen. Wie ist zu entscheiden?

---

1. Ansprüche der A und B gegen W aus § 433 Abs. 2

E hatte die Bestellungen im Namen des W vorgenommen. Als Einkäufer war E früher dazu bevollmächtigt gewesen. Seine Vollmacht war jedoch gleichzeitig mit der Beendigung des Arbeitsverhältnisses, das der Erteilung der Vollmacht zugrunde lag, erloschen (§ 168 Satz 1). E handelte also als **Vertreter ohne Vertretungsmacht (= falsus procurator)**. Gemäß § 177 Abs. 1 hing daher die Wirksamkeit der Kaufverträge von der Genehmigung durch den Vertretenen W ab (schwebende Unwirksamkeit). Da W die Genehmigung konkludent verweigerte, wurden die Kaufverträge endgültig unwirksam, sodass keine Ansprüche gegen W bestehen.

2. Ansprüche der A und B gegen E aus § 179 Abs. 1

Da E ohne Vertretungsmacht gehandelt hatte und die Genehmigung verweigert wurde, haftet er nach § 179 Abs. 1 grundsätzlich nach Wahl des Geschäftsgegners auf Erfüllung oder Schadensersatz. Diese Regelung begründet eine gesetzliche Garantiehaftung (BGHZ 105, 283, 285) des Vertreters und dient dem Schutze des Vertrauens des Geschäftsgegners auf den Bestand der vom Vertreter ausdrücklich oder konkludent erteilten Vertretungsmacht (BGHZ 39, 45, 51; 73, 269): Er soll der Nachprüfung der Vertretungsmacht enthoben sein. Die Haftung ist dementsprechend nach § 179 Abs. 3 Satz 1 ausgeschlossen, wenn der Gegner „den Mangel der Vertretungsmacht kannte oder kennen musste". Denn dann ist der Gegner nicht schutzwürdig. Daraus ergibt sich: E haftet gegenüber A, nicht jedoch gegenüber B, da dieser die Gerüchte durch Rücksprache mit W ohne Weiteres hätte klären können.

126. Haftung aufgrund kundgegebener Vollmacht

Wie zuvor (vgl. → Fall 125). W hatte jedoch seinen Lieferanten durch Rundschreiben kundgetan, dass E die Einkaufsabteilung übernommen habe und zuständiger Verhandlungspartner sei. Er hatte es unterlassen, die Lieferanten in gleicher Weise von dem Ausscheiden des E zu unterrichten. Sind die von E vorgenommenen Bestellungen für W verbindlich?

Die Bestellungen sind dann verbindlich, wenn E Vertretungsmacht besaß. An sich war die Vollmacht mit Beendigung des Arbeitsverhältnisses erloschen (§ 168 Satz 1). W hatte jedoch durch „besondere Mitteilung" an die Lieferanten kundgegeben, dass er den E bevollmächtigt habe (§ 171 Abs. 1). Gemäß § 171 Abs. 2 bleibt in diesem Falle die Vertretungsmacht bestehen, bis die Kundgebung in derselben Weise, wie sie erfolgt ist, widerrufen wird. Diese Vorschrift ist – wie auch die §§ 170, 172 – Ausdruck des **Rechtsscheinsgedankens.** Der Geschäftsgegner soll in seinem durch die Kundgabe begründeten Vertrauen auf den Bestand bzw. Fortbestand der Vollmacht geschützt werden. Seine notwendige Begrenzung erfährt der Vertrauensschutz in § 173: Der Gegner kann sich auf die nicht widerrufene Kundgabe nicht berufen, wenn er „das Erlöschen der Vertretungsmacht bei der Vornahme des Rechtsgeschäfts kennt oder kennen muss". Daraus folgt, dass die Bestellungen bei A verbindlich sind, nicht dagegen die bei B.

127. Form der Vollmacht

Kaufmann S war in finanzielle Bedrängnis geraten. Sein Hauptgläubiger G drohte ihm mit Klage und Zwangsvollstreckung, wenn keine Zahlung erfolgen sollte. Da S noch ein Grundstück besaß, bot er dem G an, er möge es freihändig veräußern und sich aus dem Erlös befriedigen. G war damit einverstanden und ließ sich von S eine unwiderrufliche Verkaufsvollmacht erteilen. Bald darauf machte S eine Erbschaft. Er teilte daher dem G mit, eine Veräußerung sei nicht mehr nötig, da er wieder liquide sei. G hatte jedoch in der Zwischenzeit bereits mit D einen notariellen Kaufvertrag über das Grundstück geschlossen. S möchte wissen, ob er den Kauf gegen sich gelten lassen muss.

S muss den Kauf dann gegen sich gelten lassen, wenn er bei Vertragsschluss wirksam vertreten worden war. Da G namens des S gehandelt hatte, hängt die Frage davon ab, ob G Vertretungsmacht besaß. S hatte dem G schriftliche Verkaufsvollmacht erteilt. Dass die Vollmacht nicht notariell beurkundet war, obwohl der Kaufvertrag dieser Form bedurfte (§ 311b Abs. 1 Satz 1), ist an sich unschädlich: Nach § 167 Abs. 2 bedarf die Vollmacht nicht der Form, die für das Vertretergeschäft vorgeschrieben ist. Die Vollmacht ist also, soweit nicht spezialgesetzlich (z. B. § 134 Abs. 3 Satz 2 AktG) etwas anderes bestimmt ist, **formlos** gültig. An sich wäre daher die Vollmacht gültig gewesen.

Die Vorschrift des § 167 Abs. 2, die aus der strengen Trennung zwischen Vollmacht und Vertretergeschäft resultiert, und die der Erleichterung des Rechtsverkehrs dient, bedarf jedoch im Hinblick auf Formvorschriften mit Warnfunktion (wie z. B. § 311b Abs. 1 Satz 1 und § 766) der Einschränkung (sog. teleologische Reduktion; vgl. *Rösler* NJW 1999, 1150, 1151): Der Vollmachtgeber wird bei formloser Vollmachterteilung nämlich nicht vor den schwerwiegenden Folgen des ihn treffenden Rechtsgeschäfts gewarnt. Nach der Rspr. (BGH NJW 1998, 1857, 1858 f.) ist jedoch eine generelle Einschränkung für alle Formvorschriften, die dem Schutz vor Übereilung dienen, nicht gerechtfertigt. Vielmehr komme es darauf an, ob im Einzelfall eine solche Einschränkung geboten sei. Das wird z. B. für die Formvorschrift des § 311b Abs. 1 Satz 1 bejaht, wenn der Vertretene durch die Vollmachterteilung rechtlich und tatsächlich in gleicher Weise gebunden wird, wie durch die Vornahme des formbedürftigen Rechtsgeschäfts (BGH NJW 1979, 2306 f.). Dies ist insbesondere bei der **unwiderruflichen** Vollmacht der Fall (BGH NJW 1979, 2306 f.).

Da G sich eine unwiderrufliche Vollmacht zum Verkauf eines Grundstücks hatte erteilen lassen, hätte diese Vollmacht der notariellen Beurkundung bedurft. Sie war daher gemäß § 125 Satz 1 nichtig. Der Kaufvertrag ist folglich gemäß § 177 Abs. 1 schwebend unwirksam.

128. Unwiderrufliche Vollmacht

E hatte eine Gemäldesammlung geerbt. Da er selbst kein Kunstsachverständiger war, beauftragte er den befreundeten Kunsthändler K, die Gemälde in seinem Namen zu verkaufen. Um freie Hand bei diesem schwierigen Geschäft zu haben, ließ sich K eine Vollmachtsurkunde unterzeichnen, die folgende Klauseln enthielt: „Diese Vollmacht ist unwiderruflich. Eine Veräußerung der Gemälde durch E ist ausgeschlossen."
1. Kann E die Vollmacht widerrufen?
2. Ist eine Veräußerung von Gemälden durch E wirksam?

Zu 1:

Gemäß § 168 Satz 2 ist eine Vollmacht auch bei Fortbestehen des ihrer Erteilung zugrundeliegenden Rechtsverhältnisses (hier: Auftrag, § 662) widerruflich, sofern sich nicht aus diesem ein anderes ergibt. Da der Auftrag nach § 671 Abs. 1 jederzeit vom Auftraggeber widerrufen werden kann, ist dementsprechend auch ein jederzeitiger **Widerruf der Vollmacht** möglich. Eine andere Vereinbarung ist grundsätzlich zwar möglich. Jedoch ist zu bedenken, dass der Auftrag ein persönliches Vertrauensverhältnis darstellt, das grundsätzlich eine uneingeschränkte Bindung an den Willen des Beauftragten verbietet. Das Widerrufsrecht ist daher jedenfalls dann unverzichtbar, wenn der Auftrag nur den Interessen des Auftraggebers dient. Folglich ist auch die Unwiderruflichkeitsabrede der entsprechenden Vollmacht unwirksam (BGH WM 1971, 956). Eine unwiderrufliche Vollmacht ist nur dann zulässig, wenn das Interesse des Beauftragten am Vollmachtsgebrauch dem Interesse des Auftraggebers mindestens gleichwertig ist (BGH WM 1985, 647). Da der Auftrag ausschließlich den Interessen des E diente, ist die Unwiderruflichkeitsklausel unwirksam. Die Vollmacht selbst wird davon nicht berührt (§ 139).

Zu 2:

Die Vollmacht, auch die unwiderrufliche, lässt die Verfügungsbefugnis des Vollmachtgebers unberührt. Dies kann auch nicht durch einen in der Vollmacht ausgesprochenen Verzicht auf die Verfügung im eigenen Namen ausgeschlossen werden, da dies gegen § 137 Satz 1 verstieße. Eine den Vollmachtgeber „verdrängende" Vollmacht mit dinglicher Wirkung ist dem BGB fremd (BGH WM 1985, 647). Eine entsprechende schuldrechtliche Verpflichtung des Vollmachtgebers ist dagegen wirksam (§ 137 Satz 2). Bei der Veräußerung von Gemälden durch E ist daher zu unterscheiden: Kaufvertrag und Übereignung durch E sind wirksam. Jedoch verletzt E damit schuldhaft seine Pflichten aus dem Auftrag und ist dem K zum Schadensersatz nach § 280 verpflichtet.

129. Willensmängel bei Weisungserteilung an Vertreter

Der Unternehmer A versuchte seit Langem ein Villengrundstück der alten Gräfin G zu erwerben. Erst als er ihr vorspiegelte, in der Nachbarschaft würde ein zweifelhaftes Etablissement eröffnet, ließ sie sich umstimmen. Sie gab ihrem Vermögensverwalter und Generalbevollmächtigten V die Anweisung, das Grundstück an den A zu veräußern, ohne ihm den Grund ihres Entschlusses mitzuteilen. V schloss darauf namens der G den notariellen Kaufvertrag mit A. Wenig später erfuhr G, dass A sie getäuscht hatte. Sie teilte darauf dem V und dem A mit, sie lasse den Kaufvertrag nicht gelten. Ist sie im Recht?

G ist im Recht, wenn sie den Kaufvertrag wirksam nach §§ 123 Abs. 1, 142 Abs. 1 angefochten hat. Die **Anfechtungserklärung** (§ 143 Abs. 1) ist in der Mitteilung an A, sie lasse den Kaufvertrag nicht gelten, zu erblicken. (Anfechtungsberechtigt ist bei einem Vertragsschluss durch Vertreter der **Vertretene,** der Vertreter nur dann, wenn dies von seiner Vollmacht gedeckt ist!) Als Anfechtungsgrund kommt die arglistige Täuschung des A gemäß § 123 Abs. 1 in Betracht. Allerdings hatte die arglistig getäuschte G den Vertrag nicht selbst abgeschlossen, sondern lediglich eine entsprechende Weisung an ihren Generalbevollmächtigten V erteilt. V selbst handelte unbeeinflusst von der Täuschung. Gemäß § 166 Abs. 1 kommt es aber bei Willensmängeln grundsätzlich nicht auf die Person des Vertretenen, sondern des Vertreters an. An sich wäre daher die Anfechtung ausgeschlossen. Auch § 166 Abs. 2 hilft nicht weiter, da diese Vorschrift lediglich dem Schutze des **Geschäftsgegners** bei Bösgläubigkeit des Vertretenen dient (vgl. BGHZ 38, 65, 67), während es hier um den Schutz des Geschäftsherrn geht.

Das Ergebnis wäre jedoch höchst merkwürdig: Hätte G den Vertrag persönlich geschlossen, könnte sie anfechten. Soll sie den Schutz des § 123 verlieren, nur weil sie einen Mittler einschaltete?

Die Frage beantwortet sich aus dem gesetzgeberischen Grundgedanken, der hinter den Regelungen des § 166 steht: Es kommt für die Beurteilung der Willenserklärung auf „die Person und die Bewusstseinslage bei der Willensbildung desjenigen an, auf dessen Interessenbewertung und Entschließung der Geschäftsabschluss beruht" (BGHZ 51, 141, 147). Das ist im Falle der Weisungserteilung gerade der Vertretene. Folglich müssen auch zu seinen Gunsten Willensmängel berücksichtigt werden, soweit sie sich auf die Weisungserteilung auswirken (Jaunernig/*Mansel* § 166 BGB Rn. 6). Methodologisch betrachtet ist eine sog. **teleologische Extension** (d.h. Erweiterung des Anwendungsbereichs einer Vorschrift, um ihren Zweck voll zu verwirklichen) des § 166 geboten (BGHZ 51, 141, 147 spricht von einer Analogie zu § 166 Abs. 2). Daraus ergibt sich, dass G den Kaufvertrag wirksam anfechten konnte. – Sie ist im Recht.

130. Willensmängel bei der Bevollmächtigung

Wie zuvor (vgl. → Fall 129). Jedoch hatte G nicht V, sondern den Rechtsanwalt R beauftragt und bevollmächtigt, das Grundstück an A zu veräußern. Ändert dies im Ergebnis etwas?

G ist dann nicht an den Vertrag gebunden, wenn entweder der Kaufvertrag nicht wirksam zustande kam oder nachträglich wirksam angefochten wurde. Die Besonderheit dieses Falles ist: G wurde durch die arglistige Täuschung dazu bewogen, dem R (Spezial-)Vollmacht einzuräumen. Da die Vollmachterteilung durch (einseitiges) Rechtsgeschäft erfolgt, sind auch die Vorschriften über die Anfechtung wegen Willensmängeln grundsätzlich anwendbar (BGH NJW 1989, 2880).

1. Dies bedeutet: Da die Vollmacht als **Innenvollmacht** erteilt war, war sie gegenüber R anzufechten (§ 143 Abs. 3 Satz 1). R hatte allerdings die Täuschung nicht verübt, auch kannte er sie nicht, noch musste er sie kennen. § 123 Abs. 2 Satz 1 gibt daher kein Anfechtungsrecht. Jedoch ist die Bevollmächtigung in unmittelbarem Zusammenhang mit dem Kaufvertrag zu sehen, aus dem für A Rechte erwuchsen. In (zumindest analoger) Anwendung des § 123 Abs. 2 Satz 2 ist daher der G das Anfechtungsrecht zuzubilligen. Sie muss allerdings die Anfechtung der Vollmacht (auch) gegenüber dem Geschäftsgegner A erklären (h.M., vgl. nur *Medicus/Petersen* AT Rn. 945; *Wolf/Neuner* § 49 Rn. 91 und § 50 Rn. 27; a.A. MünchKommBGB/*Schubert* § 167 BGB Rn. 48) bzw. ihm die erfolgte Anfechtung mitteilen. Denn da die Anfechtung letztlich der Beseitigung des Vertretergeschäfts (Kauf) dient, hat der Gegner ein legitimes Interesse daran, von der Anfechtung Kenntnis zu erlangen (vgl. auch § 143 Abs. 4 Satz 1).

Die Anfechtung war hier sowohl gegenüber R als auch gegenüber A erklärt worden. Sie beseitigte rückwirkend die Vollmacht (§ 142 Abs. 1). R hatte somit ohne Vertretungsmacht gehandelt. Der Vertrag ist gemäß § 177 für G nicht verbindlich

(R selbst haftet nicht, da A den Mangel der Vertretungsmacht kannte, §§ 179 Abs. 3 Satz 1, 143 Abs. 3).

2. Zum gleichen Ergebnis gelangt man, wenn man auf den Grundgedanken des § 166 Abs. 2 zurückgreift (vgl. → Fall 129) und der G, da mit der Vollmacht eine Weisung verbunden war, das Recht zubilligt, unmittelbar den Kaufvertrag anzufechten.

131. Bösgläubigkeit des Vertretenen

E war in Urlaub gefahren und hatte aus Angst vor Einbrechern ein Gemälde von *Lovis Corinth* seinem Bekannten B zur Aufbewahrung übergeben. Da sich B in Geldnot befand, bot er es der Galerie des A zum Kauf an. Der dort tätige Angestellte V, der auch zu Ankäufen ermächtigt war, hielt B für den Eigentümer und erwarb das Gemälde. Als sein Chef A nach seiner Rückkehr von einer Geschäftsreise davon erfuhr, war er entsetzt, da er wusste, dass das Gemälde in Wahrheit dem E gehörte. Da andererseits eine Rückzahlung des Kaufpreises von B nicht zu erwarten war, beschloss er, das Gemälde zu behalten. Kann E von ihm Herausgabe verlangen?

Anspruch des E gegen A auf Herausgabe gemäß § 985

Der Anspruch setzt voraus, dass E noch Eigentümer ist. E könnte sein Eigentum durch die Übereignung B an A verloren haben. Zwar verfügte B als Nichtberechtigter, aber seine Verfügung könnte nach den Vorschriften über den gutgläubigen Eigentumserwerb an beweglichen Sachen (§§ 932 ff.) wirksam sein. Voraussetzung hierfür ist, dass der Erwerber gutgläubig war. Ihm durfte also nicht bekannt oder infolge grober Fahrlässigkeit unbekannt sein, dass die Sache nicht dem Veräußerer gehört (§ 932 Abs. 2).

Das Problem ist nun, dass auf der Erwerberseite ein Vertreter tätig wurde, der Vertreter gutgläubig, der Vertretene aber bösgläubig war. Auf wessen Kenntnis soll es ankommen?

Nach § 166 Abs. 1 kommt es nicht auf die Person des Vertretenen, sondern auf die des **Vertreters** an, „soweit die rechtlichen Folgen einer Willenserklärung durch Willensmängel oder durch die Kenntnis oder das Kennenmüssen gewisser Umstände beeinflusst werden". Dahinter steht die Erwägung, dass es grundsätzlich der Vertreter ist, der über die Vornahme des Rechtsgeschäfts entscheidet, während der Vertretene am Willensbildungsprozess gar nicht beteiligt ist. Daraus erklärt sich die ergänzende Regelung des § 166 Abs. 2 Satz 1: Hat der Bevollmächtigte „nach bestimmten Weisungen des Vollmachtgebers gehandelt, so kann sich dieser in Ansehung solcher Umstände, die er selbst kannte, nicht auf die Unkenntnis des Vertreters berufen". Denn in diesem Fall ist der Vertreter nur das Werkzeug des Vertretenen, der selbst die Entscheidung über die Vornahme des Rechtsgeschäfts trifft. Der Bösgläubige soll sich nicht durch Vorschieben eines gutgläubigen Vertreters schützen können.

Entscheidend ist somit, ob V „nach bestimmten Weisungen" des A handelte (dann § 166 Abs. 2) oder nicht (dann § 166 Abs. 1). Der Begriff der Weisung ist zum Schutze des Geschäftsgegners grundsätzlich weit auszulegen (vgl. BGHZ 50, 364, 368). Letztlich muss genügen, dass der Vollmachtgeber das Handeln des Vertreters unter Kontrolle hatte, d. h. zumindest von den vorzunehmenden Geschäften wusste und ein mögliches Eingreifen unterließ (vgl. BGHZ 38, 68; 50, 364, 368; *Köhler* § 11 Rn. 50).

Weil A von dem Ankauf keine Kenntnis hatte und ihn auch nicht verhindern konnte, verbleibt es bei der Regelung des § 166 Abs. 1: V war gutgläubig, also erwarb er für den A gutgläubig Eigentum. Ein Herausgabeanspruch des E ist daher nicht gegeben.

132. Duldungsvollmacht

Der Student V hatte die Tochter des Sportgeschäftsinhabers G geheiratet und half in seiner Freizeit im Büro mit. Obwohl ihm keine Vollmacht erteilt war, ergab es sich im Laufe der Zeit, dass er auch mit Firmenvertretern verhandelte und Bestellungen tätigte. G hatte dies nie beanstandet. Erst als V einen größeren Posten Skianzüge bei der Firma A bestellt hatte, griff G ein. Er hatte nämlich am Vortag beim Vertreter eines anderen Lieferanten Skianzüge geordert. G erklärte gegenüber A, er lasse die Bestellung nicht gelten, da V dazu nicht berechtigt gewesen sei. A besteht auf Zahlung und Abnahme. Zu Recht?

Anspruch des A gegen G aus § 433 Abs. 2

Der Anspruch auf Zahlung und Abnahme setzt einen wirksamen Kaufvertrag und, da V als Vertreter des G gehandelt hatte, somit Vertretungsmacht des V voraus.

1. Vollmacht kraft Rechtsgeschäfts (§ 167 Abs. 1)

Eine **ausdrückliche** Bevollmächtigung lag nicht vor. Ob G dem V **konkludent** Vollmacht erteilt hatte, ist zumindest zweifelhaft. Denn da auch hier eine **Willenserklärung** erforderlich ist, müsste geklärt werden, wann diese Erklärung abgegeben sein sollte. Aus der Tatsache, dass G frühere Bestellungen des V nie beanstandet hatte, ist noch nicht zwingend auf eine Bevollmächtigung zu schließen, da insoweit auch eine konkludente Genehmigung des vollmachtlosen Handelns vorliegen könnte. Die Klärung dieser Zweifel kann aber dahinstehen, wenn sich eine Vertretungsmacht aus anderen Rechtsgründen ergibt.

2. Vollmacht kraft Rechtsscheins

Über die gesetzlich geregelten Tatbestände der **Rechtsscheinvollmacht** (§§ 170–173) hinaus wurde in Rspr. und Lehre das allgemeine Institut der Rechtsscheinvollmacht entwickelt. Dabei bestehen drei Grundvoraussetzungen (vgl. *Köhler* § 11 Rn. 33 ff.): (1.) Es muss der **Rechtsschein** einer (fort-)bestehenden Vollmacht vom Vertretenen **gesetzt** worden sein. (2.) Die Setzung des Rechtsscheins muss dem Vertretenen **zurechenbar** sein. (3.) Der Gegner muss in schutzwürdiger Weise auf das Vorliegen einer Vollmacht **vertraut** haben (§ 173 analog).

G hatte hier, indem er V im Geschäft mitarbeiten ließ, eine Sachlage geschaffen, die es dem V objektiv ermöglichte, für G zu handeln. Außenstehende konnten davon ausgehen, dass G dem V Vollmacht erteilt habe. Somit ist die Setzung des Rechtsscheins zu bejahen. G ist dieser Rechtsschein auch zurechenbar, da er das Handeln des V kannte und duldete, d. h. nicht dagegen einschritt, obwohl ihm dies möglich war. Man spricht insoweit von der **Duldungsvollmacht** (st. Rspr., vgl. nur BGH NJW 2011, 2421 Rn. 15). Vielfach wird allerdings angenommen, ein solches Verhalten sei bereits als konkludente Vollmachterteilung zu werten (vgl. z. B. Palandt/*Ellenberger* § 173 BGB Rn. 11). – A dürfte schließlich ohne Fahrlässigkeit auf den Bestand der Vollmacht vertraut haben (aber Tatfrage). Daher ist G wirksam vertreten worden. – A ist im Recht.

133. Anscheinsvollmacht

Der Unternehmer U war zum Trinker geworden und kümmerte sich nur mehr oberflächlich um seine Geschäfte. Daher entging es ihm auch, dass seine Angestellte A des Öfteren Einrichtungsgegenstände bei dem Möbelhaus M im Namen der Firma U bestellt, aber in die eigene Wohnung geschafft hatte. Erst als A einmal einen Fernsehsessel bestellte und U in nüchternem Zustand die Auftragsbestätigung las, ging ihm ein Licht auf. Er teilte M mit, die Bestellung sei ungültig.
1. Kann M Vertragserfüllung verlangen?
2. Kann M wahlweise auch A in Anspruch nehmen?

Zu 1:

Anspruch des M gegen U aus § 433 Abs. 2

Der Anspruch setzt voraus, dass A den U bei Vertragsschluss wirksam vertreten hatte. Handeln im Namen der Firma U (Firma ist der Handelsname des Kaufmanns, vgl. § 17 HGB) lag vor. A war allerdings von U nicht bevollmächtigt worden. Es kommt daher nur eine Vollmacht kraft **Rechtsscheins** in Betracht. Die Voraussetzungen der **Duldungsvollmacht** (vgl. → Fall 132) liegen nicht vor, da U das Handeln der A nicht gekannt und geduldet hatte.

1. Jedoch hat die Rspr. (vgl. BGH NJW 2011, 2421 Rn. 16 ff.) darüber hinaus die Grundsätze über die **Anscheinsvollmacht** entwickelt:

Der vom Vertretenen verursachte Rechtsschein einer Bevollmächtigung sei ihm bereits dann zuzurechnen, wenn er das Handeln des Vertreters zwar nicht kenne, es aber **bei pflichtgemäßer Sorgfalt hätte erkennen und verhindern können**. Der Gegner müsse bei Geschäftsabschluss in schutzwürdiger Weise auf das Bestehen einer Vollmacht vertraut haben. Dazu sei erforderlich, dass der Gegner ohne Fahrlässigkeit (§ 173 analog) **annehmen** durfte, der Vertretene **kenne und dulde** das Handeln des Vertreters. In aller Regel sei diese Annahme nur bei einer gewissen **Häufigkeit** oder **Dauer** des Verhaltens des Vertreters gerechtfertigt.

2. Umstritten ist jedoch die Reichweite der Anscheinsvollmacht. Manche wollen sie nur für den Bereich des **Handelsverkehrs** anerkennen (vgl. *Wolf/Neuner* § 50

Rn. 98). Nach **h. M.** (so BGH NJW 1991, 1225; Palandt/*Ellenberger* § 172 BGB Rn. 11; *Köhler* § 11 Rn. 44) ist sie aber auch im **allgemeinen Rechtsverkehr** anzuerkennen, zumal sich schutzwürdigen Interessen Privater durch entsprechend strengere Anforderungen an die Verhaltensanforderungen Rechnung tragen lässt. Der Streit ist aber hier ohne Bedeutung, da ein Handeln im geschäftlichen Verkehr vorliegt. Die Grundsätze über die Anscheinsvollmacht sind sonach anwendbar. U hatte durch die Einstellung und das Tätigwerdenlassen der A eine Ursache für den Rechtsschein einer Vollmacht gesetzt. Dieser Rechtsschein ist ihm zurechenbar, da er das Handeln der A bei pflichtgemäßer Sorgfalt hätte erkennen und verhindern können. M hat in schutzwürdiger Weise auf das Bestehen der Vollmacht vertrauen dürfen, da A längere Zeit unbeanstandet Bestellungen getätigt hatte. U war daher wirksam vertreten worden und haftet auf Vertragserfüllung.

Zu 2:

Anspruch des M gegen die A aus § 179 Abs. 1

Nach einer Ansicht (z. B. *Canaris* NJW 1991, 2628; *Wolf/Neuner* § 50 Rn. 112) kann der Geschäftsgegner wählen, ob er sich auf den Vertrauenstatbestand der Anscheinsvollmacht oder den des § 179 Abs. 1 beruft. Die h. M. (vgl. BGHZ 86, 273, 274 f.; *Köhler* § 11 Rn. 72) lehnt dies zu Recht ab. Denn solange sich der Geschäftsgegner an den Vertretenen halten kann, besteht kein Bedürfnis, den Vertreter in Anspruch zu nehmen.

---

134. Abhandenkommen einer Vollmachtsurkunde

V hatte die vermögende B geheiratet und ihr weisgemacht, er verstehe sich auf Kapitalanlagen. B schenkte ihm Vertrauen und erteilte ihm eine notariell beurkundete Vollmacht, die B zu allen Vermögensgeschäften, einschließlich Grundstücksgeschäften, ermächtigte. Nach einiger Zeit überwarfen sich die Eheleute. B ließ sich die Vollmachtsurkunde zurückgeben und verwahrte sie zwischen ihrer Bettwäsche. V entwendete sie, verkaufte unter Vorlage der Vollmachtsurkunde ein Grundstück der B an den K und ließ sich den Kaufpreis auszahlen. Anschließend setzte er sich ins Ausland ab. B möchte wissen, ob sie an den Kaufvertrag gebunden ist.

B ist dann nicht an den Vertrag gebunden, wenn sie von V nicht wirksam vertreten wurde.

1. Eine **rechtsgeschäftlich** erteilte Vollmacht besaß V nicht mehr, da die Rückforderung der Vollmachtsurkunde einen konkludenten **Widerruf** der Bevollmächtigung darstellt (§ 168 Sätze 2 und 3).

2. Es kommt daher nur eine Vollmacht kraft Rechtsscheins in Betracht. Nach § 172 Abs. 1 steht es der besonderen Mitteilung einer Bevollmächtigung durch den Vollmachtgeber (§ 171!) gleich, „wenn dieser dem Vertreter eine Vollmachtsurkunde ausgehändigt hat und der Vertreter sie dem Dritten vorlegt". Dieser Fall liegt an sich hier vor, sodass sich B an dem durch Aushändigung der Vollmachtsurkunde geschaffenen **Rechtsschein** festhalten lassen müsste. Nach § 172 Abs. 2 bleibt jedoch die Vertretungsmacht nur so lange bestehen, bis die Vollmachtsurkunde zurückgegeben oder für kraftlos erklärt wird. Die Vollmachtsurkunde war aber gerade von V wieder zurückgegeben worden. B hatte sie ihm nicht erneut „ausgehändigt", vielmehr hatte V sie hinterher entwendet. K kann sich daher nicht auf § 172 berufen.

3. Eine analoge Anwendung des § 172 auf den Fall, dass die Vollmachtsurkunde zwar nicht ausgehändigt wurde, aber durch unzureichende Verwahrung in den Verkehr gelangte, ist abzulehnen (vgl. BGHZ 65, 13). Das Interesse des Rechtsverkehrs, auf (echte) Urkunden vertrauen zu dürfen, ist auch nach den allgemeinen Rechtsscheinlehren nicht uneingeschränkt schutzwürdig. Es muss hinzukommen, dass der Rechtsschein **in zurechenbarer Weise** gesetzt wurde. Das ist nicht der Fall, wenn dem Aussteller die Urkunde **abhandengekommen** ist, mag er auch die Entwendung fahrlässig ermöglicht haben (Rechtsgedanke des § 935 Abs. 1). Ein weitergehender Verkehrsschutz ist nur bei echten **Wertpapieren** geboten (vgl. auch § 935 Abs. 2). Daraus ergibt sich, dass B an den Vertrag nicht gebunden ist (§ 177). – Eine andere Frage ist, ob B dem K den Vertrauensschaden analog § 122 zu ersetzen hat (dazu BGHZ 65, 13).

135. Missbräuchliche Blankettausfüllung

Der Arbeitslose A bat seine Freundin F, ihm 300 EUR zu leihen. Da F den Betrag nicht zur Hand hatte und auch in Eile war, setzte sie ihre Unterschrift auf einen Briefbogen und händigte ihn dem A aus. A sollte als Text einsetzen, dass F ihn bevollmächtige, von ihrem Girokonto 300 EUR abzuheben. A schrieb aber, um die Gelegenheit zu nützen, 3.000 EUR und hob diesen Betrag unter Vorlage der Vollmacht vom Konto der F ab.
Als F den Kontoauszug erhält, möchte sie die Buchung rückgängig gemacht wissen, da A nur zur Abhebung von 300 EUR berechtigt gewesen sei. Zu Recht?

1. Die Sparkasse müsste die Buchung stornieren (bzw. eine entsprechende Gutschrift erteilen), wenn A keine Vollmacht zur Abhebung der 3.000 EUR gehabt hätte. F hatte dem A nur eine Vollmacht zur Abhebung von 300 EUR erteilt. A hatte daher seine Vertretungsmacht überschritten, als er 3.000 EUR abhob. Jedoch ist zu bedenken, dass A den Betrag unter Vorlage einer Vollmachtsurkunde, die über 3.000 EUR lautete und von F unterzeichnet war, abgehoben hatte. Die Sparkasse konnte nicht erkennen, dass der Text nicht vom Willen der F gedeckt war. Sie hatte vielmehr auf Bestand und Umfang dieser Vollmacht vertraut. Das Interesse der F, nicht für eine missbräuchliche **Blankettausfüllung** (Blankett = Urkunde, die zwar vom Aussteller unterschrieben ist, die aber noch keine bzw. keine vollständige Erklärung enthält) zu haften, muss demgegenüber zurücktreten. Wer ein Blankett mit seiner Unterschrift aus der Hand gibt, muss auch bei einer seinem Willen nicht entsprechenden Ausfüllung den dadurch geschaffenen Inhalt der Urkunde einem redlichen Dritten gegenüber, dem die Urkunde vorgelegt wird, als seine Willenserklärung gegen sich gelten lassen (BGHZ 113, 48, 53; BGH NJW 1996, 1467,

1469). Denn er hat damit in zurechenbarer Weise einen **Rechtsschein** geschaffen, dass die Erklärung von seinem Willen gedeckt sei (§§ 172 f. analog).

2. F muss also das Risiko der missbräuchlichen Blankettausfüllung tragen. Da sie dieses Risiko bewusst eingegangen ist, kann sie sich ihrer Haftung auch nicht durch Irrtumsanfechtung (§ 119 Abs. 1) entziehen (BGH NJW 1996, 1467, 1469).

136. Untervertretung

Der in einem Seniorenwohnheim lebende A gab seinem Hausverwalter H telefonisch Auftrag und Vollmacht zum Ankauf eines neuen Rasenmähers. H wunderte sich zwar darüber, da dafür kein Bedarf bestand. Da er aber sehr beschäftigt war, dachte er nicht weiter darüber nach, sondern bat seinen Sohn U, den Kauf beim Gartencenter L zu tätigen. U teilte dem L diesen Sachverhalt mit und unterzeichnete das Bestellformular, auf dem A als Käufer eingetragen wurde, mit seinem Namen und dem Zusatz „i. V.". Später stellte sich heraus, dass A bereits im Zeitpunkt der Auftragserteilung und Bevollmächtigung des H geisteskrank gewesen war. Für A wurde ein Betreuer V bestellt. Dieser weigerte sich, den Rasenmäher zu bezahlen. Stehen dem L Rechte gegen A, H oder U zu?

1. Anspruch des L gegen A aus § 433 Abs. 2

Der Zahlungsanspruch aus § 433 Abs. 2 würde einen wirksamen Kaufvertrag voraussetzen. Dazu müsste A bei Vertragsschluss wirksam vertreten worden sein. Die Bevollmächtigung des H war jedoch wegen der Geisteskrankheit des A gemäß §§ 104 Nr. 2, 105 Abs. 1 nichtig. Dass die Erteilung der Untervollmacht an U für sich gesehen zulässig (vgl. dazu *Köhler* § 11 Rn. 58) und wirksam war, ändert nichts am Fehlen einer Vertretungsmacht. Auch die Grundsätze über die **Rechtsscheinvollmacht** greifen nicht ein, da der von einem Geschäftsunfähigen gesetzte Rechtsschein diesem nicht zurechenbar ist (allg. M., vgl. *Köhler* § 11 Rn. 45). Der Kaufvertrag war daher nach § 177 Abs. 1 zunächst schwebend und infolge der Verweigerung der Genehmigung durch den Betreuer V nach § 177 Abs. 2 endgültig unwirksam.

2. Anspruch des L gegen U aus § 179 Abs. 1

U hatte namens des A den Vertrag geschlossen, ohne entsprechende Vollmacht zu besitzen, da zwar die Untervollmacht, nicht aber die Hauptvollmacht wirksam erteilt war. Ob in diesem Fall den Untervertreter die Haftung aus § 179 trifft, ist umstritten.

a) Nach h.M (vgl. BGHZ 68, 391, 394; Palandt/*Ellenberger* § 179 BGB Rn. 3) ist zu unterscheiden: Stellt der Unterbevollmächtigte gegenüber dem Geschäftspartner klar, dass er seine Vollmacht von einem Hauptbevollmächtigten ableitet, hat er nicht nach § 179 für Mängel der Hauptvollmacht einzustehen. Tut er dies nicht, so haftet er dagegen nach § 179. – Da U dem L bei den Vertragsverhandlungen die Mehrstufigkeit der Vertretung aufgedeckt hatte, haftet er demnach nicht.

b) Eine abweichende Ansicht (vgl. Erman/*Palm* § 167 BGB Rn. 44) lässt dagegen den Untervertreter stets auch für Mängel der Hauptvollmacht einstehen, da dieser immer auch bei Aufdeckung der Unterbevollmächtigung mit dem Anspruch auftritt, den Geschäftsherrn selbst zu verpflichten. Demnach würde U haften – allerdings nur auf Ersatz des Vertrauensschadens gemäß § 179 Abs. 2, da er den Mangel der Vertretungsmacht nicht kannte.

3. Anspruch des L gegen H aus § 179

H war zwar nicht persönlich als Vertreter des A aufgetreten, er hatte aber mittelbar (durch Einschaltung des Untervertreters U) zu erkennen gegeben, dass er den A wirksam vertreten könne. Dem L war dies bekannt. Daher ist die Haftung des H als Vertreter ohne Vertretungsmacht gerechtfertigt (Erman/*Palm* § 167 BGB Rn. 44). Da aber auch H den Mangel der Vertretungsmacht nicht kannte, beschränkt sich die Haftung gemäß § 179 Abs. 2 auf den Ersatz des Vertrauensschadens.

---

137. Missbrauch der Vertretungsmacht

A war wegen unerlaubten Entfernens vom Unfallort zu einer Freiheitsstrafe verurteilt worden. Außerdem hatte man ihm für längere Zeit die Fahrerlaubnis entzogen. Vor Haftantritt beauftragte er seinen Bekannten B mit dem Verkauf seines Wagens, erteilte ihm schriftliche Vollmacht und händigte ihm Schlüssel und Papiere aus. B annoncierte in der Zeitung, dass er den Wagen gegen Meistgebot abgebe. X gab ein Angebot über 3.500 EUR, Y über 3.000 EUR ab. Da B mit Y gut befreundet war, überließ er ihm den Wagen für 3.000 EUR.
1. Ist der Kaufvertrag mit Y wirksam?
2. Auch dann, wenn Y gewusst hatte, dass B ihm nur aus Freundschaft den Vorzug vor X gegeben hatte?

Zu 1:

Der Kaufvertrag mit Y ist wirksam, wenn B den A wirksam vertreten hatte. B handelte (wie anzunehmen ist) im Namen des A. Er besaß auch Vollmacht für den Verkauf. Zwar wäre B aufgrund seines Rechtsverhältnisses zu A (Auftrag i.S.d. § 662) verpflichtet gewesen, die Interessen des A zu wahren und den Wagen an den Meistbietenden zu verkaufen. Er hätte also von der nach außen unbeschränkten Vertretungsmacht nur in bestimmter Weise Gebrauch machen dürfen. Aber das Risiko eines solchen Vollmachtmissbrauchs hat grundsätzlich der Vertretene zu tragen (BGH WM 1980, 1452). Es ist gerade der Sinn der Verselbständigung der Vollmacht gegenüber dem Innenverhältnis zwischen Vertreter und Vertretenem, den Geschäftsgegner, der die internen Begrenzungen nicht kennt, zu schützen. Der Kaufvertrag ist sonach wirksam.

Zu 2:

Da Y wusste, dass B von seiner Vollmacht einen **pflichtwidrigen** Gebrauch machte, ist er auch nicht schutzwürdig. A kann daher einer Inanspruchnahme aus dem Kaufvertrag den Einwand des Rechtsmissbrauchs (§ 242) entgegenhalten. Nach der

Rspr. (vgl. BGHZ 113, 315, 320; 127, 239, 241) entfällt die Schutzwürdigkeit schon dann, wenn der Vertreter von seiner Vertretungsmacht in ersichtlich verdächtiger Weise Gebrauch gemacht hat, sodass sich die Kenntnis vom Missbrauch der Vertretungsmacht dem Vertragsgegner geradezu aufdrängen musste. Dann müssen massive Verdachtsmomente vorliegen, die den Missbrauch objektiv evident machen (BGH NJW 1999, 2883). (Damit wird der Schwierigkeit des Nachweises der Kenntnis Rechnung getragen.) Der Geschäftsgegner kann sich in diesem Falle nicht auf die nach außen unbegrenzte Vollmacht berufen. Der Vertreter handelt insoweit wie ein Vertreter ohne Vertretungsmacht (§§ 177 ff.). Der Vertrag ist demnach schwebend unwirksam. Sollten B und Y gar **vorsätzlich zusammengewirkt** haben, um den A zu schädigen (sog. **Kollusion**), wäre der Vertrag nach § 138 nichtig (vgl. BGH NJW 2000, 2896, 2897; Palandt/*Ellenberger* § 164 BGB Rn. 13).

138. Selbstkontrahieren

Witwer A hatte erneut geheiratet. Er wollte die Existenz seines fünfjährigen Sohnes S aus erster Ehe sicherstellen. Daher ließ er beim Notar eine Erklärung protokollieren, in der er ein Hausgrundstück auf S schenkweise übertrug. S wurde auch als Eigentümer in das Grundbuch eingetragen. Nach dem Tode des A machte seine zweite Ehefrau F, die ihn beerbte, geltend, das Grundstück gehöre noch zum Nachlass, da die Übereignung des Grundstücks unwirksam gewesen sei, und S auch keinen Anspruch auf Übereignung habe, weil auch das Schenkungsversprechen unwirksam gewesen sei. Ist F oder S im Recht?

S ist im Recht, wenn sowohl das Schenkungsversprechen (§ 518) als auch die für die Grundstücksübereignung (neben der Eintragung im Grundbuch) erforderliche Auflassung (§§ 873, 925) gültig waren. Erforderlich sind also wirksame Willenserklärungen auf Seiten des beschenkten S (Annahme des Schenkungsversprechens und des Auflassungsangebots). S selbst war am Rechtsgeschäft nicht beteiligt und hätte wegen Geschäftsunfähigkeit (§ 104 Nr. 1) auch keine wirksamen Erklärungen abgeben können. Für ihn konnte nur sein gesetzlicher Vertreter, also sein Vater A, handeln. A war aber zugleich Schenker. Er wurde also auf beiden Vertragsseiten tätig: Zum einen handelte er in eigenem Namen, zum anderen im Namen des S. Diese Gestaltung bezeichnet man als **Selbstkontrahieren.**

Das Selbstkontrahieren ist aber (ebenso wie die **Mehrvertretung,** d. h. Tätigwerden als Vertreter zweier Personen) nach § 181 grundsätzlich verboten, soweit es nicht gestattet ist oder der Erfüllung einer Verbindlichkeit dient (z. B. Erfüllung der Unterhaltspflicht gegenüber dem Kind). Seinen Grund hat dieses Verbot in der Gefahr einer **Interessenkollision** beim Vertreter („Niemand kann zwei Herren zugleich dienen."). Darauf, ob im Einzelfall diese Gefahr gegeben ist oder nicht, kommt es allerdings nicht an (ganz h. M., vgl. *Bork* Rn. 1592). Denn dann wäre für jeden Fall eine langwierige Prüfung erforderlich, was aber mit der Forderung nach **Rechtssicherheit** und **Rechtsklarheit** nicht vereinbar wäre. § 181 ist daher an sich als „formale Ordnungsvorschrift" zu verstehen (BGHZ 50, 8, 11; str.). Da eine

Gestattung des Selbstkontrahierens nicht vorliegt und der Abschluss des Schenkungsversprechens auch nicht der Erfüllung einer Verbindlichkeit dient, hätte A demzufolge das Schenkungsversprechen nicht wirksam für S annehmen können. Seine gesetzliche Vertretungsmacht wäre insoweit (mit der Folge der §§ 177 ff.) eingeschränkt gewesen. Dieses Ergebnis wäre freilich lebensfremd, weil es gerade zu einer Benachteiligung anstelle zum Schutze des Vertretenen führen würde (BGHZ 59, 236, 240; BGH NJW 1985, 2407) und nötigt daher zu einer Überprüfung des Anwendungsbereichs des § 181.

Eine Beeinträchtigung der Interessen des Kindes ist bei Schenkungen an das Kind schon nach der Natur dieser Geschäfte nicht zu befürchten. Die **ratio legis** des § 181 trifft daher auf solche Fälle nicht zu. Solche Rechtsgeschäfte aus dem Verbot des § 181 herauszunehmen, führt auch zu keiner Beeinträchtigung der Rechtssicherheit und Rechtsklarheit: Es lässt sich für diese Fallgruppe **generell und abstrakt** das Fehlen eines Interessenkonflikts feststellen. § 181 ist sonach aufgrund einer **teleologischen Reduktion** nicht anzuwenden (h. M., vgl. Palandt/*Ellenberger* § 181 BGB Rn. 2; a. A. Jauernig/*Mansel* § 181 BGB Rn. 7). Das Schenkungsversprechen und auch die Auflassung waren daher wirksam, weil sie dem Vertretenen (S) einen **lediglich rechtlichen Vorteil** (i. S. d. § 107) brachten.

L. Einwilligung und Genehmigung

139. Einwilligung in Verfügung

Der Maler M hatte dem Galeristen G mehrere Aquarelle in Kommission gegeben. Später gerieten sie in Streit über die Provisionshöhe. M verlangte von G seine Bilder zurück. G weigerte sich und veräußerte die Aquarelle an den Sammler S. M möchte wissen, ob er sie von S herausverlangen kann.

Anspruch des M gegen S auf Herausgabe gemäß § 985

Da S im Besitz der Aquarelle ist, hängt der Anspruch davon ab, ob M noch Eigentümer ist. M hatte sein Eigentum noch nicht durch Übergabe an G verloren. Denn es sollte keine Übereignung nach § 929 Satz 1 erfolgen. Vielmehr sollte G die Bilder „in Kommission" nehmen, d. h. er sollte sie **in eigenem Namen für Rechnung** des M verkaufen (vgl. § 383 HGB). Dazu war es nicht notwendig, gleichzeitig das Eigentum auf G zu übertragen. M könnte sein Eigentum also lediglich durch die Veräußerung G an S verloren haben. An sich setzt eine wirksame Übereignung gemäß § 929 Satz 1 voraus, dass der **Eigentümer** die Sache dem Erwerber übergibt und beide darüber einig sind, dass das Eigentum übergeht. Hier hatte aber gerade G, der nicht Eigentümer war, die Übereignung vorgenommen. An sich wäre daher die Übereignung unwirksam. Nach § 185 Abs. 1 ist indessen eine Verfügung, die ein Nichtberechtigter über einen Gegenstand trifft, wirksam, wenn sie mit **Einwilligung** des Berechtigten erfolgt. Unter **Verfügung** versteht man ein Rechtsgeschäft, das auf ein bestehendes Recht **unmittelbar** einwirkt, sei es durch Aufhebung, Übertragung, Belastung oder inhaltliche Veränderung. Unter den Begriff der Verfügung fällt also auch und vor allem die **Übereignung.** Da G als Nichtberechtigter eine Verfügung über die Bilder getroffen hatte, hing die Wirksamkeit davon ab, ob die Einwilligung des Berechtigten M vorlag. Der Kommissionsvereinbarung ist zu entnehmen, dass G berechtigt sein sollte, die Bilder in eigenem Namen nicht nur zu **verkaufen,** sondern auch – weil sachlich geboten – zu **übereignen.**

Die **Einwilligung** ist gemäß § 183 Satz 1 aber bis zur Vornahme des Rechtsgeschäfts grundsätzlich **widerruflich.** Der Widerruf erfolgt durch einseitige Willenserklärung, die sowohl dem einen als auch dem anderen Partner des zustimmungsbedürftigen Rechtsgeschäfts gegenüber erklärt werden kann (§ 183 Satz 2). Ein solcher Widerruf ist im Verlangen des M gegenüber G auf Herausgabe der Bilder zu erblicken. Denn wenn M die Bilder zurückhaben möchte, will er erst recht nicht, dass G sie noch weiterveräußert. Da die Einwilligung widerrufen war, konnte die Übereignung G an S nicht nach § 185 Abs. 1 wirksam werden.

Beim Fehlen einer Einwilligung ist aber stets zu prüfen, ob die mangelnde Berechtigung des Verfügenden nicht durch den guten Glauben des Geschäftsgegners geheilt wird. Sofern S den G **gutgläubig** für den Eigentümer hielt, erwarb er nach § 932 wirksam Eigentum. (Sofern S lediglich an das Vorliegen einer Einwilligung glaubte, konnte er unter den Voraussetzungen des § 366 Abs. 1 HGB Eigentum erwerben.) Dann entfällt der Anspruch aus § 985.

---

140. Genehmigung einer Verfügung

1. Der Museumsangestellte D hatte aus dem Museum M eine antike Münze gestohlen. Obwohl die Münze nur einen Marktwert von 500 EUR besaß, gelang es ihm, sie für 700 EUR an den gutgläubigen Münzsammler A zu veräußern. Als der Diebstahl herauskam, verlangte M von D Herausgabe des Verkaufserlöses. Zu Recht?
2. D gab die 700 EUR an das Museum M heraus. Noch vor Bekanntwerden des Diebstahls hatte aber A die Münze an den zu Geld gekommenen Investmentbanker B für 2.000 EUR weiterverkauft. Kann M jetzt noch von A Herausgabe von dessen Verkaufserlös abzüglich des von ihm gezahlten Kaufpreises von 700 EUR, also 1.300 EUR, verlangen?

Zu 1:

Anspruch des M gegen D aus § 816 Abs. 1 Satz 1 auf Zahlung von 700 EUR

D hatte an A die Münze verkauft und übereignet. A konnte aber, obwohl gutgläubig, kein Eigentum nach § 932 erwerben, da die Münze dem Eigentümer M aufgrund des Diebstahls abhandengekommen war (§ 935). M könnte daher zwar nach § 985 Herausgabe der Münze verlangen. Ein Anspruch auf Erlösherausgabe könnte sich aber nur aus § 816 Abs. 1 Satz 1 ergeben. Nach dieser allgemein gehaltenen Vorschrift muss ein **Nichtberechtigter,** der über einen Gegenstand eine **Verfügung** trifft, die dem **Berechtigten gegenüber wirksam** ist, dem Berechtigten das **durch die Verfügung Erlangte** herausgeben. Hier hatte D als Nichtberechtigter, nämlich Nichteigentümer, über die Münze eine Verfügung getroffen, nämlich eine Übereignung an den A vorgenommen (vgl. → Fall 139). Diese Verfügung war an sich unwirksam, da weder eine **Einwilligung** i. S. d. § 185 Abs. 1 (zur Übereignung im **eigenen** Namen) noch eine **Bevollmächtigung** i. S. d. § 167 (zur Übereignung in **fremdem** Namen) noch die Voraussetzungen des **gutgläubigen Erwerbs** (§§ 932 ff.; hier: Abhandenkommen i. S. d. § 935 Abs. 1) vorlagen.

Jedoch kann eine Verfügung gemäß § 185 Abs. 2 Satz 1 Alt. 1 **nachträglich wirksam** werden, wenn der Berechtigte sie **genehmigt** (Parallele zu § 177 Abs. 1). Die Genehmigung **wirkt** grundsätzlich auf den Zeitpunkt der Vornahme des Rechtsgeschäfts **zurück** (§ 184 Abs. 1) und kann **formlos** (§§ 182 Abs. 2, 184 Abs. 1), also ausdrücklich oder durch schlüssiges Verhalten (dazu → Fall 141) erklärt werden. Eine konkludente Genehmigung ist insbesondere dann anzunehmen, wenn der Berechtigte vom Nichtberechtigten den Veräußerungserlös herausverlangt (vgl. dazu BGH NJW 1986, 2104, 2106). Denn dies kann er nach § 816 Abs. 1 Satz 1 eben nur bei Wirksamkeit der Verfügung.

Aufgrund der konkludent erteilten Genehmigung kann M Herausgabe des durch die Verfügung Erlangten, nämlich des Verkaufserlöses in Höhe von 700 EUR, verlangen. (Eine weitere Anspruchsgrundlage bilden die §§ 687 Abs. 2 Satz 1, 681 Satz 2, 667.)

Zu 2:

Anspruch des M gegen A aus § 816 Abs. 1 Satz 1 auf Zahlung von 1.300 EUR

Der Anspruch würde voraussetzen, dass A als Nichtberechtigter eine Verfügung getroffen hätte. Im Zeitpunkt der Veräußerung A an B war A zwar Nichtberechtigter gewesen, da er von D (noch) nicht wirksam Eigentum erworben hatte. M hatte aber, wie oben (→ 1.) dargelegt, die Übereignung D an A genehmigt. Aufgrund der **Rückwirkung** der **Genehmigung** (§ 184 Abs. 1) ist die Sache nunmehr so zu behandeln, als hätte D von Anfang an wirksam verfügt. Dann ist folgerichtig auch die Veräußerung A an B als die eines Berechtigten anzusehen. Die Voraussetzungen des § 816 Abs. 1 Satz 1 liegen somit nicht vor.

Eine andere Beurteilung ergäbe sich nur, wenn M seine Genehmigung hinfällig machen könnte. Dies will M an sich, da M von B nur Zahlung des Verkaufserlöses abzüglich der Anschaffungskosten verlangt. Eine einmal erteilte Genehmigung ist jedoch im Interesse der Rechtssicherheit nicht widerrufbar (auch die Einwilligung ist nur bis zur Vornahme des Rechtsgeschäfts widerruflich, § 183 Satz 1). Eine Anfechtung der Genehmigung nach §§ 119 ff. ist zwar möglich (vgl. Palandt/*Ellenberger* Einf. v. § 182 BGB Rn. 3), jedoch muss sich der Irrtum auf die Genehmigung, nicht auf das zustimmungsbedürftige Rechtsgeschäft beziehen. Ein solcher Irrtum liegt aber hier nicht vor. Es bleibt also dabei, dass M durch seine vorherige Genehmigung der Verfügung des D die Möglichkeit verloren hat, den von A erzielten Erlös nach § 816 herauszuverlangen.

---

141. Genehmigung durch schlüssiges Verhalten

Der 15-jährige Schüler S hatte beim Spielwarenhändler H ein ferngesteuertes Modellflugzeug gekauft und erklärt, seine Eltern E seien damit einverstanden und würden es bezahlen. H war zufrieden, da er die Eltern des S kannte. Die Eltern wussten allerdings von nichts. Sie fragten aber auch den S nicht, woher er das Modellflugzeug habe, ließen ihn vielmehr damit spielen. Nach zwei

Kapitel 4. Rechtsgeschäftslehre

> Wochen schickte H eine Rechnung über 550 EUR an die Eltern. Diese verweigerten die Bezahlung. Kann H von S Kaufpreiszahlung verlangen?

Anspruch des H gegen S aus § 433 Abs. 2

Der Anspruch setzt das wirksame Zustandekommen eines Kaufvertrages voraus. Da S minderjährig und der Vertragsschluss für ihn nicht lediglich rechtlich vorteilhaft war, benötigte er gemäß § 107 die Einwilligung seiner Eltern. Diese lag nicht vor. Der Kaufvertrag war daher schwebend unwirksam und konnte nur durch die **Genehmigung** der Eltern wirksam werden (§ 108 Abs. 1).

Eine ausdrückliche Genehmigung lag nicht vor. Allerdings kann die Genehmigung, wie jede Willenserklärung, für die keine Form vorgeschrieben ist, auch durch **schlüssiges Verhalten** erklärt werden (vgl. § 182 Abs. 2). Eine solche Genehmigung durch schlüssiges Verhalten gegenüber dem S könnte darin liegen, dass die Eltern den S mit dem Modellflugzeug spielen ließen. Allerdings setzt die Deutung eines Verhaltens als Genehmigung nach h. M. (vgl. BGHZ 2, 150, 153; 47, 341, 351 f.) voraus, dass der Genehmigende sich der schwebenden Unwirksamkeit des Vertrages bewusst ist oder wenigstens mit einer solchen Möglichkeit rechnet. Außerdem muss für den Erklärungsempfänger das Verhalten des Genehmigungsberechtigten als Genehmigung erkennbar sein (Palandt/*Ellenberger* § 182 BGB Rn. 3). Da S seine Eltern über den Kauf nicht informiert hatte, konnte S auch nicht davon ausgehen, dass sie mit der schwebenden Unwirksamkeit des Kaufes rechneten. Er durfte also ihr Verhalten nicht als Genehmigung deuten.

Da also gegenüber S die Genehmigung nicht erteilt worden war, konnten die Eltern ohne Weiteres die Verweigerung der Genehmigung gegenüber H erklären (vgl. § 182 Abs. 1). Auf die Regelung des § 108 Abs. 2 Satz 1 Hs. 2 kommt es gar nicht mehr an. Es besteht somit kein Zahlungsanspruch.

---

142. Rückwirkung der Genehmigung

A stand mit dem Bauunternehmer B in Verkaufsverhandlungen wegen eines Grundstücks. Er schickte an B ein notariell beurkundetes Verkaufsangebot, das bis zum 31.7. befristet war. Da B gerade auf einer längeren Geschäftsreise war, nahm seine Frau F das Angebot namens des B in notarieller Form am 24.7. an, obwohl sie keine Vollmacht besaß. B teilte nach seiner Rückkehr am 4.8. dem A mit, er sei mit dem Vertragsschluss einverstanden. A widersprach, da er zwischenzeitlich einen besser zahlenden Interessenten gefunden hatte. Ist der Kaufvertrag wirksam?

Der Vertrag ist wirksam, wenn das Angebot fristgerecht (§ 148) angenommen wurde. An sich war die Annahmeerklärung form- und fristgerecht abgegeben worden, aber durch einen Vertreter ohne Vertretungsmacht, sodass die Wirksamkeit des Vertrages von der (formlosen, § 182 Abs. 2; dazu BGHZ 125, 218, 220 ff.) Genehmigung des Vertretenen abhing (§ 177 Abs. 1). Diese Genehmigung war hier aber erst nach Ablauf der Annahmefrist erteilt worden.

Es fragt sich daher, ob die Genehmigung verspätet war. An sich wirkt die Genehmigung nach § 184 Abs. 1 auf den Zeitpunkt der Vornahme des Rechtsgeschäfts zurück. Dies bedeutete, dass rückblickend betrachtet, die Annahme innerhalb der Frist wirksam erfolgt war. Ob diese Konsequenz wirklich zu ziehen ist, ist umstritten. Nach einer Ansicht (Jauernig/*Mansel* § 184 BGB Rn. 2) ist dies zu bejahen, da die Interessen des Gegners durch die Möglichkeit der Aufforderung zur Genehmigung innerhalb von zwei Wochen (§ 177 Abs. 2) und des Rechts zum zwischenzeitlichen Widerruf (§ 178) ausreichend gewahrt seien. Die h. M. (BGH NJW 1973, 1789, 1790) fordert dagegen, dass die Genehmigung innerhalb der Annahmefrist erteilt wird. Zu Recht, da der Antragende mit der Fristsetzung regelmäßig bezweckt, bis zum Fristablauf eine definitive Klärung herbeizuführen. Die Gegenmeinung würde dazu führen, dass auf dem Umweg über den Vertragsschluss durch einen Vertreter ohne Vertretungsmacht eine Fristverlängerung erschlichen werden könnte. Die §§ 177 Abs. 2, 178 laufen nicht leer: Sie schützen den Gegner in der Zeit bis zum Ablauf der Annahmefrist.

Da die Genehmigung nicht innerhalb der Annahmefrist erklärt worden war, ist das Angebot erloschen. Es ist kein wirksamer Kaufvertrag zustande gekommen.

143. Die Ermächtigung

Der Kaufmann K hatte seine Außenstände an die Bank B zur Sicherung eines Kredits abgetreten (sog. Globalzession). Die Abtretung sollte den Schuldnern jedoch nicht mitgeteilt werden, solange der Kredit nicht notleidend würde. Außerdem sollte K berechtigt bleiben, die Forderungen einzuziehen. Da der Schuldner S eine Rechnung nicht bezahlte, mahnte ihn K und verlangte später Verzugszinsen. S wendet nach Kenntniserlangung von der Abtretung ein, K hätte nicht wirksam mahnen können, da er gar nicht mehr Gläubiger der Forderung gewesen sei. Zu Recht?

Anspruch des K gegen S auf Verzugszinsen gemäß § 288 Abs. 1

S muss Verzugszinsen entrichten, wenn er mit seiner Zahlungspflicht in Verzug geraten war. Dazu ist nach § 286 Abs. 1 Satz 1 grundsätzlich eine Mahnung des Gläubigers erforderlich. Da K nach der Abtretung (§ 398) der Forderung an B nicht mehr Gläubiger war, war seine Mahnung an sich wirkungslos. Jedoch hatte B mit K vereinbart, dass er zur Einziehung der Forderung (im eigenen Namen) berechtigt bleiben solle. Man spricht in diesem Falle von einer „**Ermächtigung**". Sie soll die Befugnis verleihen, im eigenen Namen mit unmittelbarer Wirkung für den Rechtskreis des Ermächtigenden zu handeln (vgl. *Köhler* § 21 Rn. 12 ff.). Als **allgemeines Rechtsinstitut** ist die Ermächtigung nicht anerkannt. Das BGB kennt lediglich die Verfügungsermächtigung (= Einwilligung in eine Verfügung i. S. d. § 185 Abs. 1). Insbesondere wird die Zulässigkeit einer sog. **Verpflichtungsermächtigung** als der Befugnis, durch Handeln im eigenen Namen einen anderen unmittelbar zu verpflichten, ganz überwiegend verneint (vgl. BGHZ 114, 100; Jauernig/*Mansel* § 185 BGB Rn. 3). Jedoch sind Einzelausprägungen der Ermächtigung, wie z. B. die „**Einziehungsermächtigung**" als zulässig anerkannt (vgl. BGH NJW 1982, 571; *Bork* Rn. 1732). Ob eine Analogie zu § 185 Abs. 1 möglich ist,

ist umstritten. Jedenfalls hat sich die Einziehungsermächtigung als Befugnis zur Geltendmachung einer fremden Forderung im eigenen Namen im Wege **richterlicher Rechtsfortbildung** durchgesetzt (vgl. BGH NJW 2012, 1207 Rn. 9; Palandt/ *Grüneberg* § 398 BGB Rn. 29 f.) und entspricht auch einem praktischen Bedürfnis (wie etwa hier bei der „stillen Zession"). Dem Schutze des Schuldners vor doppelter Inanspruchnahme dient die analoge Anwendung der Schuldnerschutzvorschriften des Abtretungsrechts (§§ 398 ff., insbesondere §§ 409, 410; vgl. *Bork* Rn. 1734).

Da K ermächtigt war, die Forderung im eigenen Namen einzuziehen, war er auch berechtigt, den Schuldner zu **mahnen.** S muss daher Verzugszinsen entrichten.

Kapitel 5. Fristen und Termine

144. Begriff der Frist und des Termins

Was versteht man unter den Begriffen der Frist und des Termins?

1. Unter einer **Frist** versteht man einen abgegrenzten Zeitraum, der bestimmt (z. B. § 124 Abs. 1: „binnen Jahresfrist") oder bestimmbar (z. B. § 323 Abs. 1: „eine angemessene Frist") ist.

2. Unter einem **Termin** versteht man einen bestimmten Zeitpunkt, an dem etwas geschehen soll oder eine Wirkung eintritt (z. B. Anfangs- und Endtermin i. S. d. § 163).

145. Berechnung des Fristbeginns

1. N erhält am 1.4. ein Mahnschreiben des M, in dem er aufgefordert wird, eine Schuld „binnen acht Tagen" zu bezahlen.
Wann beginnt diese Frist zu laufen?
2. A schließt mit B einen Arbeitsvertrag vom 1.3. bis zum 31.10. Muss B bereits am 1.3. die Arbeit antreten?

Zu 1:

Für den Fristbeginn ist ein Ereignis, nämlich der Zugang des Mahnschreibens, maßgebend. § 187 Abs. 1 sieht für diesen Fall vor, dass bei der Berechnung der Frist der Tag nicht mitgerechnet wird, in welchen das Ereignis fällt. Die Zahlungsfrist beginnt daher am 2.4., 0 Uhr.

Zu 2:

Für den Anfang des Arbeitsverhältnisses ist der Beginn eines Tages maßgebend. Gemäß § 187 Abs. 2 Satz 1, wird daher dieser Tag bei der Berechnung der Frist mitgerechnet. Der 1.3. ist daher bereits ein Arbeitstag (sofern es sich um einen Werktag handelt).

146. Berechnung des Fristendes

A hatte dem B ein Darlehen gewährt, das bis zum 30.12. zurückzuzahlen war. Am letzten Tag erschien B und suchte um Stundung nach. A gewährte eine Stundung von zwei Monaten.
1. Wann ist das Darlehen zur Rückzahlung fällig?
2. Was gilt, wenn der letzte Tag der Frist auf einen Samstag fällt?

Zu 1:

Die Stundung belief sich auf zwei Monate. Gemäß § 188 Abs. 2 würde an sich das Fristende auf den 30.2. fallen; dies wäre der Tag, „welcher dem Tag vorhergeht, der durch seine Benennung oder Zahl dem Anfangstage der Frist (hier: 31.12. gemäß § 187 Abs. 2) entspricht". Da es aber einen 30.2. nicht gibt, ist gemäß § 188 Abs. 3 der Ablauf des letzten Tages dieses Monats, also (regelmäßig) der 28.2., maßgebend.

Zu 2:

In diesem Fall tritt gemäß § 193 eine Fristverlängerung ein. Letzter Tag zur Bewirkung der Leistung ist dann der nächste Werktag, in diesem Falle der 2.3.

147. Vorrang der vereinbarten Fristberechnung

A hatte dem B am Donnerstag per Telefax ein Angebot zum Kauf von Aktien gemacht, das auf drei Tage befristet war. Kann B das Angebot am Montag noch wirksam annehmen?

Die Dreitagesfrist begann am Freitag zu laufen und endet mit Ablauf des Sonntags. An sich würde sich die Frist gemäß § 193 um einen Tag verlängern. Es ist jedoch zu beachten, dass gemäß § 186 die §§ 187–193 nur **Auslegungsregeln** sind, also nicht anwendbar sind, wenn sich aus der Erklärung oder Vereinbarung ausdrücklich oder den Umständen nach etwas anderes ergibt. Da A eine nach Tagen bemessene Frist gesetzt hatte und die Angebotsübermittlung per Telefax auf Eilbedürftigkeit schließen ließ, war für B erkennbar, dass das Angebot bis zum Ablauf des Sonntags angenommen werden musste.

Kapitel 6. Verjährung

148. Verjährung und Ausschlussfrist

A hatte einen Kaufvertrag mit B abgeschlossen und stellte hinterher fest, dass er sich über den Kaufgegenstand geirrt hatte. Nach längerem Zögern, ob er am Vertrag festhalten solle oder nicht, entschloss er sich zur Anfechtung und klagte auf Rückzahlung des Kaufpreises. Darf der Richter der Klage stattgeben, auch wenn B im Prozess sich nicht auf Verspätung der Anfechtung beruft?

Das Anfechtungsrecht nach § 119 muss gemäß § 121 Abs. 1 **unverzüglich** nach Kenntniserlangung vom Anfechtungsgrund ausgeübt werden. Diese Anfechtungsfrist ist keine Verjährungsfrist. Denn der Verjährung unterliegen nur **Ansprüche,** d. h. Rechte, von einem anderen ein Tun oder Unterlassen zu verlangen (§ 194 Abs. 1). **Gestaltungsrechte,** also Rechte, die auf die Umgestaltung von Rechtsverhältnissen zielen, wie z. B. das Anfechtungsrecht, fallen nicht darunter. Die zeitliche Begrenzung für die Ausübung eines solchen Rechts bezeichnet man als **Ausschlussfrist.**

Der rechtliche Unterschied besteht darin, dass nach Ablauf der Verjährungsfrist dem Gegner eine **Einrede** erwächst (§ 214 Abs. 1), während nach Ablauf der Ausschlussfrist das Recht selbst **erlischt** (vgl. RGZ 128, 46, 47). Dieser Unterschied wirkt sich im Prozess aus. Den Ablauf einer Ausschlussfrist hat der Richter von Amts wegen zu beachten, den Ablauf der Verjährungsfrist nur auf Einrede des Schuldners, d. h. auf dessen Geltendmachung gegenüber dem Gläubiger.

Da die Anfechtung nicht unverzüglich i. S. d. § 121 Abs. 1 erfolgt war, darf der Richter der Klage nicht stattgeben, mag auch B die Verspätung nicht gerügt haben.

149. Verjährungsfristen für Ansprüche aus Kaufvertrag

A hat dem B am 2.1.2011 mit notariellem Kaufvertrag ein Hausgrundstück zum Preis von 300.000 EUR verkauft.
1. Wann verjährt der Anspruch des B auf Übereignung des Grundstücks?
2. Wann verjährt der Anspruch des A auf Zahlung des Kaufpreises?
3. Wann verjähren Sachmängelansprüche des B, wenn das verkaufte Gebäude mangelhaft ist?

Zu 1:

Verjährung des Anspruchs des B auf Übereignung des Hausgrundstücks aus § 433 Abs. 1 Satz 1

Für diesen Anspruch gilt nicht die dreijährige Regelverjährungsfrist des § 195. Vielmehr greift insoweit die Sonderregelung des **§ 196** ein. Danach verjährt der Anspruch auf Übertragung des Eigentums an einem Grundstück in **zehn** Jahren. Diese Frist beginnt nach § 200 mit der **Entstehung** des Anspruchs zu laufen. Ein

Anspruch ist entstanden, sobald er im Klagewege geltend gemacht werden kann. Dies setzt grundsätzlich **Fälligkeit** voraus. Das ist der Zeitpunkt, von dem ab der Gläubiger die Leistung verlangen kann (BGH NJW 2014, 847). Sofern im Kaufvertrag nichts anderes vereinbart ist, wird der Übereignungsanspruch des B nach § 271 Abs. 1 BGB **sofort** mit Abschluss des Kaufvertrages fällig und ist damit entstanden. Der Anspruch verjährt daher nach den §§ 187 Abs. 1, 188 Abs. 2, 193 mit Ablauf des 4.1.2021 (der 2.1.2021 ist ein Samstag).

Zu 2:

Verjährung des Anspruchs des A auf Kaufpreiszahlung aus § 433 Abs. 2

Der Anspruch auf § 433 Abs. 2 auf Kaufpreiszahlung unterliegt grundsätzlich der regelmäßigen Verjährungsfrist von drei Jahren (§ 195), deren Beginn in § 199 Abs. 1 geregelt ist. Jedoch gilt auch insoweit die Sonderregelung der §§ 196, 200. Die zehnjährige Verjährungsfrist des § 196 erstreckt sich nämlich auch auf die **„Ansprüche auf die Gegenleistung".** Damit wird auch bei Grundstückskäufen ein Gleichlauf der Verjährung des Übereignungs- und des Zahlungsanspruchs hergestellt.

Zu 3:

Verjährung der Sachmängelansprüche aus § 437 Nrn. 1 und 3

Da der Mangel nicht das Grundstück, sondern das Gebäude betrifft, gilt nach § 438 Abs. 1 Nr. 2 Buchst. a eine **fünfjährige** Verjährungsfrist. Diese Frist beginnt nach § 438 Abs. 2 mit der Übergabe des Hausgrundstücks zu laufen.

150. Verjährung bei Anspruchskonkurrenz

Der Student S hatte in dem von V gemieteten möblierten Zimmer mit Chemikalien hantiert und dabei Möbel und Fußböden beschädigt. Da ihm das Zimmer darauf nicht mehr zusagte, kündigte er und zog aus. Der Vermieter V erhob erst sieben Monate nach Auszug Klage auf Schadensersatz. S wendet im Prozess Verjährung ein. Zu Recht?

1. Anspruch aus Vertragspflichtverletzung

Die Beschädigung des Zimmers stellt einen schuldhaft vertragswidrigen Gebrauch der Mietsache dar und verpflichtet nach § 280 Abs. 1 zum Schadensersatz. Dieser Anspruch verjährt aber gemäß § 548 Abs. 1 Sätze 1 und 2 in sechs Monaten ab Rückgabe der Mietsache. Insoweit erhebt S die Verjährungseinrede zu Recht.

2. Anspruch aus § 823 Abs. 1

S hat jedoch gleichzeitig eine rechtswidrige und schuldhafte Eigentumsverletzung i. S. d. § 823 Abs. 1 begangen. Ansprüche aus unerlaubter Handlung verjähren grundsätzlich in drei Jahren (§ 195; zum Beginn dieser Frist vgl. § 199). Ergeben sich aus ein und demselben Sachverhalt mehrere Ansprüche, so besteht grundsätzlich **Anspruchskonkurrenz,** d. h. jeder Anspruch steht selbständig neben dem anderen, mag er auch inhaltlich das gleiche Ziel verfolgen. Dies gilt auch für die

Verjährungsfrist: jeder Anspruch verjährt grundsätzlich in der für ihn maßgebenden Frist (BGHZ 66, 315). Etwas anderes gilt, wenn die kürzere von mehreren Verjährungsfristen nach ihrem Sinn und Zweck auch für konkurrierende Ansprüche gelten soll. Dies ist dann zu bejahen, wenn die kürzere Verjährungsfrist leerliefe, weil der Gläubiger stets noch auf den konkurrierenden Anspruch mit längerer Verjährungsfrist zurückgreifen könnte. Ein solcher Fall ist bei Ansprüchen wegen Beschädigung der Mietsache gegeben (st. Rspr., vgl. nur BGH NJW 2006, 2399 Rn. 14). Auch der Deliktsanspruch verjährt daher nach § 548. – S ist daher im Recht.

> **151. Hemmung und Neubeginn der Verjährung**
>
> Wie zuvor (vgl. → Fall 150). Jedoch erhebt V bereits fünf Monate nach dem Auszug des S Klage auf Schadensersatz. Zwei Monate später nimmt er die Klage auf Bitten des S wieder zurück, nachdem dieser mündlich versprochen hatte, die Schäden auf eigene Kosten zu beseitigen. Die Bemühungen des S bleiben indessen hinter den Erwartungen des V zurück. Da mittlerweile mehr als sieben Monate seit Klagerücknahme verstrichen sind, möchte V wissen, ob er bei einer erneuten Klageerhebung damit rechnen muss, dass sich S mit Erfolg auf Verjährung beruft.

An sich könnte, da bereits mehr als 14 Monate seit Auszug verstrichen sind, S im Prozess die Einrede der Verjährung (§ 548) erheben mit der Folge, dass eine Klage als unbegründet abgewiesen werden müsste. Allerdings ist zu prüfen, welchen Einfluss die vorherige Klageerhebung und das Versprechen der Schadensbeseitigung auf den Lauf der Verjährungsfrist hatten.

1. Die Erhebung einer Leistungsklage führt nach § 204 Abs. 1 Nr. 1 zur **Hemmung** der Verjährung. Dies führt nach § 209 dazu, dass der Zeitraum, während dessen die Verjährung gehemmt ist, in die Verjährungsfrist nicht eingerechnet wird. Fraglich ist daher, wie lange die durch die Klageerhebung eingetretene Hemmung andauert. Dies ergibt sich aus § 204 Abs. 2 Satz 1. Die Hemmung endet sechs Monate nach der rechtskräftigen Entscheidung oder anderweitigen Beendigung des eingeleiteten Verfahrens. Letzteres ist hier aufgrund der Klagerücknahme (§ 269 ZPO) der Fall. Da im Zeitpunkt der Klageerhebung bereits fünf Monate seit Auszug verstrichen waren und seit Ende der Hemmung nochmals zwei Monate vergangen sind, ist an sich die sechsmonatige Verjährungsfrist überschritten.

2. Etwas anderes könnte sich allenfalls daraus ergeben, dass S dem V versprochen hatte, die Schäden auf eigene Kosten zu beseitigen. Darin könnte ein sog. **Anerkenntnis** i. S. d. § 212 Abs. 1 Nr. 1 liegen. Für ein derartiges Anerkenntnis ist **keine rechtsgeschäftliche Erklärung,** erst recht kein Schuldanerkenntnis i. S. d. § 781 erforderlich. Vielmehr genügt ein **tatsächliches Verhalten** des Schuldners, aus dem **sich eindeutig sein Bewusstsein vom Bestehen der Verpflichtung** ergibt (BGH NJW-RR 1994, 373; NJW 1999, 2961). Dafür führt § 212 Abs. 1 Nr. 1 einige Beispiele an (Abschlagszahlung, Zinszahlung, Sicherheitsleistung), jedoch genügt auch ein Anerkenntnis „in sonstiger Weise". Dazu gehört auch die Vornahme der Schadensbeseitigung, weil daraus hinreichend das Bewusstsein deutlich wird, dazu verpflichtet zu sein. Sonach ist von einem Anerkenntnis des S auszugehen. Dies führt nach § 212 Abs. 1 Nr. 1 zum **Neubeginn der Verjährung.** Dass zu diesem Zeitpunkt die Verjährung gehemmt war, ist unerheblich. Denn Hemmung und Neubeginn (früher: Unterbrechung) der Verjährung können nebeneinander stehen (BGH NJW 1999, 2361). Da allerdings die Verjährungsfrist des § 548 nur sechs Monate beträgt und seit dem Anerkenntnis mehr als sieben Monate verstrichen sind, ist hier die Verjährungsfrist trotz des Anerkenntnisses überschritten.

3. V kann sich in einem Prozess auch nicht auf das Versprechen des S stützen, die Schäden zu beheben. Denn selbst wenn darin ein Schuldversprechen oder ein Schuldanerkenntnis i. S. d. §§ 780, 781 zu erblicken wäre, das der dreijährigen Regelverjährungsfrist des § 195 unterläge, so wären diese, da nur mündlich abgegeben, wegen Formmangels (§ 125 Satz 1) nichtig.

In einem Prozess könnte daher S mit Erfolg die Einrede der Verjährung erheben.

152. Vereinbarungen über die Verjährung

**Gebrauchtwagenhändler V verhandelt mit dem frühpensionierten Richter K über den Verkauf eines gebrauchten Porsche Carrera 911. Beim Lesen des Kaufvertragsformulars stößt K auf die Klausel: „Das Fahrzeug wird gekauft wie besichtigt und Probe gefahren unter Ausschluss jeglicher Gewährleistung." Er erklärt dem V, dass er damit nicht einverstanden sei. Daraufhin erklärt sich V bereit, die Klausel zu streichen. Stattdessen wird eine sechsmonatige Gewährleistungsfrist vereinbart und eine entsprechende Klausel handschriftlich in den Vertrag eingefügt. Sieben Monate nach Vertragsschluss und Aushändigung des Fahrzeugs wird bei einem Fahrzeugcheck festgestellt, dass die Bremsleitungen defekt sind und dass dieser Defekt schon bei Vertragsschluss vorgelegen hat.
Kann K jetzt noch von V Behebung des Mangels verlangen?**

Anspruch des K gegen V aus §§ 439 Abs. 1, 437 Nr. 1, 434 Abs. 1 Satz 2 Nr. 1

Da der Defekt der Bremsleitungen einen **Sachmangel** i. S. d. § 434 Abs. 1 Satz 2 Nr. 1 darstellt, kann K nach §§ 437 Nr. 1, 439 Abs. 1 Beseitigung des Mangels durch Reparatur verlangen. Fraglich ist nur, ob sich V auf **Verjährung** berufen kann (§ 214 Abs. 1). Die Verjährungsfrist beträgt, da die Regelungen des § 438 Abs. 1 Nrn. 1 und 2 nicht eingreifen, nach § 438 Abs. 1 Nr. 3 **zwei Jahre.** Darauf könnte sich K allerdings nicht berufen, wenn die Vereinbarung einer sechsmonatigen Verjährungsfrist wirksam erfolgt ist. Grundsätzlich sind Vereinbarungen über eine Erleichterung, insbesondere also über eine Verkürzung der gesetzlichen Verjährungsfristen, zulässig, wie sich aus § 202 Abs. 1 ergibt. Das würde für die Wirksamkeit der Klausel sprechen. Über die Vorsatzschranke des § 202 Abs. 1 hinaus ist jedoch stets zu prüfen, ob es nicht weitere Grenzen der Zulässigkeit einer Fristverkürzung gibt.

1. Da die Vereinbarung individuell **ausgehandelt** worden war, stellt sie keine **Allgemeine Geschäftsbedingung** dar (§ 305 Abs. 1 Satz 3) und unterliegt damit auch nicht der AGB-Kontrolle nach § 309 Nr. 8 Buchst. b ff).

2. Da jedoch V Unternehmer i. S. d. § 14 Abs. 1 und K Verbraucher i. S. d. § 13 war, liegt hier ein **Verbrauchsgüterkauf** i. S. v. § 474 Abs. 1 Satz 1 vor. Nach § 475 Abs. 2 kann die Verjährung der in § 437 bezeichneten Ansprüche, also auch des Anspruchs auf Mangelbeseitigung, vor Mitteilung des Mangels an den Unternehmer nicht durch Rechtsgeschäft erleichtert werden, wenn die Vereinbarung zu einer Verjährungsfrist ab dem gesetzlichen Verjährungsbeginn von weniger als zwei Jahren, bei gebrauchten Sachen von weniger als einem Jahr, führt. Diese Regelung dient dem Schutze des Verbrauchers. Da hier nicht die **Mindestfrist von einem Jahr** vereinbart worden war, sondern nur eine sechsmonatige, ist die Vereinbarung unwirksam. Eine Umdeutung (§ 140) oder geltungserhaltende Reduktion der nichtigen Klausel in eine Klausel mit dem gerade noch zulässigen Inhalt, hier also einer einjährigen Verjährungsfrist, ist nicht möglich, weil dem der Schutzzweck des § 475 Abs. 2 entgegensteht: Der Verkäufer soll nicht risikolos kürzere als die gesetzlich zulässigen Verjährungsfristen vereinbaren können. Aus diesem Grund scheidet auch die Anwendung des § 139 aus, d. h., der Kaufvertrag bleibt im Übrigen wirksam. An die Stelle der unwirksamen Regelung tritt vielmehr die **gesetzliche** Regelung der Verjährungsfrist, also die Zweijahresfrist des § 438 Abs. 1 Nr. 3 (vgl. Palandt/*Weidenkaff* § 475 BGB Rn. 13). V kann daher dem Anspruch des K nicht die Einrede der Verjährung entgegensetzen.

153. Leistung trotz Verjährung

K hatte eine Kaufpreisforderung des V beglichen, stellte aber kurz danach fest, dass die Forderung bereits verjährt war. Kann er den Kaufpreis zurückfordern?

Anspruch aus § 813 Abs. 1 Satz 1

An sich kann das zum Zwecke der Erfüllung Geleistete auch dann zurückgefordert werden, wenn dem Anspruch eine dauernde Einrede entgegenstand (§ 813 Abs. 1 Satz 1). Dies gilt jedoch nicht für die Einrede der Verjährung (§§ 813 Abs. 1 Satz 2, 214 Abs. 2 Satz 1). Auf die Unkenntnis vom Verjährungseintritt kommt es nicht an.

154. Rücktritt nach Anspruchsverjährung

Der Weinliebhaber G hatte am 2.1.2017 bei dem Weingut W 30 Flaschen „Handtaler Stolberg", Silvaner, Jahrgang 2016, bestellt. Der Wein wurde, verpackt in Kartons, am 5.1.2017 ausgeliefert. Als G im Dezember 2017 erstmals eine Flasche öffnen möchte, stellt er fest, dass ihm nicht Wein des Jahrgangs 2016, sondern des weniger guten Jahrgangs 2015 geliefert worden war. Auf seine Reklamation hin erklärt W, es habe sich um ein Versehen gehandelt, leider sei der Wein des Jahrgangs 2016 bereits restlos verkauft,

> sodass er ihm nicht helfen könne. Eine Rückzahlung des Kaufpreises komme nicht in Betracht, da etwaige Ansprüche des G bereits verjährt seien.
> 1. Welche Rechte des G gegen W kommen in Betracht?
> 2. Hat W mit seinem Einwand Recht, dass Ansprüche des G bereits verjährt seien?
> 3. Was ist G zu raten, wenn er nicht riskieren möchte, dass W sich später auf Verjährung berufen kann?

Zu 1:

Mögliche Rechte des G gegen W

1. Anspruch auf Nacherfüllung gemäß §§ 434, 437 Nr. 1, 439 Abs. 1

W hatte eine andere Ware als die von G bestellte geliefert. Diese sog. **Falschlieferung (= aliud-Lieferung)** steht aber nach § 434 Abs. 3 einer mangelhaften Lieferung gleich. Dem G stehen daher die in § 437 bezeichneten Rechte zu. Er kann daher nach den §§ 437 Nr. 1, 439 Abs. 1 **Nacherfüllung** verlangen. Grundsätzlich hat er dabei die Wahl zwischen Beseitigung des Mangels oder Lieferung einer mangelfreien Sache. Eine Mangelbeseitigung scheidet bei der Falschlieferung praktisch aus; ein Anspruch auf Lieferung mangelfreier Ware, hier also Wein des Jahrgangs 2016 aus dem Weingut des W, ist nach § 275 Abs. 1 ausgeschlossen, weil W keinen Wein dieses Jahrgangs mehr besitzt und die Leistung für ihn daher unmöglich ist.

2. Rücktrittsrecht gemäß §§ 437 Nr. 2, 326 Abs. 5 bzw. Minderungsrecht gemäß §§ 437 Nr. 2, 441

Da dem W die Nacherfüllung unmöglich ist, kann G vom Kaufvertrag gemäß § 437 Nr. 2 i. V. m. § 326 Abs. 5 ohne Fristsetzung zurücktreten und dann Rückzahlung des Kaufpreises gemäß § 346 Abs. 1 verlangen. Jedoch muss er dann seinerseits den gelieferten Wein zurückgeben. Alternativ kann G nach § 441 Abs. 1 durch Erklärung gegenüber dem W den Kaufpreis mindern.

3. Anspruch auf Schadensersatz statt der Leistung gemäß §§ 437 Nr. 3, 280 Abs. 1 und 3, 283

Da W versehentlich, also fahrlässig, eine Falschlieferung vorgenommen hat, hat er seine Pflicht zur mangelfreien Lieferung aus § 433 Abs. 1 Satz 2 schuldhaft verletzt. G kann daher nach § 437 Nr. 3 i. V. m. §§ 283 Satz 1, 280 Abs. 1 und 3 Schadensersatz statt der Leistung verlangen. Dieser Anspruch wird durch einen Rücktritt nicht ausgeschlossen (§ 325). Wohl aber ist in diesem Fall W zur Rückforderung des gelieferten Weins berechtigt (§§ 281 Abs. 5, 346).

Zu 2: Verjährungseinwand des W

Nach § 438 Abs. 1 Nr. 3 verjähren die Mängelansprüche aus § 437 Nrn. 1 und 3 in **zwei Jahren** seit Ablieferung der Sache (§ 438 Abs. 2). W kann sich daher (noch) nicht auf Verjährung berufen.

Zu 3: Vermeidung des Verjährungsrisikos

1. Will W vermeiden, dass sein Anspruch gemäß § 438 Abs. 1 Nr. 3 verjährt, muss er rechtzeitig Klage erheben oder die Zustellung eines Mahnbescheids veranlassen, weil dadurch die Verjährung gehemmt wird (§ 204 Abs. 1 Nrn. 1 und 3).

2. Will W nicht Schadensersatz verlangen, sondern gemäß § 437 Nr. 2 vom Vertrag zurücktreten oder die Minderung erklären, so muss er dies innerhalb der Zweijahresfrist tun. Andernfalls würde er die Unwirksamkeit des Rücktritts (bzw. der Minderungserklärung) nach § 218 Abs. 1 Sätze 1 und 2 riskieren. Diese Vorschrift trägt dem gesetzgeberischen Grundentscheidung Rechnung, dass nur Ansprüche der Verjährung unterliegen (§ 194 Abs. 1), nicht aber Gestaltungsrechte, wie das Rücktrittsrecht. Die Unwirksamkeit nach § 218 Abs. 1 hängt allerdings von zwei Voraussetzungen ab: (1.) der zugrunde liegende Anspruch auf Leistung oder Nacherfüllung ist verjährt; dem steht der Fall gleich, dass zwar – wie hier – der Anspruch z. B. wegen Unmöglichkeit der Leistung ausgeschlossen ist, aber bei seinem Bestehen verjährt wäre; (2.) der Schuldner muss sich außerdem auf die Verjährung berufen. Die Wirksamkeit des Rücktritts des Gläubigers hängt also von einem ungewissen späteren Verhalten des Schuldners, nämlich Berufung auf Verjährung, ab. Wenngleich diese Konstruktion dogmatisch bedenklich ist, führt sie doch zu keinen praktischen Schwierigkeiten: Wenn der Gläubiger aufgrund des Rücktritts Rückgewähr der von ihm erbrachten Leistung verlangt, kann der Schuldner diesen Anspruch durch Geltendmachung der Verjährungseinrede gegenüber dem Rücktritt zu Fall bringen.

Kapitel 7. Ausübung der Rechte, Selbstverteidigung, Selbsthilfe

155. Schikanöse und sittenwidrige Rechtsausübung

Als A erfuhr, dass sein Grundstücksnachbar B sich mit Verkaufsabsichten trug, wollte er den bisherigen Feindseligkeiten einen krönenden Abschluss geben. Er lagerte auf seinem Grundstück Autowracks und altes Gerümpel eines Alteisenhändlers ab, wofür er ein geringes Entgelt erhielt. Der hässliche Anblick des Nachbargrundstücks schreckte jeden Kaufinteressenten ab. B klagt darauf auf Beseitigung dieser ästhetischen Störung. Mit Erfolg?

1. Anspruch aus §§ 1004 Abs. 1 Satz 1

Dass ein Grundstück, wie hier, einen hässlichen Anblick bietet, begründet noch keine Beeinträchtigung des Nachbargrundstücks i. S. d. § 1004 Abs. 1 Satz 1 (vgl. BGHZ 54, 56, 59 ff.). Die Unzulässigkeit von Immissionen ist in § 906 geregelt, der diesen Fall der immateriellen Beeinträchtigungen gerade nicht erfasst.

2. Anspruch aus §§ 1004 Abs. 1 Satz 1 analog i. V. m. §§ 823 Abs. 2, 226

Nach § 226 ist die Ausübung eines Rechts (hier des Rechts aus § 903) unzulässig, wenn die Ausübung „nur den Zweck haben kann, einem anderen Schaden zuzufügen", die also ein anderer Zweck als die Schadenszufügung objektiv ausgeschlossen ist. Dieses sog. **Schikaneverbot** stellt ein Schutzgesetz i. S. d. § 823 Abs. 2 dar (vgl. Palandt/*Ellenberger* § 226 BGB Rn. 4). Seine Verletzung begründet einen Beseitigungsanspruch nach § 1004 Abs. 1 Satz 1 analog. Die Voraussetzungen der Schikane sind jedoch selten erfüllt, da jedes berechtigte Interesse, sei es auch nur geringfügig und nur mitbestimmend, zu berücksichtigen ist (RGZ 98, 17). So auch hier: Das Interesse an dem Lagerungsentgelt steht der Annahme entgegen, die Rechtsausübung diene **ausschließlich** der Schadenszufügung.

3. Anspruch aus § 1004 Abs. 1 Satz 1 analog i. V. m. § 826

Ein Beseitigungsanspruch aus § 1004 Abs. 1 Satz 1 analog könnte jedoch dann bestehen, wenn sich das Verhalten des A als vorsätzlich sittenwidrige Schädigung des B darstellt (vgl. Jauernig/*Mansel* § 226 BGB Rn. 4). Ein Verstoß gegen die guten Sitten liegt vor, wenn das Verhalten mit dem „Anstandsgefühl aller billig und gerecht Denkenden" unvereinbar ist (BGH NJW 1969, 1208, 1210). Dies setzt voraus, dass die Beeinträchtigung der Persönlichkeit oder der Rechtsgüter des anderen gewollt, zumindest billigend in Kauf genommen wird. Da A aus Rachsucht die Vermögensinteressen des B beeinträchtigen wollte, ist sein Verhalten sittenwidrig und damit unzulässig. A kann sich insoweit nicht auf seine Eigentümerbefugnisse nach § 903 berufen. B kann daher Beendigung dieser Rechtsausübung, somit Beseitigung der „Ablagerungen" verlangen.

156. Notwehr und Notwehrexzess

N, Inhaber eines Nachtlokals, war erbost darüber, dass K in unmittelbarer Nähe ein Konkurrenzunternehmen eröffnet hatte. Nachdem er ihm mehrfach

> gedroht hatte, sein Lokal zu demolieren, wenn er es nicht schließe, erschien er eines Tages mit einem Schlägertrupp bei K. Er und seine Schläger begannen, die Einrichtungsgegenstände zu zertrümmern und auch gegen K, der dies zu verhindern suchte, tätlich zu werden. Darauf lief K, ein geübter Schütze, zur Theke, holte einen Revolver hervor und feuerte mehrere Schüsse gezielt auf den Oberkörper des N ab. Er traf ihn tödlich. Die Witwe W des N verlangt von K eine Rente. Zu Recht?

Anspruch der W gegen K aus §§ 823 Abs. 1, 844 Abs. 2

Da N der W unterhaltspflichtig war, muss K der W eine Rente zahlen, wenn er den Tod des N rechtswidrig und schuldhaft herbeigeführt hat. Die Handlungsweise des K könnte durch **Notwehr** gerechtfertigt sein (§ 227 Abs. 1). **Notwehr** ist nach § 227 Abs. 2 „**diejenige Verteidigung, die erforderlich ist, um einen gegenwärtigen rechtswidrigen Angriff von sich oder einem anderen abzuwenden**". Im Einzelnen: Der Angriff muss einer **Person,** genauer dem rechtlich geschützten Individualinteresse einer Person, gelten (BGHZ 64, 178, 180). Dies war hier der Fall, da N und seine Schläger die Gesundheit und das Eigentum des K verletzten. Der Angriff muss **gegenwärtig,** d. h. im Zeitpunkt der Verteidigung schon begonnen, aber noch nicht beendet sein. Auch dies war der Fall. Der Angriff muss weiter **rechtswidrig** sein, d. h. dem Angreifer darf nicht seinerseits ein Rechtfertigungsgrund zur Seite stehen. Auch diese Voraussetzung war erfüllt, da N kein Recht zu seinem Vorgehen hatte. Schließlich muss die gewählte Verteidigung **erforderlich** sein, um den Angriff abzuwenden. Stehen mehrere Verteidigungsmittel zur Verfügung, darf also der Angegriffene nur das am wenigsten schädliche wählen. Jedoch muss auch das weniger schädliche Verteidigungsmittel eine sofortige und endgültige Beseitigung der Gefahr mit Sicherheit erwarten lassen (BGH NJW 2008, 571 Rn. 13). Der Angegriffene braucht also nicht auf ein zwar schwächeres, aber in seiner Wirkung zweifelhaftes Verteidigungsmittel zurückzugreifen (BGH NJW 1991, 504). Auf die **Verhältnismäßigkeit** des durch die Verteidigung angerichteten Schadens zur drohenden Gefahr kommt es nach § 227 nicht an (BGH NJW 1991, 504). Steht allerdings die Verteidigung völlig außer Verhältnis zum Angriff, ist die Berufung auf Notwehr **rechtsmissbräuchlich** (§ 242). – Angesichts der zahlenmäßigen Übermacht und der Aussichtslosigkeit, sofortige Hilfe Dritter zu bekommen, war die Verteidigung mit einer Schusswaffe zulässig, auch wenn das Leben des K nicht bedroht war. Jedoch hätte zur Abwehr des Angriffs u. U. ein Warnschuss, wenigstens aber ein Schuss, der nur zur Kampfunfähigkeit des N führte (z. B. in die Beine), genügt, da K ein geübter Schütze war. Das gezielte Schießen auf den Oberkörper war somit nicht erforderlich (sog. **Notwehrexzess**) und damit rechtswidrig.

Weitere Voraussetzung des Ersatzanspruches ist jedoch Verschulden. K haftet also nicht, wenn er sich in der Wahl des Verteidigungsmittels ohne Verschulden vergriffen hat. Dabei sind die Umstände des Einzelfalls entscheidend. Ist Verschulden zu bejahen, so muss sich W gleichwohl das Mitverschulden des N (§§ 254 Abs. 1, 846) anrechnen lassen.

157. Rechtfertigender und entschuldigender Notstand

Wie zuvor (vgl. → Fall 156). K wollte den N mit einem gezielten Schuss in das Bein kampfunfähig machen, verfehlte jedoch knapp. Die Kugel prallte von der Wand ab und traf den friedlich sitzenden Gast G. Kann G die Kosten der ärztlichen Behandlung von K ersetzt verlangen?

1. Anspruch aus § 823 Abs. 1

Der Anspruch setzt Rechtswidrigkeit des Verhaltens des K voraus. Die Rechtswidrigkeit entfällt nicht aufgrund **Notwehr,** denn eine Notwehrsituation lag nur gegenüber N, nicht auch gegenüber G vor. Auch die Voraussetzungen des Verteidigungs- (§ 228) und Angriffsnotstands (§ 904) sind nicht gegeben, da diese Rechtfertigungsgründe nur bei Beschädigung oder Zerstörung einer **Sache** eingreifen. Über diese bürgerlich-rechtlichen Rechtfertigungsgründe hinaus regelt § 34 StGB den **„rechtfertigenden Notstand".** Danach ist ein Handeln auch dann rechtmäßig, wenn bei Abwägung der widerstreitenden Interessen das geschützte Interesse das beeinträchtigte wesentlich überwiegt und der Eingriff ein angemessenes Mittel zur Gefahrenabwendung ist. Diese Güter- und Interessenabwägung ergibt, dass das Handeln im Verhältnis zu G nicht gerechtfertigt war. Denn K hatte nur eine Sachbeschädigung und Körperverletzung zu gewärtigen, während der Schusswaffengebrauch im Lokal auch das Leben unbeteiligter Dritter gefährden konnte.

War sonach das Handeln des K rechtswidrig, so ist es doch nicht notwendig schuldhaft. Nach § 35 StGB kann trotz Fehlens der Voraussetzungen des rechtfertigenden Notstandes die Handlung schuldlos sein. Nämlich dann, wenn der Täter in einer gegenwärtigen, nicht anders abwendbaren Gefahr für Leib, Leben oder Freiheit die Tat beging, um die Gefahr von sich abzuwenden und ihm nicht zuzumuten war, die Gefahr hinzunehmen (**„entschuldigender Notstand"**). Diese Voraussetzungen sind hier erfüllt. Ein Ersatzanspruch aus § 823 Abs. 1 entfällt daher mangels Verschulden.

2. Anspruch aus § 904 Satz 2 analog

Da die Gefährdung des K nicht von G ausging, erscheint es geboten, § 904 Satz 2 analog anzuwenden (Palandt/*Ellenberger* § 228 BGB Rn. 2): Wenn schon bei rechtfertigendem Offensivnotstand der Täter schadensersatzpflichtig ist, dann erst recht bei lediglich entschuldigendem Notstand (§ 35 StGB). G kann daher seine Kosten von K ersetzt verlangen (K kann seinerseits bei N bzw. dessen Erben nach § 823 Regress nehmen).

158. Bürgerlich-rechtlicher Notstand

Der Einbrecher E wollte gerade in die Villa des V einsteigen, als er vom Schäferhund des V angefallen wurde. Um sein Leben vor dem rasenden Hund zu schützen, erschoss er ihn. Kann V von E Ersatz für den Hund verlangen?

1. Anspruch des V gegen E aus § 823 Abs. 1

Das Erschießen des Hundes ist rechtlich wie eine Eigentumsverletzung i. S. d. § 823 Abs. 1 zu werten (arg. § 90a). Die Handlung war jedoch nicht widerrechtlich, wenn E ein Rechtfertigungsgrund zur Seite stand. Als solcher kommt **Notstand** (§ 228) in Betracht. Nach dieser Vorschrift handelt nicht widerrechtlich, wer eine fremde Sache zerstört, um eine durch sie drohende Gefahr von sich abzuwenden, wenn die Zerstörung zur Abwendung der Gefahr erforderlich ist und der Schaden nicht außer Verhältnis zu der Gefahr ist. Von dem Tier ging eine Gefahr für Leib und Leben des E aus. Da kein anderes, weniger schädliches Verteidigungsmittel zu Gebote stand, war der Schusswaffengebrauch zur Abwendung der Gefahr auch erforderlich. Schließlich stand der zu erwartende Schaden (Wert des Tieres) nicht außer Verhältnis zur Gefahr für Leib und Leben. Die Handlungsweise des E war sonach nicht rechtswidrig. Ein Ersatzanspruch aus § 823 Abs. 1 entfällt daher.

2. Anspruch des V gegen E aus § 228 Satz 2

Da E durch seinen Einbruchsversuch die Gefahr selbst verschuldet hatte, haftet er gemäß § 228 Satz 2 auf Schadensersatz. V kann daher nach §§ 228 Satz 2, 251 Abs. 1 Ersatz für den Hund verlangen.

---

159. Selbsthilfe

Die Bank B hatte sich zur Sicherung eines Kredits vom Kaufmann K dessen Warenlager übereignen lassen. Zugleich war in den Sicherungsvertrag die Klausel aufgenommen worden, dass die Bank berechtigt sei, bei Zahlungsverzug des K die sicherungsübereigneten Waren an sich zu nehmen. Da K mit der Rückzahlung des Kredits in Verzug kam, machte die Bank von ihrem Recht Gebrauch. Sie schickte einen Spediteur zu K, der gegen den Protest des K mit seinen Leuten die Waren wegschaffte. Kann K von B Rückgabe der Waren verlangen?

Anspruch des K gegen B auf Rückgabe gemäß § 861 Abs. 1

Bei Besitzentziehung durch verbotene Eigenmacht besteht nach § 861 Abs. 1 ein Rückgabeanspruch. Verbotene Eigenmacht setzt nach § 858 Abs. 1 voraus, dass dem Besitzer ohne dessen Willen der Besitz entzogen wird und dass diese Entziehung vom Gesetz nicht gestattet ist. Die Wegnahme der Waren erfolgte ohne den Willen des K. Er hatte zwar im Vertrag sein Einverständnis mit der Wegnahme bei Zahlungsverzug erklärt. Dieses Einverständnis ist aber jederzeit widerruflich (allg. M., vgl. BGH NJW 1977, 1818). Der Widerruf ist im Protest gegen die Wegnahme zu erblicken. Eine gesetzliche Gestattung der Wegnahme könnte sich nur aus § 229 **(Selbsthilfe)** ergeben. Danach ist u. a. die Wegnahme einer Sache zum Zwecke der Selbsthilfe nicht widerrechtlich, wenn obrigkeitliche Hilfe nicht rechtzeitig zu erlangen ist und ohne sofortiges Eingreifen die Gefahr besteht, dass die Verwirklichung des Anspruchs vereitelt oder wesentlich erschwert werde. Die Wegnahme erfolgte hier zur Sicherung des Anspruchs aus dem Kreditvertrag und damit zum Zwecke der Selbsthilfe. Jedoch wäre obrigkeitliche Hilfe in Gestalt des dinglichen Arrestes (§§ 916 ff. ZPO) sicher rechtzeitig, d. h. vor Vereitelung oder wesentlicher

Erschwerung der Anspruchsverwirklichung, zu erlangen gewesen. Die gesetzlichen Voraussetzungen erlaubter Selbsthilfe waren daher nicht erfüllt. Dass im Vertrag die Wegnahme gestattet wurde, ist unerheblich, da das Selbsthilferecht vertraglich nicht erweitert werden kann (Palandt/*Ellenberger* § 229 BGB Rn. 1).

Mangels Selbsthilferechts war daher die Wegnahme rechtswidrig, sodass ein Rückgabeanspruch besteht. (Der Anspruch lässt sich gleichzeitig auf § 823 Abs. 1, weil der Besitz als „sonstiges Recht" anerkannt wird, und auf § 823 Abs. 2 i. V. m. § 858 stützen. Für die Rechtswidrigkeit gelten die gleichen Erwägungen wie oben.)

160. Schadensersatz bei irrtümlicher Selbsthilfe

Wie zuvor (vgl. → Fall 159). K konnte infolge der Wegnahme der Waren keine Verkäufe tätigen. K verlangt den ihm entgangenen Gewinn von B ersetzt. B wendet ein, sie habe aufgrund einer Rechtsauskunft durch den Anwalt R geglaubt, zu ihrer Maßnahme berechtigt zu sein. Wer hat Recht?

1. Anspruch des K gegen B aus §§ 823 Abs. 1 bzw. Abs. 2 i. V. m. § 858 Abs. 1

Die Besitzentziehung war ursächlich dafür, dass K die Waren nicht, wie an sich zulässig, weiterveräußern konnte. Die Maßnahme war auch rechtswidrig, da B keinen Rechtfertigungsgrund hatte (vgl. → Fall 159). Die Ersatzpflicht aus § 823 setzt jedoch Verschulden voraus. Handelte B, ohne Rechtsauskunft einzuholen, wäre ihr Irrtum über das Wegnahmerecht nicht unverschuldet. Aber auch das Vertrauen auf eine unrichtige anwaltliche Auskunft ist nicht stets ein Entschuldigungsgrund. Maßgebend ist vielmehr, ob B mit einer abweichenden Beurteilung durch das zuständige Gericht rechnen musste (vgl. BGHZ 74, 281; BGH NJW 1983, 2321). Dies war hier der Fall. B haftet daher auf Schadensersatz wegen des entgangenen Gewinns gemäß § 252 (kann aber beim Anwalt Regress nehmen).

2. Anspruch des K gegen B aus § 231

§ 231 ordnet für den Fall der irrigen Annahme der Selbsthilfevoraussetzungen eine Schadensersatzpflicht ohne Rücksicht darauf an, ob der Irrtum auf Fahrlässigkeit beruhte (Fall der **Gefährdungshaftung:** Der Gläubiger, der zur Selbsthilfe greift, handelt auf eigenes Risiko). § 231 gilt entsprechend, wenn der Gläubiger zwar weiß, dass der Tatbestand des § 229 nicht erfüllt ist, aber irrig ein vertragliches Selbsthilferecht annimmt (BGH NJW 1977, 1818). B haftet daher auch aus dieser Vorschrift.

Kapitel 8. Sicherheitsleistung

> **161. Sicherheitsleistung**
>
> Ein Lastzug des L war infolge Übermüdung des Fahrers von der Straße abgekommen, in die Beete der Großgärtnerei G hineingeraten und dort bis zur Achse eingesunken. L lässt Bergungsfahrzeuge herbeikommen. Beim Einsatz dieser Fahrzeuge würden größere Schäden an den bepflanzten Beeten entstehen. G möchte daher wissen, bevor er die Fahrzeuge auf sein Grundstück lässt, wie er sich sichern kann, dass ihm diese Schäden auch tatsächlich ersetzt werden. – Müsste er sich zufriedengeben, wenn ihm L ein schriftliches Schuldversprechen gibt, demzufolge er alle Schäden zu ersetzen verspricht? – Könnte er andererseits Hinterlegung von Geld verlangen?

G hat zwar nach § 867 Satz 1 dem L die Aufsuchung und Wegschaffung des auf sein Grundstück geratenen Lastzugs zu gestatten. Er kann aber nach § 867 Satz 2 Ersatz des durch diese Maßnahmen entstehenden Schadens verlangen. Darüber hinaus kann er nach § 867 Satz 3, da solche Schäden zu befürchten sind, die Gestattung verweigern, bis ihm Sicherheit geleistet wird.

Sicherheit kann nicht auf beliebige Weise geleistet werden, vielmehr gelten für die Arten der Sicherheitsleistung die §§ 232 ff. Die Sicherheitsleistung durch Abgabe eines abstrakten Schuldversprechens (§ 780) ist in § 232 nicht vorgesehen. G braucht sich daher darauf nicht einzulassen. Andererseits hat er auch keinen Anspruch auf eine bestimmte Art von Sicherheitsleistung, wie etwa die Hinterlegung von Geld. Vielmehr hat der Sicherheitsleistende unter den in § 232 aufgezählten Mitteln freie Wahl.

Stichwortverzeichnis

Die Zahlen verweisen auf die Nummern der Fälle.

Abgabe in Haushaltsmengen 97
Abhandenkommen einer Vollmachtsurkunde 134
Abstraktionsprinzip 31, 71
Abwehrklauseln 114
Abweichender Sprachgebrauch 92
Allgemeine Geschäftsbedingungen (AGB) 100
– Aufeinandertreffen unterschiedlicher – 114
– Aushang 109
– Auslegung 112
– Begriff 108
– Einbeziehung in den Vertrag 109
– Funktion 108
– Gefahren 108
– Inhaltskontrolle 110, 113
– überraschende Klauseln 109, 111
– Unwirksamkeit 115
– Vorrang der Individualabrede 113
Allgemeines Bürgerliches Gesetzbuch 1
Allgemeines Landrecht 1
Allgemeines Persönlichkeitsrecht 10
Amtssitz 14
Andeutungstheorie 90
Anerkenntnis 151
Anfechtung 50, 56 f., 65, 129
– eines Arbeitsvertrages 64
– Grund 56, 65
– Rechtzeitigkeit 56
Anfechtungsgrund 56, 65
Angebot 25, 96 f.
Angebotsvertrag 104
Annahme 97
– Frist 97, 135
– nach Tod des Antragenden 98
– ohne Zugang 99
Anscheinsvollmacht 133
Anspruchskonkurrenz 150
Anwartschaftsrecht 118
Arbeitsvertrag 64, 86
Arglistige Täuschung 68, 129
Aufenthalt einer Person 14

Aufforderung zur Angebotsabgabe 92, 96 f.
Aufhebung
– eines Arbeitsverhältnisses 39
– der Ehe 73
Auflassung 29, 90
Aufrechnung 31
Auftrag 43, 128
Auftragsbestätigung 101
Ausbeutung 82
Auslegung 34, 83, 87 ff.
– einschränkende 93
– nach dem Empfängerhorizont 88
– ergänzende 84, 95, 103, 105 f., 116
– von Erklärungen an die Allgemeinheit 91
– erweiternde 93
– von formgebundenen Rechtsgeschäften 90
– grammatikalische 87
– historische 87
– natürliche 88
– normative 88
– teleologische 87
– von Testamenten 92
– systematische 87
– und Verkehrsauffassung 94
Ausschlussfrist 148
Außenvollmacht 124
Außerhalb von Geschäftsräumen geschlossener Vertrag 9, 82

Badisches Landrecht 1
Bargeschäft eines Minderjährigen 34
Bedingung
– auflösende 117
– aufschiebende 117
Bedingungsfeindlichkeit 73
Beförderungsbedingungen 100
Beförderungsvertrag 24
Befristeter Vertrag 86
Bereicherung
– ungerechtfertigte 24
– Wegfall 25, 35

Bestandskraft 73
Bestätigung 85
Bestätigungsschreiben, kaufmännisches 102
Beurkundung 29
Bewusstlosigkeit 25
Bierlieferungsvertrag 111
Bindungsentgelt 104
Blankettausfüllung, missbräuchliche 135
Bösgläubigkeit des Vertretenen 131
Bürgerliches Gesetzbuch für das Königreich Sachsen 1
Bürgschaft 62, 76

Code civil 1
Codex Maximilianeus Bavaricus civilis 1

Darlehensvertrag 32
Deliktsfähigkeit 7
Dienstsitz 14
Dispositives Recht 95
Dissens
– offener 105
– versteckter 106
Dissimuliertes Geschäft 52
Drohung, widerrechtliche 49, 70
Duldungsvollmacht 132, 133

Eigenschaftsirrtum, geschäftlicher 61
Eigentumserwerb
– an beweglichen Sachen 31
– an Grundstücken 29 f.
Eigentumsvorbehalt 118
Einbeziehungsvereinbarung 109
Eingehung eines Dienstverhältnisses 39
Einigung
– bewusst unvollständige 95
– unbewusst unvollständige 106
Einrede der Verjährung 154
Eintragung ins Grundbuch 29
Einwilligung 29, 34, 139 ff.
– ausdrückliche 39
– in Verfügung 127
Einzelvollmacht 124
Einziehungsermächtigung 143

E-Mail 76
Empfangsbote 47, 66
Empfangsvertreter 47
Empfangszuständigkeit 30 f.
Entgangener Gewinn 113
Entstehungsgeschichte des BGB 1
Erbrecht 4
Erbvertrag 72
Erfolgshonorar 80
Erfüllung 31, 39
Erfüllungsgeschäft 71
Erfüllungsinteresse 57
Erfüllungsvertrag 71
Erklärung
– an die Öffentlichkeit 124
– objektiv mehrdeutige 107
Erklärungsakt 42
Erklärungsbewusstsein 42, 50, 53
Erklärungsbote 47, 66 f.
Erklärungsirrtum 56, 59
Erklärungstheorie 88
Erklärungswert, objektiver 119
Ermächtigung zur Einziehung 143
Ernstlichkeit, mangelnde 51
Essentialia (eines Vertrages) 105
Extension, teleologische 129

Fahrlässigkeit 56
Falsa demonstratio 56, 60, 89, 107
Falschübermittlung, bewusste 67
Falsus procurator 125
Familienrecht 4
Fehlen der Geschäftsgrundlage 63
Firma 17, 133
Forderung, Erlöschen 31
Form der Vollmacht 115
Formenstrenge 73
Formularverträge 108, 111
Formvorschriften
– Schriftform 75
– Verletzung der ~ 74
Formzwang, gewillkürter 75
Fristen 144
– Ausschlussfrist 148
– Berechnung des Beginns 145
– Berechnung des Endes 146
– Vorrang der vereinbarten Berechnung 147

Garantie 112
Gattungsvollmacht 124
Gebot 51
Gefährdungshaftung 161
Gefälligkeit 43
Geheimer Vorbehalt 51, 53
Geltungserhaltende Reduktion 116
Gemeines Recht 1
Genehmigung 27, 139
– von Rechtsgeschäften Minderjähriger 33
– Rückwirkung 140, 142
– durch schlüssiges Verhalten 141
– einer Verfügung 140
Generaleinwilligung 32
Generalkonsens 32
Generalvollmacht 124
Gesamtvollmacht 124
Geschäft
– für den, den es angeht 122
– neutrales 28
Geschäftlicher Eigenschaftsirrtum 61
Geschäftsähnliche Handlungen 87
Geschäftsfähigkeit 7
– beschränkte 24
– Zugang von Willenserklärungen bei beschränkter ~ 48
Geschäftsgrundlage, Störung 60, 63
Geschäftsunfähigkeit 24, 26
– partielle und relative 26, 34, 39
Geschäftswille 42
Geschäftszweck 88
Gesetzesauslegung 87
– Methoden 87
– Ziel 87
Gesetzesumgehung 81
Gesetzlicher Vertreter 10
Gestaltungsrecht 148
Gestörte Vertragsparität 41
Gewerbliche Niederlassung 14
Gewerkschaft 39
Gewinn, entgangener 113
Grammatikalische Auslegung 87
Grundstückskauf 74, 90
Grundstücksschenkung 30
Gute Sitten 80

Haftung wegen kundgegebener Vollmacht 126
Haftungsfragen beim nichtrechtsfähigen Verein 22
Haftungsfreizeichnung 112
Handeln
– unter falscher Namensangabe 123
– in fremdem Namen 119
– unter fremdem Namen 123
– unternehmensbezogenes 121
– ohne Vertretungsmacht 125
Handelsbrauch 94
Handlungen, geschäftsähnliche 87
Handlungsfähigkeit 7
Handlungswille 39, 42
Hauptvertrag mit Optionsvorbehalt 104
Hauptvollmacht 124
Hemmung der Verjährung 151
Historische Auslegung 87
Höchstpersönlichkeit 73
Hypothetischer Parteiwille 83 f., 95

Idealverein 19, 22
Individualabrede 75, 113
Inhaltsirrtum 56, 58
Inhaltskontrolle (von AGB) 110, 113
Innenvollmacht 124, 130
Interesse
– negatives 57
– positives 57
Interessenabwägung 83
Interessenkollision 138
Interessenlage 88, 93, 95
Internetauktion 81
Invitatio ad offerendum 31, 59, 96, 99
Irrtum 55
– im Beweggrund 54
– und bewusste Unkenntnis 55
– Einschränkung der Anfechtung 64
– in der Erklärungshandlung 59
– Rechtsfolgen 58
– Schadensersatz bei Anfechtung 57
– über verkehrswesentliche Eigenschaften der Person 62
– über verkehrswesentliche Eigenschaften der Sache 61

165

Irrtumsanfechtung, Schadensersatz bei ~ 57
Irrung 56, 59

Kalkulationsirrtum 60
Kaufmännisches Bestätigungsschreiben 102
Kaufvertrag
– Abschluss durch Minderjährige 27
– Angebot zum Abschluss 27, 44
– wirtschaftliche Betrachtungsweise 27
– Zustandekommen 27, 44
Kaufzwang, psychischer 82
Klageerhebung 151
Klauseln, überraschende 111
Kollusion 137
Kommissionsgeschäft 139
Konditionsgeschäft 116
Konversion 84
Kreditkauf 62
Kundgegebene Vollmacht 126
Kündigung 38, 84
– bedingte 118
Kündigungsschutz 86

Lastenabwälzung 108
Lebensversicherungsvertrag 69
Leistung
– an Minderjährige 31
– ohne rechtlichen Grund 32
– trotz Verjährung 153
– vertragsmäßige 36
Leistungsbewirkung, reale 31
Leistungskondiktion 105
Letztwillige Verfügungen 92
Lichter Augenblick 13
Lizenzvertrag 104

Mahnung 151
Mangel
– der Ernstlichkeit 51
– der Vertretungsmacht 125
Massenverkehr 100
Mehrvertretung 138
Mentalreservation 51, 53
Mietvertrag 38, 84

Minderjährige
– Abschluss eines Kaufvertrages 27
– Bargeschäft 34
– einseitige Rechtsgeschäfte 38
– Genehmigung von Rechtsgeschäften 33
– Generaleinwilligung 32
– Gewerkschaftsbeitritt 39
– Leistung an ~ 31
– Lohnanspruch 40
– neutrale Geschäfte 28
– Ratenkauf 35
– Schenkung an ~ 29
– Teilzahlungskauf 35
Minderjährigenschutz 30, 100
Missbräuchliche Blankettausfüllung 135
Motivirrtum 54, 61
– beiderseitiger 63

Nachteil
– rechtlicher 30
– unmittelbarer 30
Name, bürgerlicher 16
Namensgebrauch 17
Namensschutz 16
– politischer Parteien 17
Natürliche Personen 5 ff.
Negatives Interesse 57
Neutrale Geschäfte 28
Nichtigkeit 81
Niederlassung, gewerbliche 14
Notstand 157, 159
– bürgerlich-rechtlicher 158
– entschuldigender 157
– rechtfertigender 157
Notwehrexzess 156

Oberschrift 135
Objektiv mehrdeutige Erklärungen 107
Offene Vertretung 120
Offenkundigkeitsgrundsatz 120, 122
Optionsvertrag 104
Ordnungsvorschrift 77
Ordre public 80
Organisationsrisiko 133

Parteiwille
- hypothetischer 83 f., 95
- mutmaßlicher 73, 83

Partikularrechte 2
Passivvertretung 124
Person
- juristische 5 f.
- natürliche 5 f.
- im Rechtssinne 5 ff.
- Sitz der juristischen ~ 14

Personensorge 31
Personenstand 73
Persönlichkeitsrecht 10
Pfändungspfandrecht 78
Pflegerbestellung 26
Pflichtverletzung, schuldhafte 44
Positive Vertragsverletzung 79, 150
Positives Interesse 57
Potestativbedingung 116
Privatautonomie 41, 50
Protestatio facto contraria 100
Pseudonym 16
Psychischer Kaufzwang 82

Reale Leistungsbewirkung 31
Realofferte 100
Recht
- dispositives 95
- gemeines 1

Rechtliche Pflichten und Lasten 30
Rechtsausübung
- schikanöse 155
- sittenwidrige 155

Rechtsberatung 77
Rechtsbindungswille 43
Rechtsfähigkeit 5, 7
- Beginn und Ende 8

Rechtsfortbildung, richterliche 143
Rechtsgeschäft 41
- angefochtenes 85
- einseitiges 38
- Genehmigung 27
- unter Lebenden 72
- nichtiges 85
- personenrechtliches 73
- schwieriges 26
- von Todes wegen 72
- verdecktes 52

Rechtsgeschäftslehre 41
Rechtsklarheit 138
Rechtsmissbrauch 81
Rechtsperson 5 ff.
Rechtsscheinsgedanke 126, 135
Rechtsscheinvollmacht 132, 136
Rechtssicherheit 138
Rechtsunsicherheit 26
Rechtszustand vor dem BGB 2
Reduktion, teleologische 127
Richterliche Rechtsfortbildung 143
Risikoabwälzung 108
Rücktritt 63

Saldotheorie 24
Schaden 57
Schadensersatz bei Irrtumsanfechtung 57
Scheingeschäft 51 f., 53
Schenkung
- durch Dritte 30
- an Minderjährige 29

Scherzerklärung 51, 53
Schikaneverbot 155
Schlüsselgewalt 122
Schlüssige Erklärung (einer Willenserklärung) 85
Schriftformklauseln 75
Schuldanerkenntnis 49
Schuldhafte Pflichtverletzung 44
Schuldlose Veranlassung 57
Schutzzweck eines Gesetzes 30, 77 f.
Schwebende Unwirksamkeit 27, 33, 125
Schweigen 101
- auf kaufmännisches Bestätigungsschreiben 102

Schwierige Rechtsgeschäfte 26
Selbsthilfe 159
- irrtümliche ~ (Schadensersatz) 160

Selbstkontrahieren 29 f., 127, 138
Selbstverantwortung des Erklärenden 88
Sicherheitsleistung 161
Sittenwidrige Rechtsausübung 155
Sittenwidrigkeit 80 f.
Sitz der juristischen Person 14
Sorgerecht 31

Sozialtypisches Verhalten 100
Spezialvollmacht 124
Sprachgebrauch 92
Stiftung 23
Störung der Geistestätigkeit, vorübergehende 25
Systematische Auslegung 87

Taschengeld 35
Täuschung 68
Teilgeschäft 83
Teilnichtigkeit 52, 83
Teilzahlungskauf durch Minderjährigen 35
Telefax 76
Termine 144
Testament 31, 72
– Auslegung 92
Testierfähigkeit 13
Textform 76
Theorie
– des letzten Wortes 114
– der realen Leistungsbewirkung 71
Todeserklärung 18
Trennungsprinzip 71
Treu und Glauben 118
Treuwidrige Rechtsausübung 155

Überraschende Klauseln 111
Umdeutung 84
Umgehungsgeschäft 86
Umlaufpapiere 91
Unerfahrenheit 82
Unklarheitenregel 112
Unmöglichkeit 43
Unrichtige Übermittlung
– bewusste Falschübermittlung 67
– durch Empfangsboten 66
– durch Erklärungsboten 65
Unternehmensbezogenes Handeln 121
Unternehmer 9
Unterschrift 76
Unterschriftsirrtum 55
Untervertretung 136
Untervollmacht 124
Unverzüglich 56
Unwirksamkeit, schwebende 116

Urkunde 134 f.
Urteilsvermögen, mangelndes 82

Venire contra factum proprium 154
Veranlassung, schuldlose 57
Veräußerungsverbot
– absolutes 78
– behördliches 78
– rechtsgeschäftliches 79
– relatives 78
Verbotsgesetz 77
Verbraucher 9
Verbrauchervertrag 115
Verdecktes Rechtsgeschäft 52
Verein 19 ff.
– Begriff und Arten 19
– Beitritt und Beschlussfassung 20
Vereinsautonomie 21
Vereinsstrafe 21
– Angemessenheit 21
Verfügungen, letztwillige 92
Verfügungsbefugnis 79
Verfügungsermächtigung 143
Verfügungsfreiheit 79
Verfügungsgeschäfte 71
Verhalten, sozialtypisches 100
Verjährung 148 ff.
– bei Ansprüchen aus Kaufvertrag 149
– bei Anspruchskonkurrenz 150
– und Ausschlussfrist 148
– Gestaltungsrechte 148, 154
– Leistung trotz ~ 153
– Neubeginn 151
– Vereinbarung über ~ 152
Verkehrsauffassung 47
Verkehrssitte 94
Vermächtnis 31
Vermögensgefährdung 28
Vermögensrecht 4
Vermögenssorge 31
Vernehmungstheorie 46
Verpflichtungsermächtigung 122, 143
Verpflichtungsgeschäft 71
Verschollenheit 18
Verstrickung 78
Vertrag 41, 96 ff.
– Auslegung 93 ff., 105
– befristeter 86

- Durchführung 105
- Verschulden bei Verhandlungen 107
- zugunsten Dritter 69
- Zweck 95

Vertragsmäßige Leistung 36
Vertragsparität, gestörte 41
Vertragsschluss
- unter AGB 109
- ohne Annahmeerklärung 99

Vertragsstrafe 100
Vertragstheorie 31
Vertragsverletzung, positive 79, 150
Vertrauensschaden 57, 136
Vertretener, Bösgläubigkeit des ~ 131
Vertreter 28, 121
- gesetzlicher 10
- ohne Vertretungsmacht 125

Vertretung 119 ff.
- Mehrvertretung 138
- mittelbare und unmittelbare 120
- offene 120
- Untervertretung 136
- Voraussetzung 119
- Wirkung 119

Vertretungsmacht 119
- Missbrauch 137
- Überschreitung 135

Vis absoluta 49
Volljährigkeit 11
Vollmacht 119
- Abhandenkommen der Urkunde 134
- Arten 124
- Form 127
- kraft Rechtsscheins 132
- kundgegebene 126
- unwiderrufliche 127 f.
- verdrängende 128
- Verselbständigung 137
- Widerruf 134

Vorbehalt, geheimer 51, 53
Vorkaufsrecht 79
Vorrechtsvertrag 104
Vorteil, lediglich rechtlicher 27 ff.
Vorübergehende Störung der Geistestätigkeit 25
Vorvertrag 103
- Form 103

Wertbildende Faktoren 63
Wertpapiere 134
Widerrechtliche Drohung 49, 70
Widerruf 48
Widerrufsrecht 37
Wiederkaufsrecht 79
Willensbetätigung 99
Willenserklärung 41 f.
- Abgabe 44
- Auslegung 43, 88
- eines Betrunkenen 25
- empfangsbedürftige 44, 88
- nicht empfangsbedürftige 44
- nicht verkörperte 46
- Nichtigkeit 25
- schlüssige 85
- durch Schweigen 101
- und unverbindliche Gefälligkeit 43
- verkörperte 45
- Zugang (unter Anwesenden) 45 (46)

Willensmängel 49 ff.
- bei Bevollmächtigung 130
- bei Weisungserteilung an Vertreter 129

Willensschwäche 82
Willenstheorie 51, 88
Wirtschaftliche Betrachtungsweise 30
Wirtschaftliche Bewegungsfreiheit 81
Wohnsitz 14
- natürlicher und gesetzlicher 15

Wortsinn 88
Wucher 82

Zugang einer Willenserklärung
- unter Anwesenden 46
- bei minderjährigem Empfänger 48
- bei nicht verkörperter Willenserklärung 46
- bei Übermittlungsperson 47
- bei verkörperter Willenserklärung 45

Zuordnungsvertrag 71
Zurechnung einer Erklärung 50
Zuschlag 51
Zusicherung einer Eigenschaft 113
Zwangslage 82

169